KB138215

조선교통사 제3권

일러두기

1. 서울의 지명은 을사늑약(1905) 이전까지 조선시대 수도인 한양으로 표기하고, 을사늑약 이후부터 일제강점기까지는 경성, 해방 이후는 서울로 표기하였다.
2. 국가명은 시대에 따라 조선, 한국으로 나누어 표기하였다. (단 문서 초록의 경우 조선시대이더라도 원문이 한국일 경우 한국으로 표기함)
3. '한일합병' 또는 '한일합병 조약'은 강제성을 나타내기 위하여 한국병합늑약, 한국병합조약 등의 표현이 거론되고 있으나, 아직 표기가 통일되지 않아서 국어사전과 백과사전에 실린 '한일합병'을 그대로 사용하였다. 참고로 국권피탈과 경술국치는 1910년 전반을 가리키는 말로, 조약 자체보다 범위가 넓어서 배제하였다.

조선교통사 제3권

초판 1쇄 인쇄일 2018년 9월 7일
초판 1쇄 발행일 2018년 9월 12일

지은이 센코카이(鮮交会)
기획·편찬 한국철도문화재단, 한국철도협회
옮긴이 최영수
감수 이용상
펴낸이 최길주

펴낸곳 도서출판 BG북갤러리
등록일자 2003년 11월 5일(제318-2003-000130호)
주소 서울시 영등포구 국회대로72길 6, 405호(여의도동, 아크로폴리스)
전화 02)761-7005(代)
팩스 02)761-7995
홈페이지 http://www.bookgallery.co.kr
E-mail cgjpower@hanmail.net

ISBN 978-89-6495-123-1 94300
978-89-6495-122-4 (세트)

이 도서의 국립중앙도서관 출판시도서목록(CIP)은 e-CIP홈페이지(http://www.nl.go.kr/ecip)와 국가자료공동목록시스템(http://www.nl.go.kr/kolisnet)에서 이용하실 수 있습니다.
(CIP제어번호 : CIP2018028240)

조선교통사

朝/鮮/交/通/史

센코카이(鮮交会) 지음
한국철도문화재단
한국철도협회 공동 기획·편찬

제3권

BG 북갤러리

발간사 I

일본과 한국은 지리적으로 가까운 위치에 있어 고대로부터 인문, 문화의 교류도 빈번한, 가까운 나라였다는 것은 역사적으로도 잘 알려져 왔다.

조선반도는 1900년 경성과 인천 간의 철도가 개통되었다. 그 후 45년간 선각자들이 산야를 측량하고 터널을 파고 교량을 통해 철도를 개통하여 전국에 증기기관차를 달리게 하였다. 철도교통은 민간의 손에서 시작하였지만 시대의 요청에 따라 군용선의 건설로부터 이후 조선반도의 자원개발, 경제발전을 위해 한반도의 지역적 교류에 크게 기여했다. 그러나 태평양전쟁 발발 이후 수송력 증강을 위한 사명으로 그 운영이 수차례 변화하는 경험을 했다. 또한 조선총독부 철도국은 1943년 이후 그동안의 철도사업 이외에 해사, 해운, 항만, 세관 등을 추가하여 교통행정의 일원화를 도모하는 교통국으로 조직이 변화하였다.

이러한 경영에 참여하였던 많은 직원들이 40년이 지난 지금에 당시의 상황을 자세하게 기록하고 내용을 집대성하는 교통사의 간행을 여망해 왔다.

여기에 각지에 산재해 있는 자료와 실제로 수십 년 전의 기억을 더듬어 하나의 책으로 만들어 낸 것으로, 회원일동의 기쁨이다.

이 교통사는 과거, 1899년부터 1945년까지 45년간의 조선철도교통의 귀중한 업적을 그대로 기술한 것이다.

금년 재단법인 선교회 설립 20년을 맞이하여 기념사업으로 편찬한 《조선교통사》를 각 방면에서 많이 읽어주기를 희망하며 《조선교통사》의 간행에 있어 감사의 인사를 드린다.

1986년 4월 1일

재단법인 센코카이(鮮交会) 이사장 **야마토 요이치(大和与一)**

발간사 II

우리나라 근대화를 견인한 철도는 해방 이후 우리나라의 산업화와 경제 성장의 주요 동력이 되었다. 최근에는 동서를 횡단하는 원주~강릉까지의 고속철도가 운행되고 남북철도 연결의 본격적인 논의를 시작하였다. 언젠가 북한과 연결되고 대륙으로 우리나라 철도가 달리는 날이 올 것을 기대하고 있다.

철도는 환경과 에너지면에서 우수하며, 사회·경제적인 그리고 문화적인 측면에서도 그 역할이 커지고 있다.

그동안 우리나라 철도 발전에서 미흡했던 점은 철도를 문화적인 측면에서 바라보고 이를 체계적으로 정리, 발전시키는 일이었다.

이에 한국 철도문화의 발굴과 보급을 위해 한국철도문화재단은 2008년 12월 10일 당시 국토해양부 재단법인으로 설립되었다. 그동안 한국철도문화재단은 국토교통부와 한국철도시설공단, 한국철도공사와 함께 '한국철도문학상'을 제정하여 7회에 걸쳐 시행하였고, 또한 정기적인 철도문화 세미나, 철도서적 편찬 작업 등을 꾸준히 진행해 왔다.

이 책은 우리 문화재단의 출판 사업으로 추진되었다. 문화재단은 철도사 정리의 일환으로 초기 철도사에 있어 가장 중요한 자료를 포함하고 있는 《조선교통사》 번역작업을 추진해 왔다. 이에 따라 2012년에 《조선교통사》 제1권이 출간되었고, 2권이 2017년 4월에 출간되었다. 이번에 3권을 출간하게 되게 되었다.

이 《조선교통사》 출간 사업을 통해 좀 더 체계적으로 철도 역사가 정리되어 연구의 깊이가 더해지기를 기대한다. 아울러 기본적인 사료가 널리 읽혀지고 인용되어 철도 연구의 시계열적 · 공간적인 범위가 더욱 확대될 것을 기원해 본다.

향후 철도는 역사와 문화를 통해 새롭게 조명되고, 세계 각국의 역사와 사람 속에서 살아있는 공통의 언어로 자리매김할 것이다.

이 번역서의 출간에 도움을 주신 한국철도협회 회장이신 김상균 한국철도시설공단 이사장께 감사의 인사를 전한다.

2018년 7월

한국철도문화재단 이사장 김동건

발간사 Ⅲ

우리나라에 철도국이 처음 창시된 1894년 이후 시작된 우리나라의 철도교통은 2004년 고속철도 속도 혁명으로 전국 반나절생활권시대를 열면서 국민의 생활상을 나날이 변모시키고 있다. KTX 없이는 2018년 평창 동계올림픽의 성공적인 개최를 상상도 할 수 없었을 정도로 철도는 너무나도 친숙하고 편리한 교통수단으로 자리매김하며 국토 균형발전에 커다란 역할을 하고 있다.

이러한 눈부신 철도산업 발전과 함께 이루어지고 있는 《조선교통사》 한국어판 발간 작업은 철도인의 한 사람으로서 정말 뜻 깊은 일이라 생각하며, 1945년 이전 옛 철도 이야기를 간직하고 있는 근대사의 유물을 하나하나 찾아가는 소중한 여정이라 생각된다.

"역사는 과거와 현재의 끊임없는 대화"라는 말이 있듯이 과거 우리 철도의 발전사를 찾아보고 이해하려는 노력은 철도의 미래를 반추해 볼 수 있는 든든한 기반을 구축하는 것으로 철도산업의 미래를 위해서라도 반드시 거쳐야 하는 수고로운 과정이다. 이를 위해 바쁘신 일정에도 불구하고 《조선교통사》 출간에 노고를 아끼지 않으신 우송대 이용상 교수님, 한국철도문화재단 그리고 도움을 주신 많은 관계자분들께 깊은 감사의 말씀을 전한다.

아울러 《조선교통사》 발간을 계기로 우리 철도가 급변하는 역사적 전환점 앞에서 국내 철도망을 구축하는 역할을 넘어 남북을 잇는 평화의 길을 개척함으로써 한반도 평화정착의 기틀이 되길 희망한다. 또한 중국, 몽골, 러시아를 거쳐 유럽에 이르는 길을 하루빨리 연결하여 우리나라가 섬이 아닌 유라시아 대륙 국가로서의 경제 · 지리적 이점을 회복할 수 있도록 철도가 앞장서야 할 것이다.

앞으로 철도산업이 국민의 행복과 경제발전을 견인하는 새로운 성장 동력으로서 그

소임을 완수해 나가길 다시 한 번 희망하며, 이 책과 함께하는 독자 여러분의 앞날에도 무한한 영광과 행복이 충만하기를 기원한다.

2018년 6월

한국철도협회 회장 김상균

제3권 서문

《조선교통사》 제1권을 출간한 것은 2012년 5월이었다. 《조선교통사》 제2권은 5년 후인 2017년 5월에 출간되었다. 이번의 《조선교통사》 제3권은 1년이 조금 지난 후에 세상에 빛을 보게 되었다.

《조선교통사》는 일제강점기 철도를 사실 위주로 정리한 가장 권위 있는 저서로 평가되고 있으며 총 15편으로 구성되어 있다.

철도 경영과 조직, 건설·개량 및 보선, 건축, 차량, 공장, 전기, 통신, 운전, 영업, 경리 및 자재, 행정 그리고 해운행정, 항공행정, 항만시설, 종전(終戰)처리 등으로 구성되어 있다.

《조선교통사》 제1권은 1편에서 3편까지로 경영, 조직과 건설을 다루고 있다.

《조선교통사》 제2권은 4편에서 8편까지로 개량, 보선, 건축, 차량, 공장, 전기, 통신, 운전의 내용을 포함하였다.

《조선교통사》 제3권은 8편의 마지막 부문인 차량, 9편 영업, 10편 경리 및 자재를 번역하였다.

영업의 주요한 내용으로는 법령과 영업거리, 여객화물 운임, 영업시설, 운수현황, 연락운수, 부두경영, 국영자동차 운수사업, 영업 창고, 여관 및 기타 부대 영업, 소운송 등을 다루고 있다. 경리 및 자재편에서는 철도용품자금특별회계 내용을 자세하게 다루고 있다.

이번 내용에는 열차영업과 국제열차 등의 내용도 자세하게 수록되어 있다.

"1938년 10월 1일부터 경부~북경 간 직통 급행열차 운전을 개시하여 교통사에 신기원을 마련했다. 또한 1939년 11월 1일에는 새로 부산~북경 간에 직통 급행열차를 증설하여 '흥아'라고 하고 기존의 부산~북경 구간의 직통 급행열차를 '대륙'이라고 명명했다. 모두 소요시간은 38시간 45분이었다."(《조선교통사》 원본

595페이지)

아울러 영업수지의 변화와 지출내역, 재해 시 예산 대응노력 등이 자세하게 기록되어 있어 철도사 연구에 큰 도움이 될 것이다.

이 책의 출간에서 번역자는 가능한 한 원문에 충실하려고 했지만 기술적인 용어들은 이해하기 쉽게 현재의 철도용어로 표현하였다.

이번 작업을 하면서도 계속적으로 머리에서 떠나지 않는 것은 당시 한반도의 철도에 대한 성격과 그 영향력이었다. 향후 좀 더 깊은 연구를 통해 일본 본토와 타이완, 만주철도, 사할린철도와 어떤 공통점이 있었고 차이점이 무엇이었는가를 규명할 때 우리 철도의 성격이 더욱 분명해질 것으로 기대된다.

《조선교통사》 제3권의 출간에도 많은 분들의 도움이 있었다. 출간은 조선교통사 편찬을 총괄하는 한국철도문화재단과 한국철도협회가 맡아 주었다. 관계자 여러 분들의 지원이 아니었으면 이 책이 완성되지 않았을 것이다. 특히 한국철도시설공단의 김상균 이사장님, 한국철도문화재단의 김동건 이사장님은 출간에 격려와 지원을 주셨다. 번역은 《조선교통사》 제1권과 제2권의 연속선상에서 최영수 박사가 담당해 주었고, 교정에는 배은선 선생님과 이용복 선생님이 수고해 주셨다. 다시 한 번 노고에 감사드린다.

또한 《조선교통사》 원본을 출판하신 삼신사 아라마키(三恵 荒牧) 선생님께도 이 지면을 통해 감사인사들 드린다. 출판 허락과 함께 자료지원도 함께 해 주셨다.

머지않은 장래에 《조선교통사》 마지막 부분인 《조선교통사》 제4권의 내용인 사설철도와 종전처리, 통계도 완성되어 《조선교통사》 전부가 번역되어 출간될 것을 기대하고 있다.

이 책의 출간을 통해 한국철도사의 연구 깊이와 영역이 더욱 넓어져서 많은 연구자들이 배출되었으면 하는 마음 간절하다.

2018년 7월

비 오는 토요일 오후 연구실에서 이용상

《조선교통사》 제1, 2, 3, 4권 전체 목차

《조선교통사》 제3권 목차

제8편 국유철도의 운전

제9편 국유철도의 영업

제10편 국유철도의 경리 및 자재

제8편
국유철도의 운전

제2권 제8편 제2장에 이어서

제2장
열차

제2절 열차 속도와 견인정수

조선~만주~중국 직통 차량은 모두 조선과 만주, 중국 차량 설계 기준에 의해서 제작된 객차 및 화차인데, 이들 공통의 차량 중에서 가장 많은 자중 13.5톤, 하중 30톤 등 총 43.5톤의 보기 화차를 표준 차량으로 하고 이를 환산 1량으로 하여 조선과 만주 간 협정으로 정해졌다.

표준역 간의 열차 운전시분은 특급, 급행, 여객 갑·을, 혼합 갑·을, 화물 속도로 구분하고, 각 선구에 설정되는 열차 종별에 따라서 필요한 운행 시간을 산출했다.

견인정수는 위의 표준 차량에 의한 환산량수로 나타내고 선로 종별에 의해서 운전이 허용된 기관차가 결정되면, 그 선로의 구배와 곡선 조건에 의해서 운전 속도 종별마다 등판 속도와 강판 속도, 곡선, 선로전환기의 통과 속도 제한 등의 제요소를 고려하고 특정 구간을 정해서 견인정수와 표준 운전 시간을 상관적으로 결정했다. 특히 신 기종과 신선에 대해서는 시운전을 실시하여 검토하였다. 예를 들어 특급 '아카쓰키' 운전을 계획하는 경우에는 부산~경성 구간 6시간 운전을 목표로 견인정수를 6량으로 하여 속도 시분선도를 그리고, 시운전 결과 구배 10‰의 등판 속도는 70~80km/h를 확보할 수 있으며, 6시간 운전 가능성을 실제로 증명했다.

실제로는 여유운전 시간을 부여하여 6시간 45분으로 열차 운행 시간을 짜고 견인정수도 부산~경성 구간 파시시(3)[1]로 8량으로 하였으나, 1940년의 실적은 환산량수의 평균은 7.2량이었다.

급행 속도에서 견인정수는 파시형으로 12량으로 하였으나, 실적에서는 부산~경성 구간 8.8량, 경성~안동 구간 9.8량, 부산~대전 구간 10.3량, 대전~경성 구간 10.2량, 경성~평양 구간 10.4량, 평양~안동 구간 10.5량이다. 여객 속도에서는 견인정수를 14량으로 하고, 실적의 평균 11.3~12.0량을 나타내고, 급행 화물 속도로 경부선의 파시·미카형의 평균 12.8량, 화물 속도로 파시형 평균 15.6량, 파시코(5)형 16.0량, 미카사(3)형 18.0량, 마테이(1)형 23.4량의 실적을 나타낸다.

관동군 특별 대연습시의 대 수송에서는 미카형으로 화차 40량, 환산 24량을 견인했다.

견인정수는 여름과 겨울을 구별하지 않는다. 연료도 열차에 따라서 다른데, 특급 등에 사용하는 7,000cal 연탄에서 한쪽에서는 5,600cal의 혼탄을 사용하는 열차도 있으며, 그때의 연료 사정에 따라서 변화하는 것은 부득이 하므로 전쟁 말기의 연료 상태 악화로 열차별 변동이 뚜렷하게 드러났다.

한편, 화차의 하중면에서 보면 쌀과 석탄, 광석은 정미 30톤을 적재하고 때로는 증적되는 수도 있었으나, 일반 화물의 경우에는 표기된 하중보다 가벼운 경우가 많은 등 열차 편성 차종에 따라서 견인정수에 탄력성이 있었다.

---

1) 증기기관차는 해방 이후에도 계속 사용되었는데 모가는 초기 우리나라에 처음으로 도입된 차량으로 해방 이후에는 북한에서 운행되었다. 광복 후 프레는 푸러, 바루는 발틱, 테호는 터우로 불렸는데, 터우는 현재 의왕 철도인재개발원에 남아있다. 마테는 광복 후 마터로 불렸는데 이 기관차는 장단역에 남아있다가 보존처리 후 2009년 6월 25일부터 임진각에서 일반에 공개되고 있다. 이는 마터2형으로 제원은 무게 80톤, 길이 15미터, 폭 3.5미터, 높이 4미터이다. 파시시의 경우는 파시4형을 뜻한다.

이와 같은 점을 고려하여 철도사무소에서는 요청에 따라서 다소의 초과는 특별히 허용하였다.

만주로부터의 전가 화물이 급증하던 무렵, 장대 열차를 기관차의 중련 운전으로 견인했는데 비상수단으로 견인정수 계산의 안전율을 낮춰서 견인정수의 20% 증가를 특별히 허용하고, 중련 운전을 중지했기 때문에 경부·경의선에서 미카형 25량의 정수를 30량까지 특별히 허용한 경우도 있다.

또한 계획적으로 구간을 짧게 분할해서 심한 구배 구간만 보조기관차를 연결하고, 기타 구간의 정수를 대폭으로 증가하는 방법을 실행하는 등 전시하에 총력적으로 평상시에는 생각할 수 없는 모든 비상조치를 강구하여 수송력 증강을 위해 노력했다.

제3장
차량

제1절 기관차

기관차의 설비 증설

1906년 통감부에 인계된 기관차는 경부철도에서 40량, 군용철도에서 54량 등 총 94량으로, 이 중 탱크 기관차 74량, 텐더 기관차 20량이었다.

그 후 경의선 급행 여객열차 운전 및 수송력 증강에 따라서 강력한 텐더 기관차가 요청되었으며, 1907년부터 1910년에 걸쳐서 테호형 기관차 21량을 증비하였다. 이어서 1912년 6월 경부·경의선에 국제 열차가 탄생하고, 급행 여객열차와 기타 열차의 증편 및 신선의 영업 개시에 대응하고, 1916년까지 탱크 기관차 프레사 14량, 바루이 12량, 텐더 기관차 아메이 6량, 테호니(2)·시(4) 15량, 테호코(5) 15량 등 총 62량을 새로 배치했다. 인계차 포어홀은 노후화에 의해서 1914년에 폐기 처분되었기 때문에 1917년 말의 운용 기관차는 탱크 기관차 100량, 텐더 기관차 75량으로 175량이었다.

1916년경부터 경기 상승에 따른 수송량 격증에 대처하고, 기존의 가장 많은 테호형 기관차를 능가하는 대형 기관차 여객용 파시형, 화물용 미카형이 계속해서 출현하여 수송력은 비약적으로 증강되었다. 즉, 1919년 미카이(1)와 미카니(2) 각 12량, 1921년 파시이(1) 12량, 1922년 파시니(2) 6량, 1923년 국산 파시사(3) 6량, 파시이(1) 6량, 총 미카형 기관차 24량, 파시형 기관차 30량을 각각 추가 배치하였다.

이 밖에 1914년부터 테호코 36량의 나머지 21량이 1918년에 16량, 1919년에 5량이 각각 완성되었다. 1924년 경인선 여객열차용으로 구입한 포어홀 탱크 기관차 3량은 선로를 손상시켰기 때문에 1927년에 이를 코로이로 개조하였다.

1925년 말 운용 기관차수는 다음과 같다.

탱크 기관차		텐더 기관차	
시그	1량	아메	6량
푸호	3	테호(터우)[2]	84
모가	4	소리	6
프레(푸러)	77	미카	24
바루(발틱)	12	파시	30
계	97	계	150
합계 247량			

1925년경 경제 불황은 철도 수송에도 영향을 미쳐 차량 증설도 중지되었으나, 이 사이에 경부·경의 본선용 신예 급행 여객열차용 파시시(4) 및 신예

2) 국내에서 운행되던 터우-5형 증기기관차는 1914년 미국 아메리칸 로코모티브사에서 제작하고 1919년 3월 서울공작창에서 조립하여 경부선에서 주로 활약하였고, 최고속도는 95km/h까지 낼 수 있었다. 현재 철도인재개발원에 전시된 차량은 1935년 철도박물관 개관시 전시와 교육 목적으로 용산의 철도교육단지에 전시되기 시작했으며 1986년 9월 현재 위치로 이전되었다. 현재 등록문화재로 지정된 증기기관차는 혀기형 1기, 미카형 2기, 파시형 1기, 마터형 1기 등 총 5기이며, 그 외에 현재 잔존하고 있는 증기기관차는 미카형, 혀기형 등이 추가로 존재하나, 터우형 증기기관차로는 해당 차량이 유일하므로 당시 운행하던 증기기관차의 특성을 파악할 수 있어 보존 가치가 있다.

화물열차용 미카사(3), 경원·함경 본선 신예 여객열차용 테호가 각각 배속되었다. 즉, 1927년~1934년에 파시이(1) 10량, 1927년~1929년에 테호로(6) 21량, 1927년~1935년에 걸쳐서 미카사(3) 35량을 추가 배치하였다. 동시에 도시 근교의 경량 쾌속 열차용으로 프레하(8) 6량, 사철 매수에 의해서 입적한 프레로(6)·나(7) 14량 외에 새로 제작한 프레니(2)·사(3) 14량, 혜산선 사타이(1) 4량, 백무선용 협궤 나키하(8) 7량 및 매수 사철선으로부터 나키하(8) 6량이 새로 추가되었으며, 이 밖에 1928년에 배속된 사고 복구용 35톤 기중기를 합치면 1935년 말에는 표준궤 352량, 협궤 38량 등 총 390량의 기관차가 배속되었다.

그 후 경제의 호황 및 중일전쟁에 의한 수송 상황의 격변에 의해서 대형 기관차의 수요가 더욱 증가해 파시·미카형을 중심으로 테호로(6), 사타이(1), 프레하(8), 나키하(8) 등의 기관차를 추가 배치하였다.

파시형[3]으로는 파시시(4)가 특급 '아카쓰키'용으로 1936년에 4량을 완성하고, 이어서 1937년 6량, 1939년 26량, 1940년 26량으로 총 62량 및 파시코(5)형 10량이 1940년에 출현하고 파시형은 72량을 증차하여 총수 114량으로 1935년의 약 2.8배가 되었다. 테호로(6)형기는 1937년 18량, 1939년 15량, 1940년 10량으로 총 43량을 증차하였다. 미카사(3)형은 1936년 7량, 1937년 19량, 1938년 22량, 1939년 26량, 1940년 80량 등 총 154량으로

3) 의왕철도박물관 1층에 전시되어 있는 파시1-4288 증기기관차 모형에 대해 설명해 보면 1930년 경성공장에서 최초의 파시형 증기기관차 제작을 기념하여 제작되었으며 동일한 형식을 5분의 1의 크기로 축소하여 보일러계통과 탄수차까지 완벽하게 재현해 놓았다. 과거에는 실제 증기의 힘으로 구동이 가능한 상태였다고 알려지고 있다. 증기압력을 조절하여 실제 구동이 가능했던 점으로 보아 당시의 정밀한 증기기관차 제작 기술을 가늠할 수 있고 현재 철도박물관 내에 보존된 철도모형 중에서 가장 스케일이 크고 오래된 모형이다. 실제 운행이 가능하였다는 구체적인 사실이 최근 밝혀졌는데, 1955년 10월 당시의 창경원에서 열린 광복 10주년 기념 박람회 때 용산에 있던 이 차량을 교통부에서 파시1-4288이란 이름으로 출품하여 많은 인기를 끌었다. 4288이란 단기 4288년, 즉 1955년을 의미하며, 1955년 10월 2일자 〈동아일보〉 보도를 보면 이 꼬마열차는 어린이 40명을 태우고 400m 정도의 궤도를 달렸다. 이 차량은 1955년 10월의 박람회 행사가 끝난 후 다시 서울공작창으로 돌아와 계속 전시되고 있다가 1988년 철도박물관 건립 시 이곳으로 옮겨져 박물관을 상징하는 얼굴이 되었다.

급증하였으며 총수 220량으로 3.7배나 증가하였다. 이 밖에 사타이(1)형은 14량을 늘려서 총 24량이 되었으며, 프레형은 11량의 신조 프레하(8)형과 사철 매수선의 10량을 추가하여 총 162량이 되었다. 또한 협궤용의 나키하(8)형은 백무선의 연장과 함께 10량을 늘려서 총 17량이 되었다.

그 결과 1940년 말에는 표준궤 기관차 703량, 협궤 기관차 35량 외에 레키 1량을 추가하여 총 739량이 기관구에 배속되었다.

수송 요청이 급증하는 중에 운전용 연료의 상태 악화와 차량 보수 자재의 부족은 운전과 보수의 양면에 악조건을 미치고, 재래 차량의 운전 정지율이 점차로 높아져 열차 운행에 혼란을 조장하는 사태가 되었다.

이에 대한 대응책으로 화물열차용 기관차를 중심으로 급속한 증비 계획을 추진하여 각형 기관차가 크게 증가하였다.

기관차의 배치와 운용

통감부 인계 당초 경부선에서는 탱크 기관차 모가이(1) 4량이 경인선 열차용으로 인천기관고에, 프레이(1)·니(2) 18량이 경부선 그리고 4량이 마산선 구간 열차용으로 경부선 각 기관고 및 마산기관고에, 급행 여객열차 기타 주요 열차용으로 테호이(1) 6량, 테호니(2) 6량, 소리이(1) 6량이 초량과 대전, 남대문의 각 기관고에 각각 배치되었다. 그리고 경의선에는 탱크 기관차 프레이(1)·니(2) 48량, 텐더 기관차 푸호 2량이 각 열차용으로 경의선 각 기관고에 배치되었다.

테호형은 견인력이 크고 운전 성적도 양호하여 매우 효율적으로 사용되었으며, 1920년대까지 대표적인 기관차로서 운용되었다. 특히 1910년대에 배속된 과열 증기를 사용하는 테호코(5)는 급행 여객열차의 견인에 사용되었고 경원·호남선 전선 개통 후의 여객열차용으로도 활약했다. 또한 그 무렵 인천기관구에 배속된 아메이(1)는 경인선의 급행 및 여객열차를 견인하여 속도와 수송력 향상을 위해서 노력했다.

1919년 수송량의 급증에 대비하여 증설된 대형 파시형 및 미카형은 여객 및 화물용의 대표적인 기관차로서 파시형은 초량과 대전, 용산, 평양에, 그리고 미카형은 대구와 대전, 용산, 신막, 평양, 정주의 각 기관차고에 배치하였다.

인천기관구

1925년 무렵에 경부·경의 본선 급행 여객열차용으로 파시시(4) 또는 화물열차용으로 미카사(3) 및 경원·함경 본선 여객열차용으로 테호로(6) 등의 기관차가 도입되었으며, 1931년과 1932년에 걸쳐서 도시 근교의 경쾌 열차용 프레하가 경인선을 비롯하여 경성과 부산, 평양 근교의 구간에 배속되는 등 수송력이 크게 증가되었다. 이 밖에 구배선용 최대 탱크 기관차 사타이를 혜산선에, 마찬가지로 협궤선용 최대 탱크 기관차 나키하(8)를 백무선에 배치했다. 사타이형 기관차는 복계~고산 구간과 길주~명천 구간 그리고 기타 구배 구간에 사용된 강력한 보조 기관차였다. 나키하(8)형기는 미카도형으로 황주선의 미카도형 텐더 기관차와 함께 협궤선의 대표적인 기관차로 활약했다.

1937년 이후 함경선에 미카형 기관차의 사용이 인정되어 경원·함경선의 미카형 운용은 점차로 증대하였다. 이는 특급 '아카쓰키' 용으로 1936년에 배치된 파시시(4)형 기관차에 이어서 조선~만주 간의 여객 수송 요청에 따라서 설계된 가장 균형을 이룬 대형 기관차로서 파시시(4)와 같이 조선~만주~중국 직통 급행열차용으로 활약했다. 마테이형은 파시코(5)형과 동일하게 사용되었다. 구배선 여객용으로 마테니(2)형이 새로 제작되었는데, 종전으로 인해서 그 진가를 발휘하지 못하고 끝나버렸다.

1940년 주요 선구에 사용된 주요 기관차 및 기관구별 배속량수(〈표 8-3〉)는 다음과 같다.

선명	열차 종별	주요 사용 기관차 형식
경부 · 경의선	급행여객열차	파시시, 파시코, 파시사
	직통여객열차	파시시, 테호코, 파시이, 테호니
	혼합열차	테호코, 프레하, 미카사, 프레나, 바루이
	화물열차	미카사, 마테이, 파시이
	지선구열차	프레나, 프레하, 프레시, 테호코, 바루이
경원 · 함경선	급행여객열차	파시시, 파시사
	여객열차	파시시, 테호로, 파시사, 파시니
	화물열차	미카사, 테호로, 사타이
	지선구열차	사타이, 바루이
호남 · 경전선	여객열차	테호코, 테호로, 테호사, 프레하
	혼합열차	테호로, 테호니, 프레사, 프레하
	지선구열차	프레하, 프레나, 코로이
평원 · 만포선	여객열차	테호코, 테호니, 테호사, 바루이
	화물열차	미카사, 테호로, 테호코

참고) 테호는 터우, 프레는 푸러, 바루는 발틱, 코로는 고로

그 밖에 경북선 김천~상주 구간과 경전남부선 삼랑진~마산 구간에 프레나(7), 경원선 복계~고산 구간에 사타이(1), 미카사(3), 프레나(2) 그리고 함

〈표 8-3〉 기관구별 기관차 배속량수(1940년 말 현재)

기관구	수량	기관구	수량
부산	41	**신막**	36
대전	46	**정주**	24
경성	62	**순천**	23
평양	63	**동경성(청량리)**	25
원산	54	**복계**	24
성진	43	**함흥**	31
대구	24	**청진**	29

주) 그 밖의 기관구는 10-17량

경선 성진~청진 구간과 길주~명천 구간에 미카사(3)와 사타이(2), 북선선 고무산~회령 구간과 고무산~전거리 구간에 만철 미카로(6) 등을 보조기관차로 사용하였다.

기관차의 검사·수선

기관차 보수 관련 규정이 완성된 것은 1910년대 이후로, 그 이전에는 운전규정 및 기존 관행에 따라서 적절하게 실행되었다.

그 후 운전규정 개정에 의해서 3년마다 실시하는 공장 수선 외에 6개월 또는 1개월마다 기관구에서 실시하는 정기검사가 새로 추가되었는데, 이 규정도 검사 장소와 정도, 기간 등에 대해서 구체적으로 지시된 내용은 없었다.

1926년 처음으로 기관차 검사규정이 제정되고 점차로 명확한 검수 방식이 실시되었다. 검사 종별은 일반검사 및 갑·을·병 3종의 정기검사와 시업 전후에 실시하는 시업검사 및 사고 기타 사용 시에 면밀한 검사가 필요할 때 실시하는 임시검사로 구분되었다.

일반검사는 3년마다 공장에서 세밀하게 실시하는 분해검사로, 중요 부분에 대해서는 재질의 강도검사 및 면밀한 작동 상태를 조사하였다. 또한 갑·을·병의 3종 검사는 각각 소정 기한과 주행 거리에 도달한 차량에 대해서 주로 기관구에서 실시하는 검사이다. 즉, 갑종검사는 6월마다 사용 상황에 따라서 보일러 내부를 제외하고 전반적인 상태에 대해서 실시하고, 을종검사는 무화(無火)검사(전반검사)로 1개월마다 운행 거리를 감안하여 보일러 관계에 대해서 주로 실시하며, 병종검사는 15일마다 주행 부분을 중심으로 외견을 실시하는 검사이다. 이 경우 보일러 세척을 비롯하여 면밀 검사를 실시하는 것이 관례였다. 또한 보일러 세척 효과를 향상시키기 위해서 펌프에 의한 수압 향상과 온수, 청정제를 사용하는 등 매년 보일러 세척의 회귀 거리 및 일수가 연장되어 기관차의 운용 효율이 향상되었다.

기관구에서 실시되는 검수 중 가장 중요한 것은 갑종검사이지만, 을종과 병종검사 시에도 각각 정해진 수선 한도에 따라서 부품 교체는 물론 검사계가 적출한 불량 개소에 대해서는 철저하게 수선하였다.

정기검사에 중점을 둔 검수에 의해서 일상의 부담을 경감시키고 기관차의 운행 중지를 감소시키는 것은 당연하지만, 임시로 발생한 고장에 대해서도 열차 운행에 지장을 초래하지 않도록 각각 보수 대책을 강구하였다.

기관차 고장에서 가장 어려운 것은 겨울철 배관 누설과 축소(축상 발열로 인한 발화)였는데, 특히 전시에는 기관차 운용상 보일러의 유화(有火) 수선(부분검사) 및 동축 베어링의 응급 수리 등 기관구에 근무하는 기공의 어려움이 컸다.

기관차의 연료 및 유지

조선철도 운행에는 각종 어려움이 많았지만, 그 중에서도 가장 큰 어려움은 기관차용 유연탄의 조선 내 산출량이 적어 그 대부분을 만주 및 일본의 우량 유연탄에 의존해야 한다는 점이었다.

1925년 무렵 경제계 불황 시에는 용이하게 입수할 수 있었지만, 점차로 사용량이 증가하고 만주사변이 발발한 1931년경부터는 점차로 입수가 어려워졌으며 태평양전쟁이 진행되면서 더욱 부족해졌다. 이에 대한 대응책으로 조선 내에서 비교적 산출량이 풍부하며 열량도 높은 무연탄을 원료로 한 연탄을 기관차용으로 사용하는 분화 방법이 여러 가지로 연구되었다. 그런데 당초에는 석탄에 비하여 착화가 늦고, 한 번 실패하면 분화가 쉽지 않으며, 클링커(굳은 덩어리) 발생이 많은 등 연탄의 사용상 문제가 많았다.

그 후 연탄의 특성을 이용한 분화 방법 연구가 진행되어 점차로 사용량도 많아져 1928년 1만 톤 정도였던 것이 1944년에는 50만 톤으로 비약적으로 증가하였다.

본래 조선 무연탄은 고세대의 생성에 속하며, 2차괴인 경우가 많으며, 채탄

시에는 탄이 가루가 되어서 기관차용으로는 단독 사용이 어려웠기 때문에 (가) 연탄으로 사용, (나) 연탄과 유연탄을 섞어서 쓰는 방법밖에 없었다. 다만, 부득이한 경우에 한하여 단독으로 사용하는 방법을 채용하였다.

연탄과 유연탄의 혼소[4]에는 분화 기술이 필요하였으며, 혼합하는 유연탄의 품질에 따라서 사용량에 현저한 차이가 발생하므로 최대한 우량탄을 선택해서 혼소하도록 하였다. 동시에 성질이 다른 유연탄의 혼소 시험도 수차례 실시하여 모두 양호한 성적을 거두었다. 마침 1931년 런던 세계 동력회의에 참석한 당국 운수과의 사세 기사가 '2종 및 3종 혼탄기술 이론'을 발표한 결과 철도성에서도 이 보고를 바탕으로 실험을 실시하여 그 성과가 인정되었다.

한편, 연탄공장은 1928년 평양의 해군 사동 연탄과 조선무연회사의 전흥연탄의 두 공장에 지나지 않았으며, 그 제품을 시험적으로 사용하는 정도였다. 그 후 점차로 증설되어 조선 내의 공장 수는 16군데를 초과하기에 이르렀으며, 생산 능력도 약 100만 톤에 이르렀다.

무연탄분의 점결제로서는 당초 석탄 피치를 사용하였는데 연탄 사용량이 점차로 증가하고, 또한 만주사변 발발 이래 석탄 피치가 알루미늄 제조에 필요한 피치 코크스용에 공급된 결과 그 입수가 더욱 어려워졌다. 따라서 최초의 피치 혼입률 12%를 점차로 줄여서 8% 이하로까지 줄여도 부족하였기 때문에 피치 대체용 점결제를 연구하게 되어 연료 연구소를 설립하고 수색에 연탄공장 및 건조로를 설치하고 각종 대용 점결제를 시험 제작하였다.

대용 점결제는 분말 또는 액체였기 때문에 제조 직후에는 수분이 많고 경도도 낮았기 때문에 충분히 건조시켜도 운반 중 또는 우천 시에 다시 부스러질 우려가 있었다. 따라서 효과적인 대책으로 각 기관구에 직영 연탄공장을 설치하고 연료 문제를 조급히 해결하는 계획을 세웠는데 갑자기 종전이 되

4) 2종류 이상의 연료를 연소시킨 경우를 혼소라고 한다.

어 실현되지 못했다.

태평양전쟁 발발 후에는 만주 및 일본으로부터의 유연탄 확보가 더욱 어려워져서 경도와 내수성에 문제가 있는 대용 점결제를 사용한 연탄과 무연분탄에 의지하는 방법밖에 없었으며, 기관구 내에서 물로 반죽한 무연탄을 기관차 위에 벽돌 크기로 던져서 문제를 극복하였다.

연료와 물 다음으로 중요시되는 각 부의 윤활유 규격은 각각 사양서에 규정되어 있으며, 각 부마다 적당한 급유 방식을 이용하였다. 즉, 기통용에는 과열 기통유, 축상에는 기계유, 주 연봉에는 경그리스와 기계유를 사용했다.

기통의 급유는 급유기에 의해서 양질의 오일을 사용하였는데, 전쟁 말기에는 기름의 공급 부족과 급유 방식 결함이 겹쳐서 패킹에서 고장이 발생하였다.

축상의 급유는 상부 통면 급유, 하부 패드 수급유에 의하였는데 통면(通綿) 급유에 문제가 많아 그 후 하부 급유 방식으로 변경하였다.

새로 제작한 파시5형에는 상부 기계 급유 방식을 채용했다.

또한 주연봉 대부분의 급유 가운데 대형 기관차에는 경그리스 그리고 중형 이하의 기관차에는 기계유를 사용하였는데, 특급 열차가 운전된 이후부터는 경그리스는 부적절하다고 판명되어 연그리스를 기계적으로 밀어내는 방식으로 변경했다.

〈표 8-4〉 탄종별 석탄 사용 성적(1936~1940년)

(단위 : 만 톤)

연도	조선탄	일본탄	만주탄	중국탄 기타	계	비율(%)			
						조선탄	일본탄	만주탄	중국탄 기타
1936	40.1	5.9	11.5		57.4	69.8	10.2	20.0	
1937	43.2	4.7	14.9		62.9	68.7	7.5	23.8	
1938	56.0	8.6	14.0		78.6	71.2	10.9	17.9	
1939	74.4	14.9	9.2	2.3	100.8	73.8	14.8	9.1	2.3
1940	103.9	26.0	7.8	7.6	145.3	71.5	17.9	5.4	5.2

그 밖의 습동 부분에는 모두 통면 급유 방식을 채용하였다.

〈표 8-5〉 종전 시 조선 내 연탄공장 및 생산 능력

<table>
<tr><th rowspan="2">사명</th><th rowspan="2">장소</th><th rowspan="2">시간당 능력</th><th rowspan="2">대수</th><th rowspan="2">건조로</th><th colspan="2">생산 능력(톤)</th><th rowspan="2">비고</th></tr>
<tr><th>1일</th><th>1년</th></tr>
<tr><td rowspan="7">조선 무연</td><td rowspan="2">선교리</td><td>10</td><td>3</td><td rowspan="2">유</td><td rowspan="2">516</td><td rowspan="2">154,800</td><td rowspan="2">일부 가정용</td></tr>
<tr><td>13</td><td>1</td></tr>
<tr><td>청량리</td><td>5</td><td>3</td><td>유</td><td>180</td><td>54,000</td><td>〃</td></tr>
<tr><td>서대전</td><td>5</td><td>2</td><td>무</td><td>120</td><td>36,000</td><td>〃</td></tr>
<tr><td>화순</td><td>5</td><td>2</td><td>무</td><td>120</td><td>36,000</td><td>〃</td></tr>
<tr><td>함흥</td><td>5</td><td>2</td><td>유</td><td>120</td><td>36,000</td><td>〃</td></tr>
<tr><td>길주</td><td>5</td><td>3</td><td>유</td><td>180</td><td>54,000</td><td>〃</td></tr>
<tr><td rowspan="2">경성 피치</td><td>영등포 1</td><td>10</td><td>4</td><td>무</td><td>480</td><td>144,000</td><td>가정용</td></tr>
<tr><td>〃 2</td><td>10</td><td>3</td><td>유</td><td>360</td><td>108,000</td><td>〃</td></tr>
<tr><td rowspan="3">삼국</td><td>인천</td><td>5</td><td>2</td><td>무</td><td>120</td><td>36,000</td><td>일부 가정용</td></tr>
<tr><td>왕십리</td><td>5</td><td>1</td><td>유</td><td>60</td><td>18,000</td><td>〃</td></tr>
<tr><td>원산</td><td>5</td><td>1</td><td>유</td><td>60</td><td>18,000</td><td>〃</td></tr>
<tr><td>서협</td><td>점촌</td><td>3</td><td>1</td><td>무</td><td>36</td><td>10,800</td><td>〃</td></tr>
<tr><td>매근</td><td>대구</td><td>2.5</td><td>1</td><td>무</td><td>30</td><td>9,000</td><td>〃</td></tr>
<tr><td>종연</td><td>대동강</td><td>10</td><td>3</td><td>유</td><td>360</td><td>108,000</td><td>〃</td></tr>
<tr><td>평양</td><td>선교리</td><td>5</td><td>1</td><td>무</td><td>60</td><td>18,000</td><td>〃</td></tr>
<tr><td>해군</td><td>사동</td><td>10</td><td>4</td><td>무</td><td>480</td><td>144,000</td><td>불명</td></tr>
<tr><td colspan="2">계</td><td colspan="3"></td><td>3,282</td><td>984,600</td><td></td></tr>
</table>

비고) 생산 능력은 1일 12시간, 1년 300일 가동으로 계산

전기기관차 운전

1944년 4월 1일부터 경원선 복계~고산 구간에 운전을 개시한 전기기관차인 데로1·데로2의 양 타입은 중량 135톤, 350kw의 주전동기 6대를 비치하고, 복계~고산 구간 53.9km, 25‰의 구배를 중련 운전으로 화차 1,200톤을 시속 42km의 속도로 견인하여 얻을 수 있는 힘을 갖고 있으며, 동양에서 직류 3,000V 전기기관차의 효시가 되었다.

이 기관차는 구배선 운전에 대비하여 공기 제동장치 외에 회생 제동장치를

장착하였으며, 상호작용에 의해서 보안상의 감속 없이 운전을 유지할 수 있도록 되어 있다.

전철화 운전에 의해서 수송력이 증대하였고 매연·증기 온도 상승 등의 문제는 해소되었지만, 이 지역은 겨울철에 영하 35℃ 정도로 기온이 내려가고 강설량이 상당히 많기 때문에 기관차에 히터를 설치하였으며, 기관실 복도에는 방한막을 쳐서 창으로부터 들어오는 눈보라를 막았다.

또한 터널 내 고드름 방지장치를 지붕에 설치하는 등의 대책도 강구하였으나, 증기기관차를 함께 운전하였기 때문에 가선에 매연이 섞인 얼음이 붙어 일부 지장을 초래하기도 하였다.

제2절 동차

증기동차의 운용

1923년 7월 3등 증기동차(지하, 후에 제하1로 개칭) 4량을 경인선 여객 수송에 충당하였다. 제하1은 소형 기관차의 후부에 객실과 수하물실을 설치하고 3등 객차 1량을 견인하였는데, 속도 향상과 함께 진동이 심하였기 때문에 이를 지방지선(신의주 강안선)에 교체하여 배치하고, 그 후 순차적으로 기관차부와 객차부를 분리하여 시구이형 기관차와 하2 및 하테형 객차로 개조하였다.

이어서 1925년 영국 센티넬회사 제품의 3등 증기동차 제하2 4량을 구입하여 당초 경인선과 경전북부선에 운용하였으나, 1930년 7월에는 평남선 등에 교체하여 배치하였다. 제하2형은 객차의 한끝에 기관실이 있었으며, 역행하는 경우 승무원간의 연락은 전령이 담당하였다.

이 동차는 승차감이 양호하고 특히 그 경쾌한 차체 구조로 단거리 승객 수송에 호평을 받았으며, 1일 1차 평균 주행 거리도 150~210km 정도로 동차의 선구차가 되었다.

내연동차의 배치와 운용

경유동차는 1928년 7월 조선철도회사가 경동선을 매수하여 동해중부선으로 개칭하였는데, 대구~학산 구간 및 경주~울산 구간을 운전한 협궤 3등 경유동차 나케하1 5량으로 시작하였다.

나케하1형은 승합 자동차형으로 상당히 쾌적한 동차였다. 1929년 이후 2량, 4량, 2량으로 매년 증설하여 1931년에는 13량이 되고, 주행거리도 1929년 25.6만 km, 1934년 59만 km를 최고로 1938년 7.5만 km를 달리고 그 사명을 다했다.

표준궤 3등 경유동차인 케하1·2형은 1930년에 6량을 도시 근교 열차에 충당한 것을 시작으로 1931년 15량, 1932년 6량으로 증설하여 27량이 되었다. 운용선구는 경성·부산·평양 근교를 비롯하여 호남·경원·경전북부·동해중부선 등 거의 전선에 걸치며, 주행 거리도 1936년에는 165만 km에 달하여 이때 도시 근교 수송기관의 꽃으로 활약했다.

1938년 마지막 경유동차인 케하5형 6량을 이리·순천기관구에 배속하고 대전~정읍, 이리~순천 구간에 사용했다. 기관이 강력하여 기존 동차에서 나타난 구배선에서의 속도 급감 또는 기관 과열의 우려를 일소했다. 1940년에는 경유동차 41량을 보유하게 되었으나, 1938년 이

순천기관구

후 가솔린 규제가 강화되어 한때 대체 연료에 대한 연구도 이루어졌다. 그러나 연료 입수가 생각대로 이루어지지 않아 1941년 12월 1일 열차 운전 시각 개정 시에는 도시 근교 열차에 일부 남아있던 동차도 거의 운전을 중지했다.

운전 중지된 동차의 일부는 승무원과 함께 군용으로 북중국으로 전출되거나, 일부는 엔진을 제거하고 앞뒤에 데크를 장착하여 대용객차로 사용하였다.

독특한 형태의 동차에 직무용 경유동차인 게시야가 있었다. 1935년 경성 공장에서 제작하여 선로 심사 및 기타 직무용으로 필요에 따라서 각 선을 운전하였다.

경유동차에 이어서 1930년경부터 중유동차(지하) 운전이 계획되어 1933년 6월부터 시험적으로 사용을 개시하였는데, 취급상 보수면에서 부적절하여 3년간의 짧은 기간 사용 후 운전을 중지하였다.

제3절 객화차

객화차의 증비

객차 : 1906년 통감부에 인계된 객차 수는 155량이었다.

인계 객차의 대부분은 미국제로. 그 후 수차례 개조되어 2, 3등차 로하3, 로하4형 기타 일부를 제외하고 대부분의 차종을 변경하였다.

그 밖에 러일전쟁 시 노획하여 개조한 객차에 귀빈차, 3등차 등의 10량이 있었다.

1911년 조선~만주 직통열차의 운전이 시작되고, 급행여객열차 증설 등에 의한 객차의 수요 증가에 의해서 같은 해에 3등 객차 6량, 우편 수화물 완행차 6량, 수화물 완행차 14량 및 1·2등차 6량을 증비하였다.

이어서 1913년에 특별차 2량, 1914년 식당차가 달린 1등차를 수입하고 만주철도에서 3등차 수하물차 등 26량을 구입하였다. 그 결과 1913년 말 운용차는 268량이 되었으며, 1914년 67량, 1915년 2량, 1916년 23량, 1917년 47량 등 매년 증비하여 1917년 말에는 407량을 보유하기에 이르러 1910년에 비하여 248량이 증가하였다.

그 후에도 다음과 같이 매년 설비를 더욱 늘려 1929년에는 742량(그 밖에 협궤 75량)에 이르렀다.

〈표 8-6〉 객차 증비량 수(1918~1929년)

연도	양수
1918	13
1919	3
1920	7
1921	41
1922	23
1923	46
1924	24
1925	28
소계	185
1926	26
1927	33
1928	33
1929	58
소계	150
합계	335

증비차 중 중요한 것을 보면 전망 1등침대차 5량, 1등침대차 5량, 2등침대차 17량, 3등침대차 5량, 식당차 6량, 3등차 65량으로 조선~만주 직통여객열차 기타 여객열차의 증설에 대비한 것이다.

1932년 12월 운전을 시작한 경인선의 경쾌 열차용으로 라하1, 라로하테형 등의 경객차를 증설하는 동시에, 그 후 열차의 속도 향상과 설비 개선을 위하여 주요 여객열차에 편성된 전망 1등침대차, 2·3등침대차, 3등차, 식당차, 수하물차 등을 증설하였다.

1936년 특급 '아카쓰키'의 운전을 시작으로 조선~만주 직통열차가 대폭으로 증설되고, '아카쓰키'용으로는 경전망 1등차, 경2등차, 경3등차, 경식당차, 경수하물차 등의 경객차 및 국제 열차용 공출차로 전망 1등침대차, 1등침대차, 3등침대차, 식당차, 수화물 등의 각 편성차를 대량으로 증설했다.

화차 : 1906년 통감부 철도관리국에 인계한 화차는 총 636량이었다.

그 밖에 러일전쟁 시 노획한 소형 무개차 및 수조차 총 346량 및 26톤 유개차 100량이 차량 자급 방침의 첫걸음으로 철도공장에서 제작되는 등 1,186량이 운용되었다.

1911년 149량, 1912년 110량, 1913년 93량, 1914년 64량, 1915년 2량, 1916년 170량, 1917년 100량으로 매년 증설되어 유개차 712량, 무개차 1,162량 등 총 1,874량에 이르렀다. 1918년 이후 1925년 9월까지 당국 공장에서 990량을 새로 제작하고, 소형 무개차 98량을 폐차한 결과 유개차 1,567량, 무개차 1,199량으로 총 2,766량이 되었다.

10톤형 소형 무개차는 1921년에 342량이 남아있었으나, 이 사이에 76량을 사철에 양도하고 1925년 9월 말에는 266량이 되었다. 그 밖에 화차는 모두 보기차로 적재량도 18톤에서 26톤으로 증설되었으며 공기 제동기 또는 열차관(列車管)을 갖추었다.

1925년경 노후된 유개차 21량, 무개차 7량을 폐차하였으나 1917년부터 매년 120량, 153량, 162량, 140량, 131량으로 증설되어 1917년 말에는 유개차가 1,799량이 되어 232량이 증가하고, 무개차는 1,645량으로 446량이 증가하였다.

1932년 이후에도 주로 유개차, 무측차, 석탄차, 차장차 등을 증설하고 새로 1934년 가축차, 1935년 제설차를 배치했다.

협궤선에서는 1927년 전북철도와 1928년 경동선을 매수함으로써 1927년 유개차 21량, 무개차 32량으로 총 53량이 추가되고, 1928년 말 유개차 102량, 무개차 120량 등 총 222량이 되었다. 이어서 1931년 말에는 유개차 167량, 무개차 152량으로 총 319량이 되었다.

또한 백무선 영업을 개시하면서 백무선용 유개차와 무개차, 특히 장척 목재 수송용 15톤형 무측차를 증설하였다.

1935년경부터 화물 수송량이 격증하여 1940년에는 화물 수송톤수 866.8만 톤, 환산 화차운행 거리 103.6백만 km로 모두 1935년에 비하여 2배 정도 증가한 수치를 나타내었다. 이에 대응하여 화차 신규 제작도 점차로 활발해지고 화차수도 1933년 3,997량이었던 것이 1938년에는 6,634량으로 연평균 527량이 증가하였다. 종전 시에는 15,247량으로 이 사이 연평균 1,230량이 급증하였다.

증설된 차종은 유개차와 무개차, 무측차, 석탄차, 광석차, 차장차, 가축차, 보온차, 통풍차 및 협궤선용의 유개차와 무개차, 무측차 등 다양하였다.

객화차의 배치와 운용

객차 : 대륙의 가교라는 사명을 짊어진 철도로서 열차의 설정은 물론, 이에 따른 객차 배치 운용은 모두 간선 중심으로 이루어졌다. 즉, 조선~만주~중국 직통열차의 시발역인 부산과 경원·함경선 담당의 경성역을 중심으로 호남선 담당의 대전역, 만포·평원선 담당의 평양역 등 주선구 여객열차 담당역을 우선으로 각각 소요 객차를 배치하고 수송 요청에 따른 운용 계획을 수립하였다.

따라서 우등차는 경성역에 배치한 경원·함경선용의 침대차, 식당차 및 경부·경의선용 예비차 이외에는 거의 부산역에 항상 배치하였다.

준간선과 지선구에는 구형의 3등차, 2·3등차 및 수화물, 우편차 등의 합조차 등이 배치되는 데 지나지 않았다.

1940년 말의 검차구별 담당 객차량수는 다음의 표와 같다.

검차구	우등차	보통차	검차구	우등차	보통차
부산	130	(20) 378	**성진**		(25) 39
대전		(32) 49	**청진**		(3) 29
경성	72	(44) 343	**순천**		(30) 34
평양	4	(20) 65	**만포**		(9) 26
원산	1	(5) 78	**합계**	207	1,229

( )안은 분구·주재소 담당을 외역으로 표시

조선~만주~중국 직통열차에 사용되는 객차는 직통열차 운전 선구의 영업거리에 따라서 각 철도에서 공출하도록 하고, 열차 운행 시각 개정 시마다 편성 객차의 담당 분담을 결정하였는데, 조선철도의 객차로서는 1925년경의 대표적인 3등차 하7형 및 특급 '아카쓰키'용 차량처럼 경량화된 하9형 및 조선철도가 자랑하는 3등침대차 및 우등차 등이 주로 투입되었다.

조선 내 여객열차용으로는 경인·평남선 등의 근거리 열차에서 호평을 받은 경객차 라하1형, 구간 열차용으로 좌석 정원을 늘리기 위해서 창설 당시의 3등차 하3형처럼 팔걸이를 배치하고 차체를 하9형의 구조로 한 하4형 3등차 등이 있었다.

이 밖에 과거에 조선~만주 직통열차용으로 활약한 하5·6형 3등차 및 주로 안전을 위주로 제작된 강제 3등차 하8형 등을 조선 내 직통 여객열차용으로 충당하였다.

화차 : 화차는 상비역이 정해진 차장차, 비상차, 제설차, 각종 조차, 기타 특수차 및 운전 보안상의 제한차 이외에는 운용상 어떠한 규정도 없이 공통으로 사용하였는데, 중일전쟁 후 조선~만주~중국 직통열차에 대해서 격렬하게 논의되어 직통 화차는 와시프형 유개차, 토시프형 무개차, 치사프형 무측차 및 석탄차 등이 주로 조선과 만주, 중국 차량 설계 기준에 따라서 설계

된 반강제 화차로 한정되었으며, 남은 목제차는 조선 내 각 선에만 사용하도록 하였다.

조선 내 및 국지적으로 운용하기 위한 특수차에는 치코프형 50톤형 무측차, 티로프형 저상차, 호퍼식 석탄차, 저개 광석차, 탱크차, 냉장차, 통풍차, 가축차, 제설차 등이 있었다.

또한 백무선에는 협궤이면서 표준궤선 화차와 동일한 장비를 갖춘 적재량 15톤급의 유개차와 무측차가 목재 수송에 이용되었다.

또한 차장차에 대해서는 전기장치 및 난로 취급, 청소 관계상 특히 운용을 엄수하도록 하였다.

객화차의 검사 및 수선

객화차의 검사는 당초 공장에서 실시하는 정기검사와 역 구내에서 실시하는 보통검사의 두 가지였으며, 보통검사에서는 구 소재지의 역에서 발착하는 열차마다 차량의 주행 부분을 중심으로 검사하였는데 그 중에서도 축상에 오일을 보충하는 것이 주요 업무였다.

검차구를 창설할 무렵에는 제작 시의 입회검사와 부분 정기검사의 두 가지 정기검사가 추가되고, 제작 시 검사에서는 일단 있는 모습 그대로 차량별로 전반적으로 면밀하게 검사하도록 하고, 부분 정기검사에서는 제동장치, 연결장치 등 중요 부분을 분해 검사하도록 규정되었다.

그 후 차량 구조의 현저한 개량 진보와 함께 보수 기술 향상이 강력하게 요청되었으며, 기존의 검사규정에도 불합리한 점이 지적되었다.

동시에 대륙철도의 직통운전과도 관련되어 1938년 대륙 4철도(조선철도, 만주철도, 화북, 화중) 간에 규정 통일을 도모하여 수차에 걸친 타협 결과 일반 갑·을·병의 4종의 정기검사와 시발·종착·도중·체류의 4종류의 열차검사로 구분하고 검차 업무로서 일대 전환기를 맞이하였다.

일반검사는 객차 1년, 화차 3년마다 공장에서 실시하는 정밀검사이며, 갑종검사는 18개월마다 화차의 주행장치와 연결장치를, 을종검사는 6개월마다 제동장치와 급수장치, 냉방장치, 전기장치, 객차 축상, 화차 회전축을 검사 확인하도록 정하였다. 병종검사는 기존의 제작 시 검사에 필적하는 것으로 객차 30일, 화차 45일 이내에 실시하도록 하였다.

이 밖에 겨울철의 난방장치 취급과 증기식 냉방장치차를 도입한 열차를 대상으로 승무검사를 실행하였다.

또한 대륙철도 간 직통 차량의 입회검사는 열차검사에 한정되며, 정기검사는 모두 차량의 소속 장소에서 시행하는 것을 원칙으로 하였다. 따라서 직통차의 다음 번 검사 기일에 특히 유의하는 한편, 입회차는 우선적으로 수리하도록 명하였다.

열차의 운행이 혼란해진 종전, 관동군의 특별 명령으로 화차의 병종검사에 한하여 인입철도 측에서 시행하도록 하여 긴박한 수송 요청에 대응했다.

또한 객화차의 수선도 기관차와 마찬가지로 정기검사에 따른 일반 수선과 돌발 고장에 의한 임시 수선의 2가지 태세 하에 보수에 만전을 기하였다.

검차구에서의 수선 범위는 규정에 의해서 한정되었는데, 입장 및 기타 관계로 당초에는 요원 및 자재면에서 상당히 여유가 있어서 윤축·자련 교체는 물론 객차의 차체 이외의 부분에 대해서도 수선을 실시하였다.

객화차 고장 중 가장 주의한 부분은 차축 발열과 냉난방 고장이었는데, 모두 겨울철에 많이 발생하였으며 여름과 겨울철의 차축 오일 교체와 축상의 뚜껑 개조, 기타 제반 대책을 강구하였다.

객화차의 청소

객차 청소는 여객 서비스를 위한 것으로 당초 열차 종착역장의 책임 하에 시행되었는데, 차량의 보수와 청소에 시간적 차이로 인해 문제가 발생하였기 때문에 청소와 검수를 동일한 부서가 책임을 지고 실시하기로 하고 담당 구역을 변경하였다.

그 후 객차 청소 업무에 대해서 규정하여 대청소와 간단한 청소, 특별 청소의 세 가지로 구분하고 대청소와 간단한 청소는 시행 장소와 시기를 객차 운용표에 따라서 실시하였다.

대청소는 일정한 거리를 주행한 경우 차를 세척선에 넣어서 외부 세척을 중심으로 유리창, 의자, 세면대, 화장실 등을 전반적으로 청소하는 것이며, 간단한 청소란 열차 종착시마다 승객이 접촉하는 부분이나 눈에 잘 띄는 부분을 중심으로 실시하는 청소이며, 특별 청소란 평소에 자주 손이 가지 않는 부분(천장, 측판측)의 약품 세척 및 바닥 세척 등을 실행하는 것으로 규정되었다.

차장차 청소는 객차에 준하여 실시하였으나, 기타 화차에 대해서는 냉장차의 외부 세척 이외에 하역 후 역의 책임 하에 간단한 청소에 준하여 실시하였다.

객화차 부속장치의 취급

난방장치 : 열차의 증기난방은 1910년대 경부 · 경의 본선의 여객열차에 채용된 것을 시작으로 당시에 대부분의 객차에 고압식 난방장치를 설치하였다. 이 장치는 구조가 간단하며 난방 효과도 좋고 예열에 필요한 시간이 짧다는 이점이 있지만, 열차의 연결 차량수가 많아지면 후부 객차의 난방 효과가 떨어지고 배수변에서 응결수가 동결하고 가압 밸브 취급이 어려운 점 등의 문제가 있었기 때문에 그 후 점차로 대기압식 난방장치로 바뀌었다. 대기압식 난방장치의 결점은 예열에 시간을 요하기 때문에 예열설비가 불완전한 장소에서는 발차 전까지 소정의 실내 온도를 유지하는 것이 상당히 곤란하였다.

또한 객차 내의 최고 온도를 일정하게 유지하는 동시에 증기의 낭비를 억제하기 위해서 1921년 일부 객차에 골드식 전기 정온장치를 설치했다. 경부 · 경의 · 경원 · 함경 기타 주요 선구의 급행 여객 및 여객열차 이외에는 난로를 사용했다.

난방장치의 취급 방법에 대해서는 1924년 5월 철운갑 제39호의 '객화차 난방 및 급수장치 취급 요령'에 지시되었다. 즉, 난방 사용 기간의 경우 혜산·백무선은 10월 1일부터 익년 6월 30일까지, 그 밖에 경성을 중심으로 북부는 10월 1일부터 다음해 5월 31일까지, 남부는 10월 15일부터 다음해 4월 30일까지로 하고, 난방 호스 및 난로 설치는 사용 1개월 전부터 개시하여 철거는 사용 폐지 후 1개월 이내에 종료하도록 정했다. 운전 중의 차 실내의 표준 온도는 섭씨 15~20도로 하고, 기관차에서 열차에 공급하는 증기 압력은 최고 7kg이며, 연결 차량수와 외기 온도를 감안하여 상황에 따라서 표준 압력을 제시하였다.

급수장치 : 급수장치의 수조는 당초 천장에 설치하였으나 객차의 운용 거리가 증가하면서 용수 부족을 초래하여 점차로 압력 공기를 이용한 바닥 수조식으로 변경되었다. 그러나 식당차에 대해서는 열차에 연결되지 않는 경우 물의 이용을 고려하여 천장 수조를 함께 설치하였다. 수양(水揚)장치의 공기는 제동용 공기 저류소에서 보내지므로 도중에는 역지 밸브와 감압 밸브 등을 설치하였는데, 공기 제어에 대한 영향을 고려하여 밸브류 검사에 특히 주의하였다. 또한 수조의 급수와 배수시의 취급, 특히 배수관의 배수에 대해서는 동결 고장방지를 위해 면밀하게 지시하였다.

냉방장치 : 냉방장치로서는 1931년경 빙수식 장치가 설치되었다. 이는 냉수 분무 중에 공기를 통과시켜서 차내를 순환시키는 간단한 장치였다.

1935년경에는 기계식 냉방장치가 시험되었다. 그 무렵 만주철도에서는 특급 '아시아'의 전 차량에 캐리어식 증기 분사 냉방장치를 설치하였는데 마침 북경 급행열차에도 동일한 타입의 냉방장치를 설치한 만주철도의 식당차와 전망 1등침대차를 도입하고, 조선과 만주, 화북 3자 간에 수차례에 걸쳐서 협의와 현장 강습회를 개최하는 등 취급에 신중을 기하였다. 그러나 증기관에서 누설은 없었지만 배기 밸브나 최후부에서 분무하는 증기를 보는 것만으로도 열차 모두에서 고객의 고통은 컸다.

전기장치 : 차량의 조명은 당초 초가 이용되었으며, 그 후 유등에서 전등으로 바뀌었다. 유등은 1920년대 중반까지 혼합 열차용 객차 및 차장차에 상당히 많이 사용되었다.

차량의 전등장치는 1912년 12월 경부·경의 직통여객열차 및 경인선의 객차에 사용한 것을 시작으로, 당시에는 스톤식 AZCZ형 발전기와 7, 9, 11장 정도의 축전지가 중심이었다. 그런데 그 후 차량의 개량과 함께 부하 전류도 점차로 많아지고 발전기에 리리프트식 L3, L4, L5형 등이 채용되고 축전지도 19, 21장으로 용량이 큰 것을 이용하게 되었다. 따라서 구형 객차는 L3형 발전기와 11, 13장 정도의 축전지를, 일반차는 L4형 발전기와 15, 17장의 축전지를, 우등차는 L5형 발전기와 19, 21장형 축전지를 설치하였다.

당시로서는 전 차량에 발전장치가 있는 것이 아니라 발전기와 축전지를 설치한 객차를 모차, 무장비차를 자차로 구별하고 각 차마다 출력과 부하 전류를 산정한 전등 계산율을 제정했다. 열차 조성 시에는 이 전등 계산율을 기준으로 운전 상황을 고려하여 과부하 또는 과충전이 되지 않도록 모차와 자차를 적당하게 조합하여 객차를 편성하도록 하였다.

그 후 전기장치가 현저하게 발전하여 경부선 여객열차에 일제히 점멸장치를 사용한 것을 비롯하여 특급 '아카쓰키'에는 차내 방송장치를 설치하는 등 여객 서비스면에서 빠른 속도로 향상되었다.

특수화물의 취급

산업의 발전과 함께 철도 화물에도 대형품 및 귀중품 등이 점차로 증가하고 이들 특수 화물 수송의 안전을 기하기 위해서 화물운송 규칙에 화물 폭 제한, 하중 부담 면 제한 등 화물적재에 관한 조항을 마련하였다.

화물 수송 신청을 받으면 역에서 검차구에 연락하고, 검차구는 적재 전에 미리 화물의 중량과 치수, 형태 등에 따라서 적재 화차, 적재 치수 및 적재 후의 윤곽 치수 등을 결정하고 이를 철도사무소에 보고하였다. 철도사무소는 철도국을 통하여 수송을 수배하는데 이 경우 경유선과 운전 속도 지시, 선로 주변의 장해물 철거 등 임시 조치를 강구하여 수송에 안전을 기하였다. 상황에 따라서는 수송 화물의 모형을 화차에 설치하여 시운전을 실시하였다.

제4절 운전 성적

통감부 철도관리국 인계 당시에는 시설 및 기타 면에서 영업거리에 비하여 열차수가 적어서 1906년의 기관차 거리는 332만 km에 지나지 않았다.

그 무렵의 기관차는 소형으로 운전 속도도 낮았으며, 연료는 주로 일본탄을 사용하였기 때문에 기관차 1km당 석탄 소비량은 15.05~17.87kg으로 비교적 적고 기통유의 소비량도 100km당 0.50~0.65ℓ로 모두 양호한 성적을 남겼다.

제1차 직영시대에 들어오면서 열차 증설과 신선 영업 개시에 의해서 1910년에는 영업거리가 1,085.6km가 되고, 기관차 거리도 같은 해에 420만 km, 1917년에는 931만 km로 2배로 증가하였다.

따라서 석탄 소비량은 총량으로 2.6배 증가하고 1km당 기관차의 형식과 탄종의 변화, 견인 차량수의 증대에 의해서 16.60~19.53kg으로 증가하는 경향을 나타내었다. 또한 기름소비량도 1910년부터 6년간의 증가율은 총량으로 기통[5]유 2.9배, 기계유 1.8배, 기관차 100km당 기통유 1.3배, 기계유 0.9배였다.

---

5) 압축기 · 펌프 · 엔진 등에 사용되는 것으로 피스톤에서 유체에 에너지를 공급하거나 피스톤에 동력을 전달하는 장소, 피스톤의 왕복운동을 하는 원통형 부분이다.

1916년경부터 제1차 세계대전의 영향으로 경제계가 활황을 띠었으며, 만철에 위탁경영된 3개년간은 철도 수송도 공전의 활황을 보였다. 기관차 운행 거리는 1917년부터 3개년에 각각 931,977,993만 km이었으며, 1919년에는 1910년에 비하여 2.36배가 되었다. 그런데 1920년경부터 그 반등기에 들어가 여객과 화물 모두 격감하였기 때문에 부득이하게 정기 화물열차의 일부 운전이 중지되고, 1920년의 기관차 거리는 약 844만 km로 전년보다 약 150만 km 감소하였다. 그 후 수년간에 걸쳐서 재계도 점차로 정리기에 들어가고 열차의 운전도 견실하게 보조를 되찾아 1925년의 기관차 운행 거리는 1,054km로 1910년에 비하여 251% 증가하였다. 동시에 환산 객차 거리, 환산 화차 거리도 1912년에 비하여 각각 230%, 223%로 상승하였다.

한편, 석탄 소비량은 총계로 1910년에 비하여 1917년이 261%, 1925년이 330% 증가하였으며, 기관차 1km당 사용량은 1917년 19.53kg, 1925년 21.86kg이었다.

기관차 1km당 사용량은 1917년이 가장 적고, 1919년에는 25.98kg으로 근래에 없는 높은 수치를 나타내었다. 그러나 이는 같은 해에 대형 화물기 24량이 도입되고 화차 운행거리가 급증한 것에서 기인한다. 또한 1925년의 기름 소비량은, 총계로서 1910년에 비하여 기통유는 약 3.8배, 기계유는 약 1.8배, 기 100km당은 기통유 약 1.5배, 기계유는 약 0.7배가 되었다.

이어서 제2차 직영시대에 들어온 이후 10년간 기관차 운행 거리는 약 2배가 되었다.

이 사이 1929년부터 1932년까지 불황기였지만, 만주국 성립 후 다시 여객과 화물의 수송이 활발해져 1935년에는 단 1년 동안에 기관차 운행 거리가 57%가 증가하였다. 즉, 1910년 대비 기관차 거리는 514%, 환산 객차 거리는 491%, 환산 화차 거리는 464%로 증가하였다.

석탄 소비량도 1935년에는 협궤선을 포함하여 총 50만 톤을 초과하였으나, 기관차 1km당 사용량은 석탄 절약 권장 내규를 실시한 1929년 이후 감소 경향이 현저하게 나타났다.

1910년을 기준으로 1935년의 각종 소비량 증가율을 나타내면 다음과 같다.

운전용 석탄	총량	약 6.58배
〃	기관차 1km당	약 1.29배
기통유	총량	약 6. 8배
〃	기관차 100km당	약 1.34배
기계유	총량	약 2.9배
〃	기관차 100km당	약 0.54배

1936년 이후에도 영업 운행 거리의 연장과 함께 차량의 주행 거리가 더욱 증가하였으며, 1910년을 기준으로 한 1940년의 기관차 운행 거리는 1,101% 증가하였다. 또한 같은 해의 환산 객차 거리 및 화차 거리는 1912년에 비하여 각각 1,014%, 971% 증가하였다.

이를 1935년과 비교하면 겨우 5년간에 2.1배로 증가하고, 1937년부터 1940년까지의 기관차 운행 거리의 연도별 실제 운행 증가 거리는 318만 km, 418만 km, 537만 km, 834만 km로 경이적인 상승을 나타내었다.

석탄 소비량은 1937년 이후 더욱 증가하여 연도별 실제 증가량은 15만 톤, 20만 톤, 40만 톤으로 품질 저하 대책과 함께 연료 확보가 초미의 관심사였다.

또한 기름 소비량도 1940년에는 1910년에 비하여 기통유 22.9배, 기계유 8.8배로 모두 증가하였다.

그 후에도 신선 건설, 사철 매수에 따른 영업 운행 거리 연장 그리고 태평양 전쟁 진전에 의한 수송량 증가가 매년 그 도가 심해졌으며, 열차 거리와 차량 거리는 다음의 표와 같이 현저하게 증가하였다.

〈표 8-7〉 차량 주행 거리

연도	기관차 거리	1910년 대비	환산객차 거리	1912년 대비	환산화차 거리	1912년 대비
	만 km	%	백만 km	%	백만 km	%
1910	420	100				
1912	561	133.6	14.9	100	22.3	100
1916	788	187.6	19.0	128	41.9	188
1919	993	236	29.0	195	62.3	279
1925	1,054	251	34.3	230	49.7	222
1929	1,483	353	54.7	367	67.0	300
1930	2,159	514	73.2	491	103.6	464
1935	4,626	1,101	151.1	1,014	216.5	971
1943	5,980	1,424	–	–	–	–

〈표 8-8〉 석탄·유지 사용량

연도	석탄(운전용)			기통용 유지		기계용 유지	
	총량	1910년 대비	기관차 1km당	총량	기관차 100km당	총량	기관차 100km당
	만 톤	%	kg	kℓ	ℓ	kℓ	ℓ
1910	6.98	100	16.60	21.1	0.50	75.2	1.79
1912	10.75	154	19.16	28.1	0.50	111.0	1.98
1916	14.17	203	17.97	48.0	0.62	114.0	1.45
1919	25.81	370	25.98	74.3	0.75	150.2	1.51
1925	23.04	330	21.86	79.4	0.75	135.6	1.29
1929	34.03	488	22.94	90.5	0.61	139.1	0.94
1930	46.10	660	21.35	143.8	0.67	214.8	0.96
1935	133.66	1,915	28.89	484.2	1.05	659.6	1.43
1943	243.49	3,488	40.72	521.0	0.87	995.9	1.67

이 사이 대형 기관차는 증설되었지만, 기관차의 운용 효율 향상을 위해서 각 기관구는 부단한 노력을 계속했다. 즉, 조선 전체의 기관구가 부담하는 평균 거리는 130km로 매우 길었으며, 여객열차에 있어서는 부산~경성 구간, 경성~안동 구간, 원산~성진 구간 등의 장거리 운용도 계속되었다.

따라서 기관차 1량당 운전 거리도 1일 평균 190km로 높았으며, 때로는 200km를 초과하기도 하였다. 반면 연료 및 유지의 사용 성적은 석탄 질의 저하와 대형기의 운용 증가, 장거리 운전 등에 의해서 단위당 사용량도 순차적으로 증가하는 경향을 띠었다.

경부선 속도 조사 열차 운전 성적 개요

1. 계획 본 조사는 미래의 고속 열차를 상정하여 실시한 것이다.

(1) 기일, 구간, 열차 및 시간

1935년 7월 3일 경성~부산 구간

상행선 제1100열차

경성발 오전 7시 35분 – 부산착 오후 1시 35분, 6시간 운전

1935년 7월 4일 부산~경성 구간

하행선 제1101열차

부산발 오전 7시 – 경성착 오후 1시, 6시간 운전

(2) 편성 : 장래 출현할 특급 열차에는 경쾌차를 충당할 방침이므로, 본 시험에서도 경쾌차를 충당하고 현차 6량, 환산 6량, 즉 여객 2등 90명, 3등 450명, 수하물 90㎥에 식당차 1차 정도를 목표로, 이를 파시형기로 견인하도록 하고 다음과 같이 편성하였다.

파시기	시야	라하	라로하 라유	라하테	라하테	라하테	라하

(3) 연료 : 마섹스 연탄

(4) 운전 속도 : 상하행 모두 경성~대전 간은 평균 80km/h, 대전~부산 간은 선로 상태에 따라서 평균 75km/h를 표준으로 규정이 허용하는 범위 내에서 최대 속도로 하고, 현행 규정의 각종 속도 제한은 이를 준수한다. 상행 열차는 가능한 한 계획 시간을 따르고, 하행 열차

는 규정 속도를 초과하지 않는 범위 내에서 상행 구배를 최대한 속도를 올리는 방침으로 운전하도록 하였다.

(5) 정차역 및 정차시분 : 상하행 열차 모두 대전·대구의 2역만 각각 4분간 정차하였다.

(6) 통표 수수 : 기관차에 통표 수수설비

(7) 기타 : 본 시험을 이용해서 선로 및 차량의 강도 성적을 조사하고 열차 전등 시험 실시

2. 운전 실적

(1) 운전 시간 및 속도 : 운전 시간에서 상행은 7분 25초, 하행은 17분 15초를 사정 시간보다 단축했다(단, 하행 열차는 용산역 구내에서 기관차의 종륜 1축이 탈선하였기 때문에 용산~경선 구간의 운전을 중지하였는데 편의상 상정대로 운전한 것으로 산정했다).

운전 속도는 상하 구배 모두 그 속도에 접근하고, 제한 속도를 초과한 곳도 다소 있었다. 또한 정거장 구내 통과 속도는 대체적으로 50~60km/h였다.

구별 / 방향	시간			속도		
	총 운전	정차	총 시간	순평균	여행 평균	구간 최고 평균
	h m s	m s	h m s	km/h	km/h	km/h
상행	5.50.14	12.22	6.02.36	77.2	74.5	91.0(전동~조치원 구간)
하행	5.38.51	16.09	5.55.00	80.0	76.1	97.5(〃)

(2) 연료와 물 : 석탄과 물 소비량은, 현재의 제1·2열차의 소비량에 비하여 경성~부산 구간 1왕복에서 연탄은 약 1,896kg, 즉 기 1km당 약 2kg 많으며 환산 차량 100km당 석탄 소비량은 약 2.5배이다. 소비수량은 오히려 약 370ℓ 감소하였다. 이는 상행 구배에서 속도를 향상시켰기 때문에 견인 중량에 대해서 평상시보다 2배 이상의 석탄과

물을 소비하였는데, 이는 소비 석탄 증가에 의해서 증발효율이 저하되었기 때문이라고 생각된다.

방향 \ 종별	연료		물		
	총 사용량	1km당 사용량	총 사용량	기 1km당 사용량	1톤당 증발량
	kg	kg	ℓ	ℓ	ℓ
상행	8,637.0	19.1	49,630.00	110.17	5.75
하행	7,459.0	16.6	43,160.00	95.80	5.79

(3) 운전 방법 : 발차 속도 및 속도 변화를 매우 급속하게 하여 운전 시간을 단축하였다. 상행 구배 속도를 최대한 높이고, 하행 구배는 이를 억제하여 평균 속도를 유지하도록 노력한 결과, 석탄 소비 성적은 상당히 불량하였지만 충돌은 적었다. 초과 속도의 제한 조절은 기술 성숙에 의해서 자연스럽게 제어할 수 있다고 생각된다.

(4) 진동 : 경쾌차는 일반 객차에 비하여 진동이 적고 좌석에 착석하고 있을 때는 속도가 90km/h 전후라도 커다란 흔들림을 느끼지 않는다. 단, 큰 물결과 같은 상하동이 약간 증가하고 곡선에 의한 경사가 급하기 때문에 보행 시에 변조를 초래하는 경우도 있다.

(5) 소음 : 소음 방지에 대해서는 더욱 고려할 여지가 있다.

(6) 선로 : 시운전 결과 다소 개량을 요하는 곳은 있었지만 대체적으로 양호하였다.

3. 결론

(1) 환산 6량까지는 견인 가능하다고 인정된다.

(2) 운전 시간에 대해서는 6량 견인으로 할 경우 경성~부산 간 현재 선로에서 6시간 운전은 최대로 단축한 시간으로 날씨, 계절, 차량 상태, 기타 지연 회복 등을 고려하면 6시간 15분~6시간 20분 운전으로 하

는 것이 적당하다고 생각된다.

(3) 선로전환기 통과 속도를 향상시키기 위한 선로 개량이 필요하다.

(4) 경량 통표를 사용하고 기관차에 통표 수수기를 설치할 필요가 있다.

제4장
운전시설

제1절 운전 보안설비의 변천

폐색시설

1906년 국유화 이전까지 경부철도의 열차 보안 방식은 폐색식을 원칙으로 하였는데 폐색기설비가 정비되지 않았으며, 1구간 1열차주의를 실행하기 위해서 전화 통신을 병용하여 명령권을 대용하였다. 단, 영등포~서대문 구간의 4구간만 평정식 쌍신폐색기[6]를 사용하였다.

또한 군용철도 시대의 경의·마산 양 선에서는 표권식을 이용하였는데, 1906년 5월 경의선에 폐색식을 병용하고, 먼저 무산~서정(장단) 간 기타 19

---

6) 열차의 추돌 또는 충돌 위험을 막기 위해 선로에 적당한 구간을 만들어 한 구간에 한 개의 열차만을 운전하도록 하는 방법을 폐색방식이라 한다. 1990년대까지 가장 일반적인 상용폐색방식은 단선운전구간에는 자동·연동·통표식이 쓰이고 복선운전구간에는 자동·연동·쌍신식이 쓰였다. 이 중 쌍신폐색식은 인접역간의 열차발착을 전화통고하며 이를 상호 협동동작으로 쌍신폐색기에 기록하는 방법이다. 국내에서는 1905년 10월 영등포~서대문 구간에 처음 쌍신폐색기가 설치되어 1932년까지 사용되었다. 나무와 철로 만든 전화기 모양의 이 폐색기는 440×300㎜ 정도였다. 그런데 이 폐색기는 상대역 사이에 송착전류 없이 신호를 교환하는 방식으로 열차를 출발시키기 때문에 보안도가 낮았다. 따라서 1932년에 전기 수선장에서 고안된 한국철도형 특수 쌍신폐색기가 보급되자 사용이 중단되었다.

구간에 고교식 쌍신폐색기를 채용하였다.

통감부 철도관리국이 열차 업무를 통일한 이후, 이들 폐색장치를 통일하기 위해서 단선 구간에는 타이어 씨의 통표식 단선용 폐색기에 의한 폐색식 보안법을 실행하고, 운행이 한산한 구간에는 표권식을 존속시키기로 하였다.

폐색장치 교체 시에는 선로 상태와 열차 운전 횟수를 고려해서 순차적으로 시행하고, 1908년 1월에는 경인선, 4월에는 경부선, 다음해 8월에는 경의선을 전부 타이어 씨의 통표식 폐색기로 교체했다.

영등포~노량진 구간은 통일 이전부터 복선으로 평정식(길게 뉘어 쌓는 방식) 쌍신폐색기를 사용하였으나, 1908년 3월 용산~남대문 간, 같은 해 11월 부산~초량 구간을 비롯하여 그 후 운전 횟수가 많은 구간을 대상으로 1939년 7월 대전~경성 구간, 1940년 4월 부산진~삼랑진 구간, 1942년 5월 경성~평양 구간을 복선화하고 각 구간 모두 쌍신폐색기 사용을 개시하였다.

지선에서는 당초 대부분 표권식을 채용하였으나, 점차로 통표폐색식[7]으로 변경하였다.

1927년 이후 사설철도를 지속적으로 매수하였는데, 그때마다 회사 시대의 명령권을 폐지하고 통표폐색식 또는 표권식(통신 폐색식 병용)으로 변경하였다.

신호시설

상치신호기는 처음부터 완목식 신호기를 채용하였다. 1908년 3월 신호규정을 제정하고 상치신호기를 장내·원방·출발·측선·입환신호기의 5종류

---

7) 통표식은 과거 사용하던 폐색 방식의 하나로, 통표라 불리는 운전 허가증을 특정 철도역 간에 1개를 지정해 구비하고, 이 통표를 가진 열차만을 해당 구간에 운행시킴으로써 열차의 안전을 담보하는 방식이다. 통표는 말 그대로 허가증으로서의 기능만 하며 기계적인 역할이 전혀 없기 때문에 해당 구간의 허가증임을 구분 가능하기만 하면 족하며, 그래서 원반형이 아닌 버튼이나 코인, 메달 같은 형태여도 무방하다. 이런 이유로 구 일본 국철에서는 통표식이라는 명칭을 썼다.

로 구분하고 장내신호기 바깥쪽의 일정한 거리에서 그 현시 신호를 투시할 수 있는 지형에서는 원방신호기를 생략할 수 있다고 규정되었다. 그 후 측선 신호기를 폐지하고 엄호 · 유도신호기를 추가하여 6종류로 하였다.

신호의 현시 방식을 보면 구 신호규정에서는 열차를 정지시키는 경우를 위해 신호로서 열차를 진행시키는 경우를 무난 신호라고 하였으나, 1927년 8월 운전규정 제정 시 '정지 신호', '진행 신호'로 개칭하였다.

신호기 중 특수설비를 설치한 곳은 다음과 같다.

브래킷식신호기 : 상치신호기가 2개 이상이며 건식인 경우 지형 및 기타 사유에 의해서 지장이 있는 경우에는 브래킷식으로 하고, 1913년 12월 남대문역(현, 서울역)을 비롯하여 용산역, 부산역 등에 설치하였다.

방호신호기 : 1913년 11월 압록강 북안에 선별기를 장착한 남행 방호신호기를 설치하고 압록강 개폐교와 복식 연동을 장치하여 안동역에서 신의주역을 향하여 출발하는 열차에 사용하였으나, 1934년 3월에 한시적으로 압록강 철교 개폐가 중지되어 본 기기의 사용도 중지되었다. 1917년 10월부터 겸이포역 구내에 본 기기를 일시적으로 설치했다.

1900년경의 용산역

1907년경 신축 용산역

복식신호기 : 부산역은 구내가 길고, 곡선이고, 대향 선로전환기 전부에 연동장치를 설치하는 것이 곤란하기 때문에 1925년 12월 2일부

터 잔교 본선 장내 및 출발 신호기를 복식, 즉 제1장내, 제2장내 및 제1출발, 제2출발 신호기를 설치하여 운전 취급상의 불편을 크게 완화하였다.

전기식 원방신호기 : 원방신호기로서 비교적 먼 곳에 설치되며, 철선을 통한 조절이 곤란한 경우에는 전동기 및 선별기를 장치해서 전기식으로 하고, 1927년 원산역 구내의 함경선 남행 및 용산역 구내의 경원선 남행 원방신호기를 비롯하여 그 후 필요한 곳에 설치하였다.

접근 점등식 상치신호기 : 전원이 없고 유등을 이용한 역에 채용한 것으로, 전원으로 1차 전지를 사용하고, 전지의 소모를 피하기 위해서 접근 점등식으로 하였다. 그리고 평소에는 소등하고 있는 이 신호기는 열차가 있는 지점까지 접근하면 신호기의 전등이 자동으로 점등하고, 열차가 통과하면 소등하도록 되어 있다. 1937년 경부선의 신호소에서 시험적으로 이용하였다.

기존에 신호기는 완목식[8]밖에 없었으나 보안도 향상을 위해서 장내·출발·엄호·원방의 각 신호기에 색등식 신호기를, 유도 및 입환신호기에는 등렬식 신호기를 채용하도록 하고, 1939년 12월 이들에 관한 규정을 운전취급요령에 추가하였다.

자동신호시설 : 경부·경의 본선의 복선 공사는 1936년 6월부터 시작하고 1939년 7월 1일 대전~경성 구간, 1942년 5월 7일 경성~평양 구간의 복선 운전을 개시하였다. 이를 계기로 자동 신호화를 계획하고 1940년 대전~경성 구간, 1941년 경성~평양 구간의 자동 신호설비 예산이 의회를 통과, 즉시 공사를 진행하였다. 용산의 계전 연동장치, 대전역의 전기연동장치, 천안·수원의 제1종 전기기의 설치를 끝내고 1942년 경부 본선 대전~경성 구간의 자동신호설비를 완료하고 자동폐색식을 시행하였다.

---

8) 기둥의 상부에 직사각형의 완목을 설치하여, 완목(가로대)의 각도에 의해 신호를 나타내는 신호기(信號機). 사람 손으로 레버를 움직이고, 그 운동을 케이블로 전달하여 신호기의 가로대를 움직이는 기계식으로 되어 있다. 철도 창업기에 영국에서 고안되어 세계적으로 채용되었으나, 배경(背景)이나 역광(逆光) 등에 의해 눈으로 확인하는 것이 곤란하다는 등의 결점 때문에 색등식 신호기(色燈式 信號機)의 채용에 따라 최근에는 희귀하다.

경의 본선 경성~평양 구간은 종전에 의해서 공사는 미완성으로 끝났다.

반응장치 : 상치신호기의 반응장치로서는 처음부터 소형 완목식 반응기를 사용하였으나, 그 밖에 특수한 것으로 전기 원판 반응기 및 출발신호기 반응표지를 사용한 적이 있다. 전자는 1918년 7월 남대문역과 1924년 3월 부산역 잔교에 설치하였는데 매우 비경제적으로 남대문역은 반응표시에, 부산역 잔교는 완목식 반응기로 변경하였다. 또한 후자는 3개의 등렬식[9]으로 1922년 11월 경성역에, 그 후 용산역에 설치하였다.

선로보안시설

연동장치 : 1908년 4월 연동기 장치에 착수하여 순차적으로 각 역에 간이 연동기를 설치하였다.

1912년 8월 용산 및 남대문역에 최초로 제1종 연동기를 설치하고, 이어서 다음해 8월에는 영등포역에, 그 후 점차로 운전이 복잡한 역에 설비하고 기존의 간이 연동기는 이와 구별하여 제2종 연동기로 개칭하였다.

계전 연동장치 : 1942년 자동신호설비 공사의 일환으로 용산역에 계전 연동장치 사용을 개시하고, 동시에 대전역에 전기 연동장치, 천안과 수원역에 제1종 전기기를 설치하였다.

피난선 및 안전측선 : 피난선은 1914년 경원선 삼방역에, 안전측선은 1916년 호남선 황등역에, 이어서 경부선 구미역에 설치한 것을 비롯하여 그 후 필요한 역에 차례로 설치하였다.

안전쇄정기 : 1913년 9월 이래 곡선 또는 구배 등으로 인해서 열차 진입 시 위험의 우려가 있는 정거장의 대향 선로전환기에 안전 쇄정기를 설치하기로 하고, 먼저 초량·영등포·장단의 3역에 설치하고 그 후 점차로 다른 역으로 확대하였다.

---

9) 2개 이상의 백색등(白色燈)을 사용하여, 등(燈)의 배열이 수평·경사·수직으로 되도록 점등(點燈)하여 신호(信號)를 현시(顯示)한다. 주로 입환신호기(入換信號機) 등에 사용된다.

탈선기 : 탈선기는 안전측선 시설을 대신하여 1935년 용산역과 경성역 등에 설치하였으나 취급에 관한 규정은 1936년 8월 탈선기에 관한 규정을 일괄적으로 제정하였다.

표지 : 1908년 3월 제정된 신호규정에는 전철 표지만 있었는데, 1927년 8월에 제정된 운전규정에서는 선로전환기 표지 · 차지 표지 · 열차 표지의 3종으로 구분하고 1936년 8월에 탈선기 표지를 추가하였다.

선로전환기 표지는 구 신호규정에서는 원판 및 그 등은 짙은 보라색, 널빤지 및 그 등은 연한 주황색이었다. 그러나 1927년 8월 개정 후에는 중앙에 백색선을 그린 군청색 원판에 보라색 등을, 중앙에 흑색선을 그린 주황색 널빤지에 주황색 등을 사용하였다.

차지 표지는 본 선로의 종단 · 반환선 · 입환이 빈번한 측선 및 전차대 등의 정지선에 설치하고 철도부 타입을 채용했다.

열차 표지의 경우 구 신호규정에서는 '열차 신호'라고 하였으나, 개정 후 '표지'로 하였다. 전부(前部)의 표지는, 주간에는 걸지 않고 야간에는 기관차 전두의 중앙 상부에 백색등 1개를 달았다. 그리고 후부 표지의 경우 주간에는 후부차의 양 측 상부에 전방 백색, 후방 적색의 원판 각 1개를, 야간은 후부차의 양 측 상부에 전방 백색, 후방 적색등을 각각 1개씩 점등했다.

제2절 기관구 · 검차구의 설비 증강

기관구 설비

차량은 공장에서 수선하는 것을 원칙으로 하였으며, 당초 기관구의 설비로서는 기관차 보온상 기관차고와 약간의 공작 기계 외에 수선선에 설치된 피트 정도였다.

기관차고는 목조 사각형 차고에서 항구성 벽돌조 사각형 차고로 변경되었

이리기관구

대전기관구

으나, 결국 입출고의 편의와 배연 등을 고려하여 부채꼴형 차고로 개조되고, 1933년 대전·원산 양 기관구가 새로운 형태의 차고를 선보이는 무렵부터 점차로 검수설비도 정비되었다.

그러나 그 후 차량의 정지 일수를 줄이기 위해서 정기 검수에 중점을 둔 기술 향상과 설비 확충을 도모해야 한다는 분위기가 조성되어 점차로 갑검(甲檢) 중심의 검수 방식으로 이행하게 되었다.

1941년에는 운전 관계의 설비 증강을 도모하기 위해서 운전과에 설비 담당 차량 제2계가 탄생하고, 1945년 및 1950년 완성을 목표로, 계속 사업으로 3억

부산기관구

평양기관구

6천만 엔의 예산으로 방대한 계획이 수립되었다.

이 가운데 1945년을 목표로 경부·경의 본선의 기관구 관계의 계획안을 대략적으로 기술하면 다음과 같다.

(신설) 부산조차장, 부산입환, 천안, 수색조차장, 서평양조차장, 신의주

(증축 및 합리화) 대구, 대전, 평양

(개량) 부산, 용산

(개축) 신막, 정주

대구기관구 급수탑(1934년)

부산입환기관구 이외에는 A급 기관구로 하고, 차고는 부채꼴로 중장비를 갖추었다. 부산조차장 및 부산입환기관구 이외에는 착착 공사가 진행되고, 1943년 9월에는 대구기관구의 갑형 부채꼴 차고가 준공, 1944년 가을에는 대전·평양기관구에 점차로 빔잭이 신설되었다.

급탄설비는 1932년·1933년경의 불황 시대에 이어서 혼용(混用) 정책의 일환으로 기계력을 이용하는 급탄설비는 억제되었다. 그러

나 그 후 업무량이 급증하면서 점차로 요원 확보에 어려움을 겪고 구에 따라서는 1일당 석탄 반출량이 700톤에 이르러 작업에 지장을 초래하였다. 응급조치로서 각 곳에 벨트 컨베이어를 설치했지만 이게 충분한 것은 아니었다. 대전기관구에 도어형 크레인이 설치된 것은 종전 직후인데, 그때는 이미 뒤늦은 느낌이 들었다.

급수설비는 다른 분야에 비하여 상당히 진행되었는데 기관차의 장거리 승계운전과 급행열차의 정차 시간 등을 고려하여 경부·경의 본선을 주요 간선, 경

경성기관구

신막기관구

복계기관구

함흥기관구

회령기관구

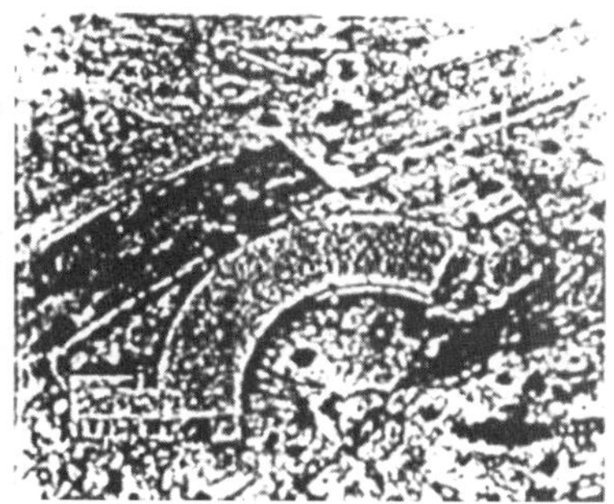

원산기관구

원·함경 본선 및 경경선을 간선, 기타 본선을 준간선으로 하고 각 선 모두 승계역의 기관차 1분당 급수량을 각각 8㎥, 6㎥, 5㎥으로 정하였다. 그리고 이를 기본으로 저수조, 급수지의 위치, 도·배수관의 구경 등을 정비하였다.

검차구 설비

검차구도 설립 당초에는 특별한 설비가 없었다. 중요한 검수선도 역의 유치선을 이용하였는데 검사 수선에 적합한 선이 아니었다. 차고도 오래된 기관차고를 이용하는 정도로 대부분은 노천 작업이었다.

검사 및 취급에 불가결한 물, 공기, 증기 배관만큼은 최소한의 필요 정도로만 설치하고, 기계설비로서는 공기 압축기와 보일러 정도로 공작 기계도 대단한 것은 거의 없었다. 구에 따라서는 입환기를 사용하여 제동 시험 및 난방의 예열 작업을 실시하는 곳도 있었다. 단, 객차 세척과 충전설비는 불충분하였지만 상당히 오래전부터 설치되었으며, 주요 구에는 트롤리선을 이용하여 진공청소기를 사용하였다.

그 후 차량 검수설비의 충실화가 도모되면서 점차로 현장 설비도 정비되고 종전 전에 신설된 수색·경북 안동 등의 검차구는 매우 새롭고 산뜻하게 정비되었다.

직영 연탄공장 건설 계획

철도용 연료 사정 : 조선에서는 철도용 연료에 적합한 유연탄의 현지 생산이 부족하여 일본탄(규슈탄, 홋카이도탄) 및 만주·북중국탄 등을 수입하고, 조선 내에서 산출되는 갈탄은 본국 운전과에서 시험 연구를 거듭하여 가장 효과적인 혼탄 기술에 의해서 열량 증가상 사용하도록 하였다. 그리고 조선 내에서 산출되는 무연탄은 분탄이었기 때문에 피치 연탄을 만들고 약 7,000kcal의 우수한 연료로 변경하여 사용하였다.

점점 치열해지는 전황과 함께 선박 부족에 의해서 일본탄 이입이 어려워지고 북중국탄의 수입도 원활하지 못하여 외래탄 입수가 극도로 어려워졌다.

한편, 조선 내에서 산출되는 무연탄 점결제에 사용되는 피치는 전시 하에서 긴요한 항공기용 경금속 제조용에 사용되어 연탄생산이 여의치 않아 철도 연료 공급은 위기에 빠졌다.

1941년의 조선 내 연료의 사용량은 조선산 유연탄 280만 톤, 무연탄 400만 톤, 수입탄 239.4만 톤으로 총 919.4만 톤이었는데, 태평양 전쟁 발발 후인 1942년에는 조선산 유연탄 273만 톤, 무연탄 393만 톤, 수입탄 290만 톤 등 총 956만 톤이었다. 1943년이 되면서 조선산 유연탄 243만 톤, 무연탄 415만 톤, 수입탄 290만 톤 등 총 948만 톤으로, 약 3분의 1의 262만 톤은 철도용탄으로 사용하였다.

전가 화물의 수송과 여객열차 삭감 : 1943년 전쟁이 격화되면서 이미 해상 수송 물자의 육상 전가 및 기타 중요 물자의 조선 경유의 대량 수송이 강력하게 요청되고 어려운 연료 사정 하에서는 여객열차 감축은 피할 수 없었다. 즉, 1943년 4월의 운행 시각 개정으로 부산~봉천 구간 직통 여객열차 1왕복을 폐지하고, 여객열차의 속도 저하와 연결차수가 증가하여 10월에는 경성~부산 간 급행여객열차 '아카쓰키'의 운행을 중지하였다. 1944년에 전가 화물 380만 톤을 요청하고, 10월의 운행 시각 개정에서는 부산~북경, 부산~하얼빈, 경성~목단강 각 1왕복씩만 남기는 등 여객열차를 대폭으로

〈1944년 철도용 석탄 수급 계획〉

외래탄	규슈	57.0만 톤	조선탄	유연	87.0만 톤
	사할린	11.0만 톤		무연	38.0만 톤
	만주	39.3만 톤		연탄	50.0만 톤
	북중국	23.7만 톤		계	175.0만 톤
	계	131.0만 톤		총계	306.0만 톤

축소했다. 이로써 1942년 10월에는 여객열차 대비 화물열차의 주행 거리의 비율이 45% 대 55%였는데, 1944년 10월에는 15% 대 85%로 철도 수송도 결전 태세를 갖추었다.

1945년에는 366.0만 톤으로 추정되었으나, 석탄의 수요 대비 공급 실적은 1943년에 88%였던 것이 1944년에는 76%, 1945년에는 65%로 저하되었다.

이렇듯 1944년에 들어와 철도용 석탄 입수 상황이 급격하게 악화되었다. 즉, 8월부터 규슈탄의 생산 감소로 인해서 조선으로의 이출 정지, 선박 사정에 의한 가라후토탄(사할린) 삭감 및 북중국탄의 발송 정지 등 악조건이 겹쳐서 보유 저탄 소비, 해군 연탄 및 예비 발전용 탄의 일시 차용 등으로 열차의 계획 운전을 속행하였다. 그런데 11월에는 저장한 3만 톤이 바닥이 드러나 철도용탄 1일 소요량 약 8,300톤에 대해서 현실적으로 입수량은 겨우 약 6,000톤으로 떨어져 열차가 크게 지연되고, 일부에서는 부득이하게 운행을 정지하는 상태에 이르렀다.

연탄의 대 증산 계획 : 1945년에는 연료 위기를 해결하기 위해서 공무·자재·전기·공작·운수과에서 연초부터 연탄 대 증산 계획에 대해서 협의를 거듭하여 정부군의 지지를 얻기 위해서 노력했다.

계획의 골자는 교통국 기술연구소에서 연구한 대용 점결제를 사용하여 연탄의 대량 증산을 도모하는 것이었다. 이는 피치를 사용하지 않고 니탄과 시멘트 제조 과정에서 다량으로 배출되는 더스트(고체입자)와 소량의 시멘트를 혼합해서 제조한 것으로 다량의 제조가 가능하며, 이 연탄은 대압, 대수 및 연소 상태에서도 좋은 성적을 나타내었다.

한편, 무연탄의 대 증산 계획이 수립되어 1944년에 이미 발열량 6,400~6,800cal의 무연탄이 고원과 삼척에서 총 75만 톤이 산출되고, 1945년에는 덕천과 단양도 추가하여 총 315만 톤을 예상하였다.

연탄공장 건설 계획 : 당초 계획으로는 1945년 말을 계기로 일거에 300만 톤을 제조하여 철도용 연료의 조선 내 자급자족을 계획하였다.

(1) 현재 민간 공장시설의 전력 운전에 의한 연간 생산량	64만 톤
(2) 제1차 연탄공장 건설 계획	36만 톤
(3) 제2차 연탄공장 건설 계획	100만 톤
(4) 제3차 연탄공장 건설 계획	100만 톤
합계	300만 톤

회의를 거듭하여 1945년에는 (1), (2)를, 특히 교통국으로는 직영 연탄공장에 총력을 기울여 연간 36만 톤을 목표로 돌파 공사를 진행하였다.

〈제1차 연탄공장 건설 계획〉

부산지방교통국	**제작소**	**설치 완료 예정일**
김천	10톤 1기(홍중)	8월 중순
대전	8톤 1기(송촌)	10월 말
이리	10톤 2기(홍중)	10월 중순 1기
		11월 중순 1기
경성지방교통국		
신막	10톤 2기(홍중)	9월 중순 1기
		10월 중순 1기
사리원	10톤 1기(홍중)	9월 중순
정주	8톤 2기(송촌)	11월 말 1기
		12월 말 1기

함흥지방교통국

원산	8톤 2기(송촌)	9월 말
신북청	10톤 1기(홍중)	8월 중순

달시 : 1945년 7월 28일 조선총독부 교통국 공보 제494호

달갑 제434호로서, 1945년 9월 1일부터 지방교통국 운전부 차량과의 사무 분장에 연료 및 윤활제를 추가하고

달갑 제435호로서 1945년 9월 1일부터 철도사무소 운전과의 사무 분장에 연탄 제조를 추가하고, 또한

달갑 제436호로서 1945년 9월 1일부터 현업 종사원 직제 제1조 중에 연탄공장을 추가하고 연탄공장장 이하 11직종을 열거하였다.

제2조 중에 다음과 같은 조직을 추가하였다.

		사무계	- 공장수
	사무조수	조도계	- 창고수
연탄공장장		경비계	
			조기수
	기술조수	기술계	연탄수

이하 각 종사원 업무 내용에 대해서는 생략한다.

운영은 지방국 소속으로 하고, 소재 기관구장이 연탄공장장을 겸임하고 자재과 업무를 겸임하여 원료의 입수 등을 배려하고 1기당 종사원 약 80명으로 준비가 진행되었다.

김천과 신북청에서는 4월경부터 기초 공사에 들어가 기계 입수 계획을 수립하고, 자재 공여에 대해서도 입수가 어려워 관계 각 과에서 지속적으로 노력하였다. 이렇게 관계자의 노력이 결집하여 철도국 직영 36만 톤, 민영 64

만 톤으로 총 100만 톤의 제1차 계획, 나아가 제2차, 제3차 건설 계획으로 총 300만 톤의 연탄을 생산하여 조선 내 자급을 목표로 하였으나, 8월 15일 종전을 맞이하여 꿈으로 사라졌다.

제5장
운전 관계 법규류 발췌

제1절 운전규정과 운전취급심득

1900년 12월 경인철도시대에 최초의 운전규정 및 신호규정이 정해지고, 이어서 경부철도시대를 맞이하면서 1904년 12월 새로운 운전규정으로 이를 개정하였다.

그 후 국유화로 통일 경영체제가 구축되면서 1908년 2월 통감부 철도관리국에서 운전규정 및 신호규정을 제정했다. 이 규정은 국철 산요선의 전신인 산요철도주식회사에서 제정한 운전 및 신호규정과 철도성을 철도작업국으로 불렀던 시절의 운전규정을 바탕으로 작성된 것으로, 1910년대를 거쳐서 시대에 맞지 않는 부분이 많았기 때문에 200여 가지에 이르는 단행규정을 정하여 운전규정의 미비함을 보충하였다.

철도성에서는 1924년 12월에 운전규정 및 운전취급심득을 개정하고, 1925년 5월부터 실시하였다.

이에 개정이 시급하여 선로 기타 시설면을 고려하는 한편, 조선~만주 직통운전 관계상 만철의 규정에 저촉되지 않는 것을 조건으로 철도성 규정에 준거하여 개정하고, 1927년 8월 양 규정을 통합, 조선국유철도 운전규정을 제정하여 조선총독부령 제82호로서 공포되었다.

이와 동시에 시행규칙으로 운전취급요령이 1927년 8월 '달 제549호'로서 시달되고 같은 해 10월 1일부터 이를 시행하였다.

조선국유철도운전규정은 제1편 총칙, 제1장 통칙 2조, 제2장 선로 8조, 제3장 차량 11조, 제2편 운전, 제1장 운전 32조, 제2장 폐색 31조, 제3장 신호 35조 계 119조로 이루어졌다.

운전취급심득

제1장 총칙(1~2조)

제2장 운전

제1절 열차의 조성(3~22조)

제2절 열차의 운전(23~49조)

제3절 입환(50~59조)

제4절 운전 속도(60~68조)

제5절 유치 차량(69~73조)

제6절 선로전환기 취급(74~78조)

제7절 탈선기 취급(78의 2~78의 3조)

제3장 폐색

제1절 통칙(79~90조)

제2절 쌍신폐색기식(91~95조)

제3절 통신폐색기식(96~97조)

제4절 통표폐색기식(98~108조)

제5절 표권식(109조~119조)

제6절 지도법(120~131조)

제7절 격시법(132~133조)

제4장 신호

제1절 통칙(134~138조)

제2절 상치신호기(139~155조)

제3절 임시신호기(156~159조)

제4절 수신호(160~172조)

제5절 발전 신호(173~175조)

제6절 승무원의 신호(176~185조)

제7절 표지(186~197조)

제5장 사고의 처치

제1절 열차의 사고(198~208조)

제2절 폭풍우(209~210조)

제3절 차량 및 선로의 사고(211~216조)

제4절 폐색의 사고(217조~222조)

제6장 잡칙(223~227조)

제2절 관계 달시(達示)

조선국유철도선로종별(1927년 11월 '달 제882호')

〈표 8-9〉 조선국유철도선로종별

종별	적요
갑종 선로	경부 본선, 경인선, 경의 본선
을종 선로	동해선, 경전남부선, 진해선, 전라선, 경경선, 호남 본선, 군산선, 경원선, 평남선, 함흥 본선, 평원선, 만포 본선, 혜산선, 청진선, 도문선
병종 선로	갑종 및 을종 이외의 선

열차운전명령통보 및 정리수속(1934년 4월 '달 제327호')

제1장 총칙(1~2조)

제2장 운전 명령

제1절 운전 명령 송달(3~9조)

제2절 열차 운전표 및 승무일지(10~12조)

제3절 열차에 승무 중인 차장 및 기관사에 대한 운전 명령 고지 방법(13~18조)

제3장 열차 운전 정리 및 관련 사항 통보 방법

제1절 운전 정리 방법(19~24조)

제2절 열차 운전 정리에 관한 통보(25~28조)

제4장 보고(29~34조)

입환수속(1927년 12월 '달 제1140호')

제1장 통칙(1~4조)

제2장 열차의 조성(5~7조)

제3장 종사원간 연락(8~15의 2조)

제4장 입환 작업, 신호 및 선로전환기 취급(16~28조)

(참조) 화물수송수속 및 운전취급심득

운전 속도 기타 제한

본 선로의 운전에 허용되는 기관차종별 제한(1929년 1월 '달 제37호')

	선로명	운전을 허용하는 기관차종별
표준궤선	경부 본선	각종
	경인선	미카 및 파시형을 제외한 각종
	경의 본선	각종
	용산선	소형 탱크에 한함.
	겸이포선 및 박천선	동
	평양탄광선 및 신의주강안선	미카 및 파시형을 제외한 각종
	평남선	동
	호남선	동
	경원선	각종
	함경 본선	각종
	천내리선	소형 탱크에 한함.
	북청선, 철광선 및 차호선	미카 및 파시형을 제외한 각종
	혜산선	동
	경전남부선(삼랑진~마산 구간) (마산~진주 구간)	미카 및 파시형을 제외한 각종 소형 탱크에 한함.
	진해선	미카 및 파시형을 제외한 각종
	경전서부선(순천~전남 광주 구간)	소형 탱크에 한함.
	동(전남 광주~송정리 구간)	테호형 및 소형 탱크에 한함.
	광주선	소형 탱크에 한함(단, 당분간).
	전라선	미카 및 파시형을 제외한 각종
	동해남부선	동
	동해북부선	동
	평원서부선	동
	만포 본선	동
	용등선	동
협궤선	백무선	협궤 기관차 각종
	동해중부선(대구 · 경주 및 학산 구간)	동
	개천선	동

곡선 및 전철부 통과 허용 최대 속도 표준에 관한 건(1927년 4월 '달 제211호')

〈표 8-10〉 본선 곡선

곡선반경(m)		100	200	250	300	350	400	500 이상
최대 속도(km/h)	갑종 선로				65	75	80	90
	을종 선로		45	50	55	65	70	80
	병종 선로	25	35	40	45	55	60	70

〈표 8-11〉 정거장 구내 및 선로전환기 분기 곡선

곡선반경(m)	75	100	160	200	300	400	500	600
최대 속도(km/h)	15	20	25	30	35	40	45	50

〈표 8-12〉 차량 최대 속도 제한(운전취급요령 제60조)

<table>
<tr><th>차량의 종류</th><th colspan="2">기호</th><th>차륜배치 기타</th><th>최대 속도 (km/h)</th><th>차량의 종류</th><th colspan="2">기호</th><th>차륜배치 기타</th><th>최대 속도 (km/h)</th></tr>
<tr><td rowspan="16">기관차</td><td colspan="2">레키</td><td></td><td rowspan="3">55</td><td rowspan="4">기관차</td><td colspan="2">파시코</td><td>4-6-2</td><td>110</td></tr>
<tr><td colspan="2">시구</td><td>2-2-0</td><td colspan="2">마테이</td><td>4-8-2</td><td>80</td></tr>
<tr><td colspan="2">모가</td><td>2-6-0</td><td colspan="2">마테니</td><td>4-8-2</td><td>90</td></tr>
<tr><td colspan="2">소리</td><td>2-8-0</td><td rowspan="3">70</td><td colspan="2">데로</td><td>1-CC-1</td><td>75</td></tr>
<tr><td colspan="2">미카</td><td>2-8-2</td><td rowspan="7">동차</td><td colspan="2">제하1</td><td></td><td rowspan="2">55</td></tr>
<tr><td colspan="2">사타</td><td>2-10-2</td><td colspan="2">케하3</td><td></td></tr>
<tr><td colspan="2">코로</td><td>2-4-2</td><td rowspan="6">75</td><td colspan="2">제하2</td><td></td><td rowspan="5">95</td></tr>
<tr><td rowspan="4">프레</td><td>이 · 니</td><td rowspan="4">2-6-2</td><td rowspan="3">케하</td><td>1</td><td></td></tr>
<tr><td>사 · 시</td><td>2</td><td></td></tr>
<tr><td>코 · 로</td><td>4</td><td></td></tr>
<tr><td>나</td><td colspan="2">지하</td><td></td></tr>
<tr><td colspan="2">바르</td><td>2-6-4</td><td rowspan="2">객차</td><td colspan="2">보통</td><td></td><td>95</td></tr>
<tr><td colspan="2">프레하</td><td>2-6-2</td><td>90</td><td colspan="2">테1</td><td></td><td>70</td></tr>
<tr><td colspan="2">테호</td><td>4-6-0</td><td rowspan="3">95</td><td rowspan="3">화차</td><td colspan="2">카시</td><td></td><td>95</td></tr>
<tr><td colspan="2">아메</td><td>4-4-0</td><td colspan="2" rowspan="2">보통</td><td>보기차</td><td>70</td></tr>
<tr><td colspan="2">파시</td><td>4-6-2</td><td>사륜차</td><td>55</td></tr>
</table>

공기제동기취급수속

공기제동기취급수속(1925년 9월 '달 제355호')

제1장 총칙

제1절 개칙(1~2조)

제2절 열차 조성 및 차량 해체(3~9의 2조)

제3절 열차의 공기 제동기 검사(10~11조)

제4절 객화차에 장치하는 공기 압력계 취급 및 사용 방법(12~18조)

제5절 제동장치에 고장이 발생한 경우의 취급 방법(19~23조)

제2장 제동기 사용 방법

제1절 공기 압축기의 운전(24~27조)

제2절 공기 제동기 사용 방법(28~37조)

제3절 보조기관차 및 회송 기관차(38~40조)

제4절 공기 제동기 사용상의 주의 사항(41~52조)

차량칭호규정

차량칭호규정(1931년 5월 '달 제256호')

차륜 배열	명칭	기호
2-2-0	싱글 드라이버	시구
2-4-2	콜롬비아	코로
2-6-0	모걸	모가
2-6-2	프레리	프레
4-6-4	발틱	바루
2-10-2	산타페	사타
4-4-0	아메리칸	아메
4-6-0	텐휠러	테호
4-6-2	퍼시픽	파시
2-8-0	컨설리데이션	소리
2-8-2	미카도	미카
	레킹 크레인	레키
0-4-0	포휠러(개조 폐차)	프호
4-8-2	마운틴(1940년 신규 제작)	마테
1-C-C-1	전기 기관차(1943년 신규 제작)	데로

제1조 차량은 크게 기관차, 동차, 객차 및 화차로 구분한다.

제2조 기관차의 명칭 및 기본 기호는 아래와 같다.

제3조 동차의 명칭 및 기본 기호는 아래와 같다.

1. 명칭 및 기본 기호

명칭	기호
증기동차	제
경유동차	케
중유동차	지

2. 여객 취급 설비가 있는 동차는 그 등급을 붙여서 '몇 등 증기동차', '몇 등 경유동차', '몇 등 중유동차'라 칭하고, 등급에 상당하는 기호(이, 로, 하)를 기본 기호 옆에 부기한다.

3. 선로 감사용의 경유동차는 직무용 경유동차라 칭하고, 그 기호를 '케시야'로 한다.

제4조 객차의 명칭 및 기본 기호는 아래와 같다.

1. 명칭 및 기본 기호

명칭	기호
귀빈차	키히
특별차	토쿠
전망차	텐
1등차	이
2등차	로
3등차	하
침대차	네
식당차	시
수화물차	테
우편차	유
직무용차	시야

2. 침대차는 그 등급을 붙여서 '몇 등 침대차'라 칭하고, 기호에는 몇 등에 상당하는 기호를 부기한다.

3. 합조차는 합성하는 등급 및 용도에 상당하는 호칭을 제1호 명칭의 순서로 배열하여 칭하고 기호도 동일하다.

4. 경객차는 '경 몇 등차' 또는 '경 몇 등 무슨 차'라 칭하고, '라'를 기본 기호에 붙인다.

제5조 화차의 명칭 및 기본 기호는 아래와 같다.

<table>
<tr><th colspan="2">명칭</th><th>기호</th></tr>
<tr><td rowspan="8">유개화차</td><td>유개차</td><td>와</td></tr>
<tr><td>냉장차</td><td>레</td></tr>
<tr><td>보온차</td><td>호</td></tr>
<tr><td>통풍차</td><td>프</td></tr>
<tr><td>가축차</td><td>우</td></tr>
<tr><td>비상차</td><td>히</td></tr>
<tr><td>차장차</td><td>카</td></tr>
<tr><td>제설차</td><td>유키</td></tr>
<tr><td rowspan="5">무개화차</td><td>무개차</td><td>토</td></tr>
<tr><td>소형무개차</td><td>코</td></tr>
<tr><td>무측차</td><td>치</td></tr>
<tr><td>석탄차</td><td>타</td></tr>
<tr><td>광석차</td><td>세</td></tr>
<tr><td rowspan="5">조차</td><td>수조차</td><td>스</td></tr>
<tr><td>석유조차</td><td>아</td></tr>
<tr><td>중유조차</td><td>오</td></tr>
<tr><td>경유조차</td><td>케소</td></tr>
<tr><td>황산조차</td><td>리</td></tr>
</table>

제6조 차량의 형식 기호는 아래 문자 중 1을 이용하여 순서에 따라서 기본 기호의 가장 말미에 오른쪽부터 부기한다. 단 기관차는 형식을 구별할 필요가 있는 경우에만 그것을 부기하고, 귀빈차 및 특별차는 부기하지 아니한다.

기관차 및 화차

이 니 사 시 코 로 나 하 쿠 치

동차 및 객차

1 2 3 4 5 6 7 8 9 10

第7조 화차(차장차 제외)에서 수용 제동기를 구비하는 것은 '부'를 형식 기호 다음에 부기한다.

第8조 차량 번호는 기관차에 있어서는 형식별로 적절하게 기준 번호를 정하여 순서에 따라서 부기한다. 단, 각 형식에서는 동일한 번호를 사용하지 않는다.

동차, 객차 및 화차에서는 명칭별로 1호부터 순서대로 부기한다.

형식이 동일한 차량은 가능한 한 연속하는 번호를 부기하고, 형식이 다른 차량 간에는 향후 증가할 동 형식 차량에 부기해야 할 상당하는 번호를 보류한다.

第9조 당국선 내 소재의 연대선 소속 차량에 대해서는 아래의 선명 약자를 그 기호에 붙여서 구별 호칭으로 한다. 단, 남만주철도주식회사선 소속의 유개차 및 무개차에 대해서는 그러하지 아니한다.

선명	기호
남만주철도주식회사선	마
남만주철도주식회사 북조선철도사무소선	호
남만주철도주식회사 소관 만주국유철도선	코
조선철도주식회사 충북선	치
동　　경북선	케
조선경남철도주식회사선	나
금강산전기철도주식회사선	테

열차운전사고처치요령

열차운전사고처치요령(1930년 6월 '달 제410호')

제1절 통칙(1~6조)

제2절 사고의 처치(7~14조)

제3절 사고 상황 통보 방법(15조)

제4절 사고의 원인 조사(16~18조)

부칙(19조)

별표 1 사고 복구 용구 일람

기관구의 부

검차구의 부

별표 2 비상차 배치 장소 및 적재 품명 일람표

비상차 배치 장소 각 선 주요 기관구

별표 3 사고의 경우 사용 가능한 기중기 소재 장소 및 상태 일람표

기중기 소재 장소

부산 · 평양 · 청진 각 공장, 용산기관구, 백암역

별표 4 복선기 소재 장소 일람표

각 기관구, 검차구, 보선구

참고 부록표 1 철도 소재지, 담당 구역 및 구급상자 비치 열차 및 위치표

참고 부록표 2 전기수 근무지 및 인원표

제9편
국유철도의 영업

제1장
운수에 관한 법령

제1절 기본 법령

1906년 7월 철도 통일기에는 경부철도 및 임시군용철도감부의 구 규정을 그대로 사용했는데, 같은 해 12월 11일 통감부령 제49호로 통감부철도관리국 운수영업규정이 제정되기에 이르렀다. 이 규정은 일본 철도의 운수규정에 준해서 제정되고, 1910년 한일합병 후에도 총독부가 규정한 명령으로 존속했다. 그 후 1912년 6월에 제령 9호로 철도영업법 중 제1조 및 제19조에서 제23조를 제외한 전 조문을 조선철도의 운수영업에 관해서 적용하기로 했는데, 동법 중 주무 대신에 속하는 직무는 조선총독이 실시하도록 하였다. 또한 철도 건설, 차량 구조 및 운전에 관해서는 1908년 6월 총독부령 제118호로 제정 공포되었다.

이렇게 해서 이 법령은 오랫동안 시행되었는데, 1919년 4월 법률 제54호로 영업법이 일부 개정되면서 조선에서도 제·개정의 필요성이 발생하여 다음해인 1920년 6월에 그 개정이 단행되고, 이와 함께 사설철도도 철도영업법 전조의 적용을 받게 되었다. 이에 함께 위탁명령인 운수규정도 개정되고, 또한

군용철도시대의 평양역

영업법 제1조의 제외례 철폐 결과 철도 건설 및 운전 등의 규정을 명령으로 정할 필요성이 발생하여 1927년 8월 부령 제82호 및 같은 해 10월 부령 제90호로 개정되었다.

제2절 운수규정

조선에서의 관용과 사설철도에 대한 운수규정은 1906년 12월 통감부령으로 운수영업규정을 제정한 것을 시작으로 하였다. 그 내용을 보면 여객 및 공중의 철도에 대한 의무 및 여객과 공중에 대한 책임을 밝힌 것으로, 다음해 1907년 7월 19일 부령 제29호에 의해서 영업이라는 두 글자를 삭제하고 운수규정이라고 개칭해서 1908년 1월부터 실시하였다. 한일합병 후에도 총독부령으로 효력이 존속하였으나, 1912년 6월에 총독부령 제118호로 새로 철도운수규정을 정하였다. 그 후 1920년대 개정을 실시한 이후 정세의 추이에 따라서 수차례 개정되었다. 또한 1926년 말 개정에서는 철도운수규정을 조선국유철도운수규정이라고 개칭해서 그 내용을 개정, 귀중품명을 지정하고 무게를 kg으로 개정하였으며, 제9장에서는 철도의 책임에 관한 사항을 추가하고 보상액 제시 및 인도기한에 관한 규정을 정했다. 이어서 1932년 3월 화약류 운송에 관한 일부 사항을 개정하고, 1937년 4월에 여객운임 중 여객이 동반하는 6세 미만의 소아 운임에 관하여 개정하는 등 필요에 따라서 보정 또는 개정하여 일반 여객 및 화주의 편의를 도모하였다.

제3절 여객 및 화물 운수 관계규정

여객 및 화물운송취급수속은 1906년 12월 통감부 철도관리국 '달(達)갑 제437호'로 제정되었다. 이후 경제계의 추이에 따라서 일부 개정되었으며 또한 다수의 단행규정을 마련하여 이를 보완하였다. 만철 위탁경영 후에도 기존 규정을 준용하였는데, 1923년 9월에 먼저 종합적인 화물운송수속을 제정, 기존에 여러 종류로 구분되었던 관계규정을 계통적으로 망라해서 사무의 간소화를 도모하고, 화물운임 및 요금 규칙을 철도성에 준하는 등 취급상의 통일을 도모하였다. 이어서 1924년에는 여객 및 수소화물에 대해서도 여러 규정을 총괄하고, 조선선과 만주선을 통일한 당국 및 만철여객 및 화물운송규칙을 제정해서 6월 1일부터 실시하였다. 1925년 4월 직영으로 환원된 이후에도 특별히 규정된 사항을 제외하고 기존의 제규정을 준용했다. 그 후 1927년 4월 조선총독부 고시 제127호로 '여객 및 하물운송규칙'을 정하고, 또한 화물에 대해서는 동 고시 128호에 의해서 화물운송규칙이 제정되었다. 화물 운송에 대해서는 국내 사무분장규정이 개정되고, 1935년 9월 고시 제540호에 의해서 수소화물운송규칙을 정하여 이를 분리하고, 그 밖의 규칙도 수차에 걸쳐서 내용을 부분적으로 개정하였다.

화차 및 부속품에 관한 규정은 통감부시대에 제정된 '대화물운송취급수속'에 포함되어 이후 몇 차례 보완규정이 마련되었다. 1923년 11월 운용취급수속을 제정하고, 이어서 1927년 5월 '달 제287호'에 의해서 다시 개정되어 화물수송수속으로 개정되어 기존의 화물운송 규칙에서 분리되면서 관계 단행 규정을 통일했다.

제2장
영업거리

영업거리의 정의

영업거리란 영업선에서의 각 정거장 중심 간의 본 선로의 연장을 말한다.

여객 영업거리는 여객 수송 영업선의 연장으로 한다.

화물 영업거리는 화물 수송 영업선의 연장으로 한다.

연도 도중에 개통한 구간에 대해서는 그 영업 총 누계거리를 당해 연도 일수로 나눈 것을 평균 영업거리로 한다.

창업시대

1906년 7월 통감부에 의한 조선철도 통일 당시의 선로는 경부선(초량~서대문 구간), 경인선(영등포~인천 구간), 경의선(용산~신의주 구간) 및 그 지선인 겸이포선(황주~겸이포 구간) 및 마산선(삼랑진~마산 구간)의 총 연장 약 637마일이었다. 그 중 영업선은 경부 및 경인의 2선만이며, 그 밖에는 여객의 편승, 화물의 편재를 취급한 것에 지나지 않았다.

다음해인 1907년 10월 경의선 토성에서 벽란도에 이르는 건설 재료 운반선을 이용해서 화물의 특약 편재를 개시하였다. 또한 1908년 4월부터 경의 본선 및 지선과 마산선의 운수영업을 개시하는 한편, 경부선 초량~부산 구간을 연장 개통해서 부산을 경부선의 종단역으로 하였다.

영업선의 연장은 개량공사 등에 따라서 약간의 증감은 있었지만, 제1차 직영 이관시의 선별 영업선의 연장은 〈표 9-1〉과 같으며, 총연장은 640.3마일(1,030.2km)이었다.

〈표 9-1〉 창업시대 선별 영업선 일람

선명	구간	1906년 7월 현재	1910년 9월 현재	증감 △	적요
		마일	마일	마일	
경부선	초량~서대문	273.2	274.9	1.7	1908년 4월 부산~초량 구간 개통 기타
경인선	영등포~인천	19.4	18.4	△1.0	1909년부터 개량공사에 수반
경의선	용산~신의주	310.6	309.7	△0.9	1908년부터 개량공사에 수반
겸이포선	황주~겸이포	8.7	8.9	0.2	1908년부터
벽란도선	토성~벽란도	–	3.6	3.6	1907년 개통
마산선	삼랑진~마산	25.0	24.8	△0.25	1910년 개량공사에 수반
계		636.9	640.3 (1,030.2km)	3.4	

제1차 직영시대

1910년 10월 1일 제1차 직영 개시에서 1917년 7월 말 만철 위탁경영으로 이행할 때까지의 6년 10개월간의 선별 영업선의 연장은 〈표 9-2〉와 같으며, 425.8마일을 연장하여 총연장은 1,066.1마일이었다. 전기보다 66.5%의 연장 증가로 1개년 평균 연장은 62.3마일이었다.

이 기간의 주요 사항은 다음과 같다.

1. 압록강교량 준공에 의해서 1911년 11월 1일 경의 본선은 만철 안봉선에 접속되고 부산~봉천 구간의 직통운전 개시
2. 평남선 평양~진남포 구간은 1910년 10월 16일 전선 개통

〈표 9-2〉 제1차 직영시대 영업선 일람

선명	구간	1910년 1월 현재	1917년 7월 현재	증감 △	적요
		마일	마일	마일	
경부선					
경부 본선	부산~서대문	274.9	281.2	6.3	1916년 약목~전의 구간 개량에 따름.
경인선	영등포~인천	18.4	18.4	–	
마산선	삼랑진~마산	24.8	24.8	–	
계		318.1	324.4	6.3	
경의선					
경의 본선	용산~안동	309.7	310.9	1.1	1911. 11. 1. 안동까지 연장, 기타 개량공사
벽란도선	토성~벽란도	3.6	–	△3.6	1910. 10. 1. 폐선
겸이포선	황주~겸이포	8.9	8.2	△0.7	개량공사에 따름.
평남선	평양~진남포	–	34.3	34.3	1910. 9. 16. 전선 개통 1911. 9. 1.
평양탄광선	대동강~사동	–	6.7	6.7	한국 정부 농상공부에서 이관
신의주 하급소선	신의주~하급소	–	1.1	1.1	1911년 신설
계		322.2	361.2	39.0	
호남선					
호남 본선	대전~목포	–	161.7	161.7	1911. 7. 10. 대전에서 개업 1914. 1. 11. 전선 개통
군산선	이리~군산	–	14.3	14.3	1912. 3. 6. 전선 개통
계			176.0	176.0	
경원선					
	용산~원산		138.4	138.4	1911. 10. 15. 용산에서 개업 1914. 8. 16. 전선 개통
함경선					
남부선	원산~영흥	–	33.9	33.9	1915. 8. 1. 원산~문천 간 초기 개업 1916. 9. 21. 개업
북부선	청진~창평	–	32.2	32.2	1916. 11. 15. 개업
계			66.1	66.1	
합계		640.3 마일 (1,030.2km)	1066.1 마일 (1,715.4km)	425.8 마일 (685.2km)	66.5% 증가

선명	구간	1910년 1월 현재	1917년 7월 현재	증감 △	적요
		마일	마일	마일	
전기 대비 증가율		66.5%			
1년 평균 연장		62.3 마일 (100.3km)	(6년 10개월)		

3. 1911년 9월 1일 한국 정부 농상공부에서 평양탄광선을 이관하여 운수영업 개시
4. 호남선 대전~목포 구간은 1911년 7월 대전부터 5회의 구간 개통으로 정읍까지 개통, 1913년 5월 목포에서 3회의 구간 개통으로 송정리까지 개통, 이어서 정읍~송정리 구간의 준공에 의해서 1914년 7월 11일 대전~목포 구간 전선 개통
5. 경원선 용산~원산 구간은 1911년 10월 용산에서 6회의 구간 개통으로 세포까지 개통, 1913년 8월 원산에서 2회의 구간 개통으로 고산까지 그리고 세포 고산 구간의 준공에 의해서 1914년 8월 16일 용산~원산 구간이 전선 개통되어 비로소 조선반도 횡단철도 실현
6. 함경선의 남부는 경원선에 접속해서 1915년 8월부터, 북부는 1916년 11월 청진에서 각각 첫 번째의 구간 개통 개시

   원산~문천 구간의 8월 1일 개통과 함께 조선국유철도 영업선의 연장은 1,000마일을 넘어섰다. 이 해는 마침 조선총독부 시정 5주년에 해당하여, 이것을 기하여 조선철도 천마일 기념 축하회가 10월 3일 경성 경복궁에서 성대하게 거행되었다.

1940년경의 평양역(당시 따로 개축 중)

만철 위탁경영시대

1917년 8월 초부터 1925년 3월 말에 이르는 7년 8개월간의 위탁경영시대의 영업선 연장은 다음의 〈표 9-3〉과 같으며, 234.2마일의 연장 증가에 의해서 총연장은 1,300.3마일이 되었다. 연장 증가율은 22%, 1년의 평균 연장은 겨우 30.5리에 지나지 않았다.

이 위탁경영 기간 중에는 1923년 관동대지진에 의한 정부의 재정 긴축으로 신규 사업이 없었으며, 기존 계획을 이월하여 오직 소규모 개량공사가 많았다. 그리고 건설되는 선은 계속 시행중인 함경선뿐으로 남북 양 방면에서 순차적으로 구간을 개업하고 1924년 10월까지 성진을 중심으로 중부선 단천~길주 구간이 개업되었다. 함경선 원산~회령 구간 중 약 35%는 위탁경영시대에 개업되었다. 그리고 미개통 구간에 대해서는 여객, 소화물 등의 자동차 연락 운수를 실시했다.

그 밖에 주요 사항은 다음과 같다.

1. 1919년 3월 말 서대문역을 폐지하고 남대문역을 경부선의 기점으로 하였다.
2. 경의 본선의 일부를 개량하여 경성 서부의 아현리 터널 등이 준공되고, 1920년 11월 수색~남대문 구간이 직통으로 연결되어 남대문역이 경의선의 기점이 되었다.

경인철도 개통 당시의 경성역(서대문) 구내 (1900년 7월 인천~경성 간 전선 개통)

서대문역 정면(1919년 3월 31일 폐지)

3. 1923년 1월 1일 남대문역을 경성역으로 개칭했다.
4. 1922년 7월경부터 경성역(구 남대문역) 대개축에 착수(참고로 경성역의 개축 낙성은 1925년 10월로, 같은 달 15일부터 신역에서 영업 개시)

경성역(중앙역으로 경성 현관의 위용)

〈표 9-3〉 만철 위탁경영시대의 영업선 일람

선명	구간	1917년 8월 1일 현재	1925년 3월 말 현재	증감 △	적요
		마일	마일	마일	
경부선					
경부 본선	부산~경성	281.2	280.6	△0.6	1919년 개량공사에 의함.
경인선	영등포~인천	18.4	19.4	1.0	1922년 인천~인천선거 구간 연장
마산선	삼랑진~마산	24.8	24.8	–	
계		324.4	324.8	0.4	
경의선					
경의 본선	용산~안동	310.9	310.2	0.7	1919년 개량공사에 의해서 경성이 경의선에 직결
겸이포선	황주~겸이포	8.2	8.1	0.1	1920년 개량공사에 따름.
평남선	평양~진남포	34.3	34.3	–	
평양탄광선	대동강~승호리	6.7	16.1	9.4	1918. 5. 미림~승호리 간 매수
신의주 하급소선	신의주~하급소	1.1	1.1	–	
계		361.2	369.8	8.6	

선명	구간	1917년 8월 1일 현재	1925년 3월 말 현재	증감 △	적요
		마일	마일	마일	
호남선					
호남 본선	대전~목포	161.7	162.2	0.5	1920년 목포항 인입선
군산선	이리~군산	14.3	14.3	–	
계		176.0	176.5	0.5	
경원선					
	용산~원산	138.4	138.4	–	
함경선					
남부선	원산~영흥	33.9	135.5	101.6	1924. 10. 31.까지 영흥~양화 구간 개통
중부선	단천~길주	–	52.7	52.7	〃 단천~길주 구간 개통
북부선	청진~창평	32.2	58.1	25.9	1917. 11. 25. 청진~회령 구간 개통
	윤성~수남	–	44.5	44.5	1919. 12. 1.부터 1924. 10. 1.까지 윤성~수남 구간 개통
계		66.1	290.8	224.7	
합계		1,066.1 마일 (1,715.4km)	1,300.3 마일 (2,092.2km)	234.2 마일 (376.8km)	
전기 대비 증가율		22.0%			
1년 평균 연장		30.5 마일 (49.1km)	(7년 8개월)		

제2차 직영(제1기)시대

1925년 4월 1일의 직영 환원 후, 1935년 말에 이르는 11년간의 영업선의 선별 연장은 다음의 〈표 9-4〉와 같다(1930년 미터법 실시에 따라서 마일을 km제로 변경했다).

이 기간에는 기존 건설 계획에 의한 함경선의 전선 개통, 평원선의 일부 개통 및 1927년 이후의 '철도 12년계획'에 따른 신규 계획의 도문선, 혜산선,

남대문역

만포선, 동해선, 경전선의 5선과 그 사이의 사설철도 5선(조선철도회사의 경남선, 경동선, 전남선, 전북철도회사선, 도문철도회사선) 및 기타 매수에 의해서 매년 영업선이 증가하고, 백무선(협궤)의 일부 개업으로 인하여 1935년 말까지의 증가 연장은 누계 1,625.8km에 이르렀다. 그러나 이 중 1933년 10월 함경선의 일부(105.5km) 및 도문선(223.0km) 등 총 328.5km를 만철에 위탁경영으로 하였기 때문에 1935년의 영업거리의 증가는 1,297.3km이며, 누계 영업거리는 3,389.5km가 되었다.

따라서 환원시의 영업선 연장에 비해 증가율은 62%(위탁선을 포함할 경우 77.7%), 1년 평균 연장은 117.9km(위탁선을 포함할 경우 147.8km)이며, 제1차 직영 및 만철 위탁의 양 시대에 비하여 크게 증가하였다. 이 기간의 주요 사항은 다음과 같다.

1. 함경선 : 원산~회령 구간 중 전기의 미 개업 구간은 순차적으로 구간을 개업하고, 마지막으로 반송~군선 구간의 준공에 의해서 1928년 9월 1일 전선이 개통되었다. 1915년 8월 1일 원산~문천 구간의 개업 이후 20회 구간이 개업되고, 14년 만에 전선이 개통되어 조선 중앙부와 북선과의 교통에 한 획을 긋게 되었다. 다음해 10월 1일 함경북도 나남에서 성대한 개통식이 거행되었다.

이어서 1933년 10월 1일 청진~회령 구간 및 회령탄광선의 총 105.5km를 만철에 위탁경영으로 하였다.

2. 도문선 : 동부선은 1929년 11월 16일 웅기에서의 구간 개업을 필두로 6회째에 동관진에 이르렀다. 또한 1929년 4월 도문철도회사선의 회령~당관진 구간(협궤)을 매수해서 서부선이라고 하고, 다음해인 1930년 7월에 착수한 표준궤 개축 공사를 끝내고 1933년 8월 1일 동서양부선 모두 동시에 개통했다. 개통 후에는 이를 도문선이라고 하였다. 도문선 전선의 개통으로 북선지방과 동만주지방에서의 교통상에 신기원을 긋게 되고, 만주국 철도 길회선의 연장 계획에 따라서 청진·나진·웅기의 3항을 주축으로 하는 조선과 일본, 만주 간의 국가적 교통 정책을 바탕으로 같은 해 10월 1일 도문선 및 앞에서 기술한 함경선의 일부와 함께 만철의 위탁경영으로 이관되었다. 만철은 이를 북선선이라고 하였다.
3. 경의선에서 기존 사리선 맹중리~박천 구간 9.3km를 개량 강화하고, 1926년 12월 10일 박천선으로 영업을 개시했다.
4. 경의선의 기점을 경성역으로 변경한 후, 1929년 용산~당인리 구간 6.7km를 보강하였다. 그리고 다음해인 1930년 그 중간 지점인 서강과 경의선 신촌을 연결하는 선로를 개설하고 양자를 용산선으로 영업을 개시했다.
5. 1931년 4월 1일 조선철도회사의 경남선 마산~진주 구간을 매수해서 마산선과 함께 삼랑진~진주 구간을 경남남부선으로 하였다.
6. 1928년 7월 1일 조선철도회사의 전남선 송정리~담양 구간을 매수해서 광주선으로 하고, 1936년 3월 1일 남조선철도회사 광주~여수항 구간의 매수와 함께 송정리~여수항 구간을 송려선, 광주~담양 구간을 광주선으로 하였다.
7. 1927년 10월 1일 전북철도회사선 이리~전주 구간(협궤)을 매수해서 표준궤로 개축하였다. 그리고 1931년 10월 1일 전주~남원 구간 개업과 함께 이리~남원 구간을 경전북부선으로 하고 1933년 10월 15일 곡성까지

연장하였다.

8. 평원서부선은 1927년 2월 11일 서포~사인장 구간의 개업을 한 후 2회의 구간 개업으로 1931년 10월 1일 장림에 이르렀다.

불국사(신라시대의 명찰), 다보탑과 석굴암

9. 동해남부선 : 부산진~울산 구간은 1934년 7월 16일 부산진에서 2회 구간을 개업하고, 1935년 12월 16일 전선을 개통하였다. 동해북부선은 1929년 9월 11일 안변에서 7번 구간 개업을 통하여 1935년 11월 1일 간성에 도달했다. 1928년 7월 1일 조선철도회사 경동선(협궤) 대구~학산 구간 및 경주~울산 구간을 매수해서 동해중부선이라고 하였다.

불국사역(동해남부선)

10. 1932년 11월 1일 개천철도회사선(협궤) 신안주~천동 구간을 빌려서 개천선으로 한 다음해 1933년 4월 1일 이를 매수하고, 그 중 개천~천동 구간을 표준궤 개축의 상개천선에서 분리하여 1935년 7월 15일 만포 본선에 편입시켰다.

11. 만포 본선은 1932년 11월 1일 순천을 시작으로 5회째 구간을 개업하였다. 그리고 1935년 10월 1일 개고에 이르고 순천~만포진 구간의 약 47%를 개업했다.

12. 혜산선은 1932년 12월 1일 길주로부터 4회의 구간 개업으로 봉두리에 이르러, 길주~혜산진 구간의 약 70%를 개업했다.
13. 백무선(협궤)은 삼림철도로서 1934년 9월 1일 백암~산양대 구간을 제1회의 구간 개업하고, 이어서 1935년 9월 1일 연암까지 개업되었다.
14. 1935년 5월 11일 군산부영철도의 군산항역~해망역 구간 1.0km를 빌려서 동역의 인입선으로 이용했다.

〈표 9-4〉 제2차 직영(제1기)시대 영업선 일람

선명	구간	1925년 4월 1일 현재	1936년 3월 말 현재	증감 △	적요
		km	km	km	
경부선					
경부 본선	부산~경성	451.5	450.5	△0.5	
인천선	영등포~인천선거	31.2	31.0	△0.2	
계		482.7	481.5	△1.2	
경의선					
경의 본선	경성~안동	499.3	499.3	–	
용산선	용산~당인리 서강~신촌	–	8.3	8.3	1929년 용산~당인리 6.7km 1930년 서강~신촌 1.6km
겸이포선	황주~겸이포	13.1	13.1	–	
평양탄광선	대동강~승호리	25.9	22.3	△2.6	1926년 개량공사에 의함.
평남선	평양~진남포	55.2	55.2	–	
박천선	맹중리~박천	–	9.3	9.3	1926. 12. 10. 박천 사리선을 영업선으로
신의주 하급소선	신의주~하급소	1.8	1.8	–	
계		595.3	610.3	15.0	
호남선					
호남 본선	대전~목포	261.1	261.1	–	
군산선	이리~군산	23.1	24.7	1.6	1931년 군산항까지 연장
계		284.2	285.8	1.6	

선명	구간	1925년 4월 1일 현재	1936년 3월 말 현재	증감 △	적요
		km	km	km	
경원선	용산~원산	222.9	223.7	0.8	1928년 개량공사에 의함.
			함경선		
남부선	원산~군선	218.2	280.9	62.7	1928. 9. 1. 반송~군선 구간 개통에 의해서 전선 개통
중부선	군선~길주	84.8	116.3	31.5	1927. 11. 1. 단천~군선 간 개통
북부선	길주~윤성	156.4	219.5	63.1	1927. 12. 1.까지 수남~길주는 개통
			0.9	0.9	1928년 및 1930년 개량공사에 의함.
청진선	청진~윤성	9.0	9.0	–	
계		468.4	626.6	158.2	
내천리선	용담~내천리	–	4.4	4.4	1927. 11. 1. 차상선
북청선	신북청~북청	–	9.4	9.4	1929. 9. 20. 개통
이원철산선	나흥~이원철산	–	3.0	3.0	〃
차호선	증산~차호	–	4.9	4.9	〃
회령탄광선	회령~신계림	–	11.7	11.7	1928. 8. 11. 개통
계		468.4	660.0	191.6	
주) 1933년 10월 1일 만철에 위탁					
	윤성~회령		84.8		
	청진선		9.0		
	회령탄광선		11.7		
계			(105.5)		
주) 이상은 미터법으로 환산					
			경전선		
남부선	삼랑진~진주	40.1	110.1	70.0	마산선 편입 1931. 4. 1. 마산~진주 구간 매수
진해선	창원~진해	–	20.6	20.6	1926. 11. 1. 개업
북부선	이리~곡성	–	106.1	106.1	1927. 10. 1. 이리~전주 구간 매수 개량 1933. 10. 15 개업

선명	구간	1925년 4월 1일 현재	1936년 3월 말 현재	증감 △	적요
		km	km	km	
광주선	광주~담양	–	21.5	21.5	1928. 1. 1. 매수
송려선	송정리~여수항		174.9	174.9	1922. 3. 1. 매수
계		40.1	433.2	393.1	
평원서부선	서포~장림	–	96.5	96.5	1927. 11. 1. 서포에서 구간 개업 1931. 10. 1. 장림까지 개업
(도문선)					1933. 10. 1. 만철에 위탁
서부선	회령~동관진	–	59.1	59.1	1929. 4. 1. 매수(협궤) 표준궤 개축, 1933. 8. 1. 전선 개업
동부선	웅기~동관진	–	163.9	163.9	1929. 11. 16. 웅기에서 구간 개업 1933. 8. 1. 전선 개업
계		–	(223.0)	(223.0)	
동해선					
남부선	부산진~울산	–	73.0	73.0	1934. 7. 16. 부산진부터 구간 개업 1935. 12. 16. 전선 개통
중부선 (협궤)	울산~경주 대구~학산	–	147.8	147.8	1928. 7. 1. 매수
북부선	안변~간성	–	150.7	150.7	1929. 9. 11. 안변부터 구간 개업 1935. 11. 1. 간성까지 개업
계		–	371.5	(223.0)	375.1
만포선					
만포 본선	여천~개고	–	140.0	140.0	1932. 11. 1. 순천부터 구간 개업 1935. 10. 1. 개고까지 개업
개천선(협)	신안주~개천	–	29.5	29.5	1932. 11. 1. 차상 후 매수
용등선	구장~용등	–	7.4	7.4	1934. 4. 1. 개업
계			176.9	176.9	
혜산선	길주~봉두리	–	99.7	99.7	1932. 12. 1. 길주부터 구간 개업 1935. 9. 1. 봉두리까지 개업
백무선 (협궤)	백암~연암	–	55.9	55.9	1934. 9. 1. 백암에서 구간 개업 1935. 9. 1. 연암까지 개업
계		2,092.2	3,389.5	1,297.3	62.0% 증가

선명	구간	1925년 4월 1일 현재	1936년 3월 말 현재	증감 △	적요
		km	km	km	
전기 대비 증가율		62.0%	11년		
전기 대비 증가율		(위탁분 328.5km 포함)	77.7%		
1개년 평균연장		117.9km	1개년 평균 연장(위탁분을 포함) 147.8km		

제2차 직영(제2기)시대

1936년 이후 1944년 말까지 9년간의 누년 개업 구간 선로별 연장은 〈표 9-5〉와 같다.

이 기간에 전기부터 계속 시공 중인 혜산, 만포, 평원, 백무, 경전북부의 미 개업 구간의 공사가 모두 준공되어서 1944년 말까지 전선 개통되었으며, 동해북부선의 일부도 연장했다. 또한 만철에 위탁경영 중인 함경선 일부의 환원과 사설철도인 경북선 외 5개선 사설철도의 임대, 차상 영업선 및 개량공사에 따른 연장선을 추가하여 1944년 말까지 신규 영업선은 1,695.6km였다.

한편, 점차로 어려워지는 정세를 고려하여 경북선의 일부 및 광주선의 총 연장 79.7km의 영업을 중지했다. 따라서 1936년 이후부터 1944년 말까지의 영업선 증가는 1,615.9km가 되며, 1944년 말 현재의 영업선 총 연장은 5,005.4km가 되었다.

따라서 1944년 말의 영업선 연장에 대한 증가율은 48.6%, 1년 평균 연장은 179.5km였다.

1945년 6월 말까지 완성한 복선구간은 다음 표와 같다.

선명	구간	영업거리	비고
		km	
경부 본선	부산~용산	447.3	
	용산~경성	3.2	본 구간은 4선
용산선	용산~성산천신호장	9.2	
경의 본선	경성~안동	499.3	
함경 본선	문천~용담	9.9	
	윤성~고무산	34.2	
동해남부선	부산진~범일정	2.1	
계		1,005.2	

이 기간 중 1944년 말까지의 주요 사항은 다음과 같다.

1. 동해남부선 : 1936년 12월 울산~경주 구간 39.3km를 표준궤로 영업했다.
2. 혜산선 : 1937년 11월 1일 봉두리~혜산진 구간 준공에 의해서 길주~혜산진 구간 141.7km의 전선을 개통하고, 백무선과 함께 북선지방의 삼림 개발 및 국경 경비에 공헌했다.
3. 대구선 : 1938년 7월 1일 대구~영천 구간의 표준궤 개축에 의해서 4.3km 연장되었으며, 38.4km를 같은 해 12월 1일부터 대구선으로 개칭하고 경부선에 추가했다.
4. 경전선 : 1937년 12월 16일 북부선 곡성~순천 구간 52.4km의 개업에 의해서 기존의 경전북부선 및 송려선이라는 명칭을 폐지하고 이리~여수항 구간을 전라선으로 하는 한편, 송정리~순천 구간을 경전서부선으로 개칭했다.
5. 동해북부선 : 1937년 12월 1일 간성~양양 구간 41.9km 개업 후 양양 이남은 개업하지 못하고, 안변~양양 구간 192.1km만 영업하던 상태에서 종전되었다. 단, 양양 이남의 일부 북평~삼척 구간 12.9km는 시국정세를 고려하여 1944년 2월 1일 개업과 동시에 삼척철도회사에 경영을 위탁하였다.

6. 경경선 : 1938년 12월 1일, 이 기간에 신규 계획 중인 중앙 건설선 남부의 영천~우보 구간 40.1km 개업과 함께 경주~우보 구간을 경경남부선으로 개칭하고, 그 후 1941년 7월 1일 영천까지 개업했다. 또한 북부는 청량리(동경성)~양평 간 52.5km를 1939년 4월 1일 개업하고 경경북부선이라고 개칭하였으며, 1941년 7월 1일 제천까지 개업했다. 영천~제천 구간은 1942년 4월 1일 개업하고, 경경선 경주~청량리 구간 382.7km가 전선 개업되었다. 그리고 동해남부선을 통해서 제2의 조선반도 종관선을 형성하게 되었다.
7. 만포선 : 개고 이북의 2회의 구간 개업에 의해서 1938년 2월 1일 만포진(역명은 만포)에 이르러 순천~만포 구간 299.9km가 전선 개통되었다. 마침내 만포 압록강 교량(만포~교량중심 구간 3.5km)의 준공에 의해서 같은 해 10월 1일 만포선은 만주국 철도 매집선과 연결되었으나, 만포 이북의 철도 영업은 만주국 측이 운영하였다. 또한 지선인 용문탄광선 어룡~용문 구간 7.1km는 1941년 9월 1일 개업되었다.
8. 경북선 : 1940년 3월 1일 조선철도회사의 경북선 김천~경북 안동 구간 118.2km를 매수하여 이를 경부선에 추가해서 경북선이라고 하고, 1944년 9월 30일 점촌~경북 안동 구간 58.2km의 영업을 중지했다. 단, 당분간 편승, 편재를 취급하였다.
9. 함경선 : 1940년 7월 1일 만철에 위탁 중인 북선선 중 상삼봉~웅기 구간을 만철에 임대해서 사설철도로 하는 한편, 윤성~상삼봉 구간을 함경 본선에, 청진선 및 회령탄광선을 함경선에 추가하여 총 145.9km를 직영으로 하였다. 또한 같은 날 청진~청진항 구간 2.0km를 개업했다. 1941년 2월 1일 나남~청진 구간의 직결선이 준공되고, 함경 본선은 동선을 경유하게 하였다. 한편, 나남~윤성 구간 및 강덕~청진서항 구간을 강덕선으로 하고, 청진선 윤성~청진 구간을 함경 본선에 추가하였다. 임대 중인 북선선은 1945년 3월 31일 만철에 양도되었다.

10. 평원선 : 서부선 장림~양덕 구간 27.4km를 1936년 11월 1일 개업하고, 다음해인 1937년 12월 16일 동부선 고원~성내 구간 30km을 개업하였다. 그러나 그 후 3년간에 걸쳐서 양덕~성내 구간 준공으로 1941년 4월 1일 서포~고원 구간 212.6km가 전선 개통됨으로써 경의 본선과 함경 본선이 연결되어 제2의 조선반도 횡단선이 완성되었다.
11. 화순선 : 1942년 10월 16일 종연실업회사선인 화순~복엄 구간 11.1km를 임차하여 화순선이라고 하고 경전선의 일부로 삼았다(임차선 연장 11.8km 중 0.7km를 화물전용측선으로 했다).
12. 양시선 : 1943년 4월 1일 다사도철도회사선 중 신의주~남시 구간 33.9km를 매수하고, 같은 해 10월 16일 신의주~남신의주 구간 5.2km를 폐지하고 남신의주~남시 구간을 경의선의 일부 복선을 대용하는 보조선으로 하였다.
13. 신의주 강안선 : 1943년 12월 20일 강안선을 폐지하고 신의주정거장에 합병했다.
14. 무산선 : 1944년 4월 1일 북선척식철도회사선인 고무산~무산 구간 57.9km를 매수하여 무산선이라 하고, 무산 철산의 철광석 반출 강화에 사용했다.
15. 평양탄광선 : 1944년 4월 1일 서선중앙철도회사선 승호리~신성천 구간 68.6km를 매수해서 평양탄광선에 추가하여 평원선과 연결, 평양탄전의 무연탄 반출 강화에 대비하였다.
16. 황해선 : 1944년 4월 1일 조선철도회사의 황해선(협궤) 전선 연장 281.7km를 매수해서 그대로 영업을 계속하고, 새로 하성 철산의 광석 반출을 위해서 사리원~하성 구간 41.7km에 표준궤선을 개설해서 같은 해 10월 1일 영업을 개시하였다.
17. 부산임항선 : 1944년 5월 1일 부산임항철도회사선의 부산진~감만리 구간을 매수하고, 구간을 일부 변경해서 동해남부선 부전에서 아카사

키 부두까지의 6.1km를 임항선으로 하였으며, 아카사키항을 전가 화물 수송을 위한 부산항의 보조항으로 삼았다. 본선을 동해선의 일부에 추가하였다.

18. 광주선 : 1944년 10월 1일 정세를 고려하여 광주~담양 구간 21.5km 전선의 영업을 중지했다.
19. 백무선(협궤) : 연암~연사 구간 80.9km를 1939년 10월 1일까지 개업하고, 1944년 12월 1일 연사~무산 구간의 준공에 의해서 백암~무산 간 191.6km를 전선 개통시키고 혜산선과 무산선을 연결하였다.
20. 청라선 : 청진~청암 구간 11.1km는 건설 도상의 청진~나진 간 선로의 일부인데, 청진제철소의 제철 원료 석회석 운반을 위해서 급하게 간이 설비에 의해서 1945년 3월 20일 임시 영업을 개시했다.
21. 동해중부선을 동해남부선에 병합 : 1944년 말에 동해중부선의 경주~학산 구간(협궤) 38.4km를 동해남부선에 병합하는 한편, 그 중 경주~포항 구간의 표준궤 개축(34.2km)에 따른 연장 단축과 포항~학산 구간(협궤) 폐지에 의해서 총연장이 4.3km 감소하였다.
22. 1938년 4월 23일 인천부영철도의 인천항역~화수정~송현 구간 2.8km를 임대하여 이 역의 인입선 및 화물전용측선으로 이용했다.

1945년 8월 15일 현재의 영업거리

전세가 더욱 치열해지면서 대륙 물자 전가 수송을 위한 울산임항선의 신설 및 무연탄 철광석 등 군사 중요 자재 반출을 위해서 사철선을 1945년 8월 초 매수해서 급히 아래의 3선의 임시 영업을 개시하였으나, 그 직후 종전이 되었다.

울산임항선 : 동해남부선 울산에서 울산항에 이르는 연장 8.0km를 동해선에 편입

장산리선 : 서선중앙철도회사가 무연탄 반출용으로 부설한 것으로, 경의선

간리에서 장산리에 이르는 연장 10.6km를 매수해서 경의선에 편입

영춘선 : 조선철도회사가 철광 등의 반출을 위해서 건설 중인 경선선 영주에서 춘양에 이르는 구간 중 완성 부분인 영주~내성 간 14.3km를 매수해서 경경선에 편입

이상 3선의 총연장은 32.9km이다. 따라서 8월 15일 종전시의 국철 영업거리는 1944년 말 현재의 5,005.4km에 32.9km를 추가해서 5,038.3km(표준궤 4,535.5km, 협궤 502.8km)가 되었다. 그 내역은 앞에 게재한 '조선철도 일람표[국유철도]'와 같다.

〈표 9-5〉 제2차 직영(제2기) 누년(累年) 영업선 일람

연도 선명		1910년 말 현재	1935년 말 현재	1936년	1937년	1938년	1939년	1940년	1941년	1942년	1943년	1944년	1944년 말 현재
		km	km										km
경부선	경부 본선	부산~서대문 442.4	부산~경성 450.5										부산~경성 450.5
	대구선					대구~영천 38.4							대구~영천 38.4
	경북선						김천~경북안동 (매)118.2					점촌~경북안동 (휴)△58.2	금천~점촌 60.0
	경인선	영등포~인천 29.7	영등포~인천 31.0										영등포~인천 31.0
	계	472.1	481.5			38.4	118.2					△58.2	579.9
경의선	경의 본선	용산~신의주 504.3	경성~안동 499.3										경성~안동 499.3

연도 선명		1910년 말 현재	1935년 말 현재	1936년	1937년	1938년	1939년	1940년	1941년	1942년	1943년	1944년	1944년 말 현재
		km	km										km
경의선	용산선		용산~당인리 6.7 서강~신촌 1.6										용산~당인리 서강~신촌 8.3
	겸이포선	황주~겸이포 14.4	황주~겸이포 13.1										황주~겸이포 13.1
	평양탄광선		대동강~승호리 23.3									승호리~신성천 (매)68.6	대동강~신의주 91.9
	평남선	평양~진남포 55.2	55.2										평양~진남포 55.2
	박천선		맹중리~박천 9.3										맹중리~박천 9.3
	양시선										남시~신의주 (매)33.9 남신의주~신의주 △5.2		남시~남신의주 28.7
	신의주강안선		신의주~동강안 1.8								△1.8		–
	계	573.9	610.3								26.9	68.6	705.8
호남선	호남 본선		대전~목포항 261.1										대전~목포항 261.1

연도 선명		1910년 말 현재	1935년 말 현재	1936년	1937년	1938년	1939년	1940년	1941년	1942년	1943년	1944년	1944년 말 현재
		km	km										km
호남선	군산선		이리~ 군산항 24.7										이리~ 군산항 24.7
	계		285.8										285.8
경원선	경원본선		용산~ 원산 223.7										용산~ 원산 223.7
	원산선										원산~ 원산부두 2.2		원산~ 원산부두 2.2
	계		223.7								2.2		225.9
함경선	함경본선		원산~ 회령 617.6 (위탁) 윤성~ 회령 △84.8					윤성~ 상삼봉 (원) 125.2	(선명 개칭) 청진~ 윤성 9.0 나남~ 윤성 △14.9 (구간 변경) 청진~ 윤성 △1.2 부령~ 장흥 0.1 고무산~ 창평 2.8 (신설) 나남~ 청진 13.1				원산~ 상삼봉 666.9
	천내리선		용담~ 천내리 (차)4.4										용담~ 천내리 (차)4.4

연도 선명		1910년 말 현재	1935년 말 현재	1936년	1937년	1938년	1939년	1940년	1941년	1942년	1943년	1944년	1944년 말 현재
		km	km										km
함경선	북청선		신북청 ~ 북청 9.4										신북청 ~ 북청 9.4
	이원철산선		나흥~ 이원 철산 3.0										나흥~ 이원 철산 3.0
	차호선		증산~ 차호 4.9										증산~ 차호 4.9
	성진선										성진~ 성진 부두 1.6		성진~ 성진 부두 1.6
	청진선		청진~ 윤성 9.0 (위탁) △9.0					윤성~ 청진 (원)9.0 청진~ 청진항 2.0	(선명 개칭) 청진~ 윤성 △9.0 (구간 변경) 청진~ 청진항 0.8 (선명 개칭) 나남~ 윤성 14.9 (구간변경) 0.8				청진~ 청진항 2.8
	강덕선								(구간 신설) 강덕~ 청진서 항 2.4				나남~ 윤성 강덕~ 청진서 항 18.1

연도 선명		1910년 말 현재	1935년 말 현재	1936년	1937년	1938년	1939년	1940년	1941년	1942년	1943년	1944년	1944년 말 현재
		km	km										km
함경선	경선										고무산~무산(매)57.9		고무산~무산 57.9
	회령탄광선		회령~계림 11.7 (위탁) △11.7					회령~계림(원)11.7					회령~계림 11.7
	청라선											청진~청암(건물만)11.1	청진~청암 11.1
	계		660.0 △105.5					(원) 145.9 2.0	18.8		1.6	69.0	791.8
경전선	경남남부선	(마산선) 삼랑진~마산 40.1	삼랑진~진주 110.1										삼랑진~진주 110.1
	진해선		창원~진해 20.6										창원~진해 20.6
	경전서부선			(선명개칭) 134.6									순천~송정리 134.6
	화순선									화순~복암(차)11.1			화순~복암(차)11.1
	경전북부선		이리~전주~곡성 106.1	(선명개칭) △106.1									–
	광주선		광주~담양 21.5									광주~담양(휴) △21.5	–
	계	40.1	258.3	28.5						11.1		△21.5	276.4

연도 선명		1910년 말 현재	1935년 말 현재	1936년	1937년	1938년	1939년	1940년	1941년	1942년	1943년	1944년	1944년 말 현재
		km	km										km
송려선			송정리 ~ 여수 174.9	(지명 개칭) △174.9									
전라선				곡성~ 순천 52.4 (선명 개칭) 146.4									이리~ 여수항 198.8
동해선	동해남부선		부산진 ~ 울산 73.0	울산 ~경주 (개)39.3								구간 변경 경주~ 포항 (개) △4.3	부산진 ~ 포항 146.4
	동해중부선		대구~ 학산 147.8	(구간변경) △40.4		(구간변경) △69.4						북평~ 삼척 12.9	
	동해북부선		안변~ 간성 150.7									(위탁) △12.9	안변~ 밀양 192.6
	부산임항선											부산진 ~ 감만리 (매)5.5 구간 변경 0.6	부전~ 아카사키항 6.1
	계		371.5	△1.1	41.9	△69.0						1.8	345.1
경경선	경경남부선					경주~ 영천 34.9 영천~ 우보 40.1	경주~ 영천 (개)2.6 우보~ 경북 안동 48.9		경북 안동~ 영주 38.7	영주~ 제천 62.3			

연도 선명		1910년 말 현재	1935년 말 현재	1936년	1937년	1938년	1939년	1940년	1941년	1942년	1943년	1944년	1944년 말 현재
		km	km										km
경경선	경경북부선						청량리 ~ 양평 52.5	양평~ 원주 55.9	원주~ 제천 46.8				경주~ 청량리 382.7
	계					75.0	104.0	55.9	85.5	62.3			382.7
황해선	황해본선											사리원 ~ 하리 41.7	사리원 ~ 하리 41.7
	토해선(협궤)											토성~ 해주 (매)81.7	토성~ 해주 81.7
	옹진선(〃)											해주~ 옹진 (〃)40.4	해주~ 옹진 40.4
	장연선(〃)											사리원 ~ 장연 (〃)81.9	사리원 ~ 장연 81.9
	사해선(〃)											삼강~ 해주 부두 (〃)68.1	삼강~ 해주 부두 68.1
	내토선(〃)											화산~ 내토 (〃)2.1	화산~ 내토 2.1
	하성선(〃)											신원~ 구하성 (〃)5.5	신원~ 구하성 5.5
	정도선(〃)											동포~ 정도 (〃)2.0	동포~ 정도 2.0
	계											323.4	323.4
평원선	평원동부선				고원~ 성내 30.0				양덕~ 성내 58.7				

연도 선명		1910년 말 현재	1935년 말 현재	1936년	1937년	1938년	1939년	1940년	1941년	1942년	1943년	1944년	1944년 말 현재
		km	km										km
평원선	평원서부선		서포~장림 96.5	장림~양덕 27.4									서포~고원
	계		96.5	27.4	30.0				58.7				212.6
만포선	만포 본선		순천~개고 140.0	개고~전천 63.1	전천~강계 47.5								순천~만포 299.9
	개천선(협궤)		신안주~개천 29.5										신안주~개천 29.5
	용등선		구장~용등 7.4										구장~용등 7.4
	용문탄광선								어용~용문 7.1				어용~용문 7.1
	계		176.9	63.1	47.5	49.3			7.1				343.9
혜산선			길주~봉두리 99.7		봉두리~혜산진 42.0								길주~혜산진 141.7
백무선(협궤)			백무~연암 55.9	연암~유평동 44.6			유평동~연사 36.3					연사~무산 54.8	백암~무산 191.6
합계		1,086.1	3,389.5	186.4	161.4	93.7	258.5	(원)57.9 145.9	170.1	73.4	30.7	437.9	5,005.4
누계		1,086.1	3,389.5	3,575.9	3,737.3	3,831.0	4,089.5	4,293.3	4,463.4	4,536.8	4,567.5	5,005.4	

주) (위탁) – 국철로부터 경영위탁, (원) – 위탁의 복원, (매) – 사철 매수, (차) – 차상 영업, (휴) – 영업 정지, (개) – 개량공사

제3장
여객·화물의 운임률

제1절 여객운임

운임률의 연혁

1906년 철도 통일 당시에는 경부철도회사 및 임시군용철도감부의 제도를 그대로 답습했다. 즉, 경부·경인·마산 각 선의 운임률은 원거리체감법에 의해서 1마일당 50마일까지는 3등 1전 8리, 51마일~100마일까지는 1전 6리, 101마일 이상은 1전 4리이다.

2등은 3등의 2배, 1등은 3등의 3배이다.

경의선의 편승에 대해서는 거리비례법에 의해서 1마일당 3등은 3전, 2등은 3등의 2배. 1등은 3등의 3배이다.

1908년 4월의 개정 : 위의 운임률은 동일한 경영 하에서 다른 운임률 적용에서 초래되는 불합리성과 복잡한 계산 방법으로 인해서 경의·마산 양 선의 일반 영업 개시를 계기로 조선 전역에 걸쳐서 원거리체감법을 기준으로 개정하였다.

즉,	1~50마일까지	51~100마일까지
	3등　3전	2전 5리

101~200마일까지	201마일 이상
2전	1전

이와 함께 2등은 3등의 75% 증가, 1등은 3등의 150% 증가였다.

1912년 4월의 개정 : 위의 운임률은, 근거리는 약간 고율로 일반 서민의 부담이 되었고, 또한 당시의 정세로서는 설비 및 열차 속도보다 오히려 저렴한 운임을 중시하는 등 민원을 반영하지 못하였다. 특히 일반 여객, 그 중에서도 근거리 승객에 대한 편익을 도모하기 위해서 거리비례법에 의해서 1마일당 3등 2전, 2등은 3등의 75% 증가, 1등은 3등의 150% 증가

이러한 통일 운임은 여객의 흡수에 커다란 효과를 거두고, 이후 조선 개발에 공헌하는 바가 적지 않았으며, 순차적으로 순조로운 교통 발전을 촉진시켰다.

1920년 1월의 개정 : 1914년 7월 제1차 세계대전 발발에 의해서 물가와 노임이 상승하고, 인건비와 물품비가 지속적으로 팽창하여 수지의 균형이 무너졌기 때문에 부득이하게 운임률을 개정하여 인상하고, 만철선과 통일하기 위하여 거리비례법에 의해서 1마일당 3등 2전 5리, 2등 4전 5리, 1등 7전으로 하고, 5전 단위제를 채용했다.

1926년 3월의 개정 : 5전 단위제를 폐지하고, 앞에서 기술한 마일 단위의 운임률에 여객의 발착 구간의 거리를 곱하여 전 미만의 단수는 전 단위로 절상하도록 운임 계산법을 개정했다.

1930년 4월의 개정 : 미터법 실시와 함께 마일 단위의 운임률을 km단위의 운임률로 환산 개정하고, 1km당 3등은 1전 5리 5모, 2등은 2전 8리, 1등 4전 4리이다.

1940년 4월의 개정 : 여객의 폭주와 사무 능률 향상책으로 다시 5전 단위제로 개정되었다.

1942년 2월의 개정 : 만주사변 발발 이후 일반 경제는 활황을 보이고, 중일전쟁이 진행되면서 물가와 노임 상승이 심해졌다. 이에 의한 부동 구매력을 흡수하기 위해서 전시 재정 강화와 철도 수송을 조정하기 위한 개정으로, 운임률은 거리비례제로 1km당 3등은 1전 5리 5모, 2등은 2전 8리, 1등은 4전 4리이다.

운임 계산법은 운임률에 발착 구간의 km를 곱하고, 5전 미만의 단수는 5전, 5전 이상 10전 미만의 단수는 10전으로 절상했다.

1944년 4월의 개정 : 전시 여객 조정 및 재원 강화를 위한 개정으로, 이와 함께 통행세에 대한 기존의 지대 과세 방법을 거리제로 변경하고 운임에 통행세를 더한 것을 여객운임표로 표시하기로 하였다.

	1,200km까지	1,200km 초과
3등 1km당	3전 0리 5모 (20km 이하인 경우) 2전 8리	2전 8리 0모
2등 〃	6전 8리 5모	5전 6리 0모
1등 〃	10전 9리 0모	8전 4리 0모

운임 계산법은 운임률에 발착 구간의 km를 곱해서 단수를 5전, 10전, 50전 단위로 절상했다.

특수할인 운임 : 회수승차권, 정기승차권, 단체 할인 등의 운임제도는 이미 경부철도회사 경영시대부터 실시되었는데, 1906년 12월 통감부 철도관리국이 제정한 '여객 및 수소화물운송취급수속' 부칙에 각각 규정되었다. 그 후에도 사회 정세에 따라서 각종 운임제도가 실시되었으나, 종전 시에는 대략

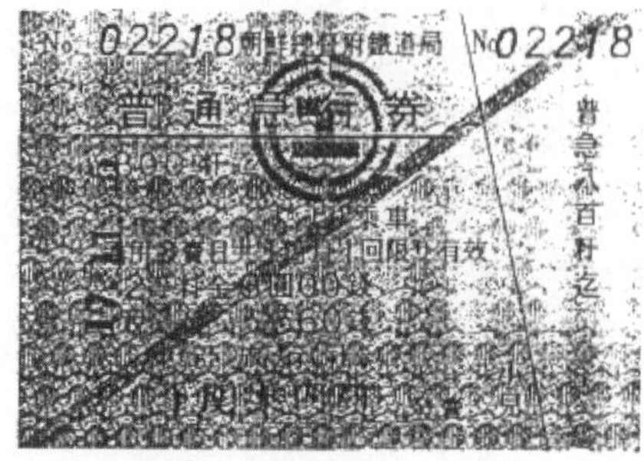

・朝鮮鉄道各地の乗車券

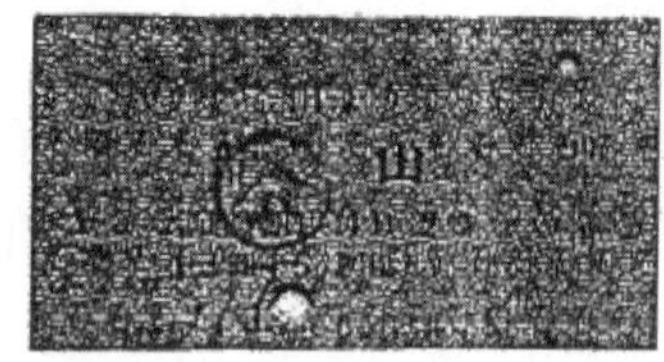

조선철도 각지의 승차권

다음과 같았다.

회수승차권	일반 운임의 2할 할인
일반정기승차권	〃 2.5~5할 할인
학생정기승차권	〃 8.0~9.8할 할인
6개월간에 2,000km를 승차하는 여객	2, 3등 모두 약 2할 할인
단체 여객(20명 이상의 일반)	2~4할 할인
〃 (20명 이상의 학생)	3등에 한하여 5~6할 할인
단체 여객 (20명 이상의 노무자 및 이에 준한 자)	4~5할 할인

조선 내의 교육기관 보급 정도를 고려하여 철도 연선에서 통학하는 아동에 대해서는 일찍이 무임승차증을 교부하였는데, 1939년에는 약 2만 2,000장이나 되었다.

또한 사회 정책상 및 여객 유치상 학교의 교원과 학생, 공무 여객, 피구호자, 이주자, 취직자, 기타 각종 회합 참가 열차의 특수객에 대해서는 상당한 운임 할인을 실시하였다.

제2절 수소화물운임

운임률의 연혁

경인철도회사 : 1900년 7월 수하물, 귀중품, 하차, 행상품, 가마, 부피가 큰 물건, 개, 사체, 위험물에 대한 운임률을 제정

경부철도회사 : 1905년 1월 영업 개시 시에 새로 특수품의 운임률 및 가축류 및 귀중품의 할증 운임과 보관료를 제정하고, 같은 해 9월 16일에는 이

들 운임률을 원거리 체감 운임률로 개정하고 또한 귀중품, 동물, 특수품의 운임률을 정하였다.

임시군용철도감부 : 1905년 4월 이후 경의·마산선의 편재 개시 시 일본 철도성에 따라서 원거리 체감 운임률 및 귀중품, 기타 각종 운임률과 보관료를 제정했다.

통감부 철도관리국 : 철도 통일 후 전선의 운임률을 통일하기 위해서 1908년 12월 기존의 운임률을 고려해서 대부분 일본 철도성과 동일한 각종 운임률을 제정하여 원거리 운송의 편의를 도모하는 동시에, 각 역에서 1리(4km) 이내의 거주지에는 무임 배달로 취급하도록 하고, 이를 위해 먼저 경부·경인 양 선에 이를 실시하고, 이어서 경의·마산선에도 영업 개시와 동시에 적용했다.

제1차 직영 이후 : 직영 후에도 대부분 종전대로 취급하였는데, 주요 개정을 열거하면 대략 다음과 같다.

1919년 11월 개정 – 일본, 조선, 만철 모두 동일한 운임률로 개정하고, 1921년 1월 일부 개정

1930년 4월 개정 – 미터법 실시에 의해서 환산 개정

1935년 10월 개정 – 소화물운임의 일부를 폐지하였으나, 여객이 탁송하는 수하물에 대해서 3등은 중량 30kg, 2등은 40kg, 1등은 60kg까지 무임으로 하고, 초과 중량에 대해서는 통상적으로 소화물운임과 같은 금액을 수수하고, 계산법은 1개의 총중량으로 하였다.

또한 소화물운임은 1개당 중량으로 계산하고 귀중품, 가구 및 빈 용기류의 운임은 통상적으로 소하물운임의 2배로 하고, 그 최저운임은 30전으로 하였다.

1942년 5월 개정 : 소화물운임과는 별도로 수하물운임을 설정하고, 기존의 무임 운송중량을 초과하는 중량 30kg마다,

200km까지 50전

500km까지 1엔 00전

500km 이상 500km을 더할 때마다 50전을 추가한다.

1943년 4월의 개정 : 위의 운임을 2배로 하였다.

200km까지 1엔 00전

500km까지 2엔 00전

500km 이상 500km 증가할 때마다 1엔 00전

으로 하고, 한 개의 최고액을 10엔으로 하였다. 이로써 전년도의 운임에 비하여 약 40% 증가하였다. 또한 소화물운임은 수하물운임의 개정과 동시에 실시되었는데, 그 운임률은 다음과 같다.

거리 / 중량	100km 까지	200km 까지	400km 까지	600km 까지	1,000km 까지	이상 400km 까지 증가할 때마다
	전	전	전	전	전	전
5kg까지	35	35	40	45	65	20
이상 5kg 증가시마다	15	20	30	40	55	15

귀중품이나 부피가 큰 물건, 동물에 대해서는 통상 소화물운임의 2배에 상당하는 운임으로 하고 식료품, 신문지, 잡지, 사체 등에 대해서는 각각 적정한 운임을 설정하였다.

또한 수소화물의 운임은 일본과 만주, 중국의 각 연락 운수기관에서 연락 직통 운임으로 채용되었다.

소화물 할인 운임 : 할인승차권으로 여행하는 이주자의 소화물에 대해서는

상당 운임의 50%를 할인한다. 소화물에 대해서는 산업 장려 및 식료품 등의 원활한 수급을 도모하기 위해서 다음과 같은 할인 운임제도를 설정했다.

1. 우유 및 어패류(소금, 절인 것, 훈제한 것 및 물에 녹은 것을 제외)에 대해서는 운송 거리에 따라서 3할~5할 할인 식료품 운임
2. 교육 및 그 보조를 목적으로 하는 관공립 도서관의 순회문고 5할 할인 운임
3. 육군 및 해군의 공용 수하물 5할 할인 운임
4. 제3종 우편물로 인가받은 신문지, 잡지에 대해서는 원근에 관계없이 1kg당 1전 3리, 최저운임을 4전으로 하는 할인 운임
5. 1개월 1,800kg 이상을 탁송하는 신문과 잡지에 대해서는 운송 구간의 원근에 관계없이 1kg당 8리, 최저운임을 3전으로 하는 할인 운임
6. 병아리에 대한 할인 운임

제3절 화물운임

운임률의 연혁

창업시대의 제도 : 창업시대에는 여객운임과 마찬가지로 경부철도회사 및 임시군용철도감부가 제정한 것을 답습하였으나, 통감부는 1906년 12월 대화물운송 운임률을 제정하여 1907년 1월 1일부터 경부·경인 양 선에 시행하고, 이어서 9월 1일부터 경의·마산 양 선에 적용하여 전선에 대화물운임을 통일하게 되었다.

당시는 일반 화물에 등급을 설정하지 않고 단순히 고가품을 지정해서 일반 운임률의 50%를 할증하는 것 외에 특수품의 운임률을 설정하는 데 지나지 않았다. 또한 취급종별도 근급과 톤급 2종류만 있었다.

1912년 7월의 개정 : 위의 운임률은 점차로 복잡해지는 조선의 경제 상태에

대응하지 못하게 되어 개정을 실시, 처음으로 급품제도를 실시해서 화물 종류별로 등급을 설정하고, 보통화물은 1급 내지 4급으로 구분해서 운임률에 차이를 두는 동시에 근급·톤급·차급제도를 설정했다.

1919, 1920년 개정 : 그 후 제1차 대전 후 물가 및 노임 상승에 의해서 철도 사업 수지는 현저하게 균형을 잃었기 때문에 1919년 11월 화물운임을 인상했다. 그 주요 내용은 톤급 폐지, 재적급 개시, 차급의 최저톤수 제정, 원근 운임 조절, 최저거리 설정 등이었다. 즉, 운임률 구성상의 원칙을 개정하여 수입증가를 기대하였으나, 한편으로는 생활필수품 운임의 할인, 근거리 운임 인하 등을 실시하여 결국 수익상 커다란 효과는 없었으며 오히려 경제계의 비정상적인 팽창은 철도 수지의 균형을 더욱 악화시켰다. 이에 대한 구제책으로 다음해인 1919년 6월 다시 운임 인상을 단행하여 지출 부족을 보충하였다.

1923년 10월의 개정 : 그 후 고공 행진을 계속하던 물가는 어느 정도 하락해서 철도 수지상 다소 여유가 생겼지만, 일반 운임 인하와 함께 운임률제도를 간편하게 하여 매년 더욱 빈번해지고 있는 조선과 일본 간 연락 운수의 통일을 도모하기 위해서 철도성선과 협조해서 개정하였다.

그 개정의 요점은,

1. 보통 화물은 4등급제를 5등급제로 하고
2. 발착수수료를 운임에 포함시키고
3. 원거리체감법 누가산법의 거리에 지대를 가미해서 이를 간단하게 하고
4. 소구급 취급 운임은, 50근 이상은 10근마다 계산하도록 개정하고
5. 보통 운임률은 101마일 이상에서 차급 평균 1.6할, 소구급 평균 2.1할을 저감하고
6. 기선 또는 다른 궤간 철도 연락의 접속비를 반감하고
7. 각종 특정운임률 정리, 특수화물의 할인 비율 증가

등이었다.

1926년 10월 개정 : 당국, 철도성, 만철선의 3선을 연결하는 경우 화물의 착역 변경, 발역 송환에 대해서 각 자선 내 운임의 통산주의를 인정하고 기존의 운임률을 최장 거리 600마일 이상으로 연장했다.

1927, 1928년의 개정 : 1927년 6월의 화물운송 규칙 제정 실시를 바탕으로 한 운임률 개정에서,

1. 운송편을 폐지하여 열차 지정의 길을 열었다. 단, 운임에는 변동 없음.
2. 소구급 화물 중 1개의 중량 500근, 용적 30재, 길이 18척을 넘는 것은 3할 할증
3. 급외품에 대한 약간의 개정 또는 제정
4. 지도 수수량 개정

등이었다. 또한 다음해인 1928년 9월에는 1급부터 5급까지의 보통운임률을 601마일 이상 900마일까지로 개정하고, 북선지방의 개발 기타 사정을 고려해서 상당히 저렴하게 하였다.

1930년 4월의 개정 :

1. 미터법 채용에 의해서 기존의 용적 계산법을 폐지하여 도량형을 통일하고
2. 화물등급표의 표시를 품목등급 주의에서 운임률 등급주의로 개정해서 운임률 적용을 합리적으로 하고
3. 재계 불황 타개책의 일환으로 다음과 같이 운임을 인하하였다.

(가) 보통등급은 기존대로 1급에서 10급까지

(나) 특별등급은 11급에서 30급까지로 하고, 생활필수품과 원료품 등 특히 항구적으로 운임 인하를 요하는 화물에 적용한다.

(다) 살아있는 물건 및 열차지정화물의 할증운임 인하

(라) 톤급제도를 신설하고, 소구급화물과 차급화물의 중간 운임 설정

(마) 기타 생활필수품, 원료품, 비료 등은 특별 등급을 적용하고 특히 운임 할인율은 증가

1938년 2월 개정 : 화물취급제도의 간소 및 합리화 정책으로,

1. 등급표의 품류 및 품목을 기존의 3분의 2로 정리 축소하고, 표시 방법은 가급적 만철과 통일한다.
2. 톤급을 폐지하고, 그 대신 소구급으로 2톤 이상인 경우에는 보통운임의 1할을 할인한다.
3. 운임률 등급을 다음과 같이 간소화한다.

(가) 특별등급 및 특별 운임률을 폐지하고 할인 운임률을 정하여 조정한다.

(나) 보통 등급의 소형 취급품 등급의 일부를 축소하고, 운임률의 표시 방법을 품목등급주의로 변경하고, 리(厘)단위를 폐지한다.

4. 차급 운임 계산상 화차 적재 허용 용적만으로 화차를 구별하고, 대형·중형·소형 화차의 3종으로 변경하고, 최저톤수를 15톤으로 인상한다.
5. 자동차선에서의 운임제도를 철도와 통일한다.
6. 할인 운임률의 정리 및 택급 신설

등이었다.

1942년 5월 개정 : 1920년 운임률 인상 개정 이후 약 20년간은 근본적인 인상 개정은 없었지만, 중일전쟁 발발 후의 물가 및 노임 상승 등에 의해서 운임을 인상하지 않으면 운송실비를 보상받지 못하는 정세가 되었다. 따라서 운임률 개정을 단행하였는데, 전시 경제 정책의 기조인 저물가 정책 견지 입장에서 인상률을 최소한도에 그치도록 하였다.

1. 차급 화물에 대해서는 물품세 및 소비 규제의 대상이 되는 1급품에 대해서만 10% 인상

2. 소구급 화물에 대해서는 적재 요금, 사무비 기타 제반 경비 앙등에 의해서 발착 수수료 조정 및 고급품운임 시정에 중점을 두고 전면적으로 개정해서 평균 28% 인상
3. 부자연스러운 원거리 수송 및 교차 수송 방지를 위해서 소구급과 차급 모두 651km 이상에 대한 체감률 수정
4. 대구(大口)의 소구급 화물에 대한 할인을 폐지하고, 기타 할인율에 대해서는 일부 수정
5. 등급 및 운임계산 톤수에 대해서는 전시 하 불급불요 물자, 물품세 부과 물자, 소비규제 및 수송 억제 물자 등은 모두 1급으로 한다.
6. 운임계산 최저톤수는 수송력 증강을 위해서 적재가능 톤수로 변경한다.
7. 일본과 만주, 중국 운수기관 간 협정에 의해서 공통 등급표를 채용, 등급표의 전면적인 개정

등이었다.

1944년 7월 개정 : 태평양전쟁의 진전과 함께 운수 정세의 변화에 대응하기 위한 개정이었다. 즉, 생산력 확충과 국민 생활 안정, 해상 물자의 육로 전가 등 전쟁 수행에 필요한 정책 실시와 함께 수송 중점 화물 지향, 여객 수송 억제 및 수송 화물의 장거리화 및 저급화는 철도 수입 대비 경비를 중대하게 하여 철도 운영이 심각해졌기 때문에 기존의 운임률을 근본적으로 개정하여 전시 운임률로 하였다.

운임률 개정과 함께 수송력 향상을 위해서 운임계산 최저톤수를 최대한 인상하고, 화차형별 철폐를 실시하는 것 외에 경량의 적재 높이를 완화하여 취급의 간소화와 운임 부담의 공평, 소규모 운송 작업의 능률화를 위해서 소구급 화물의 집배제를 실시하고 기존의 택급제를 폐지했다.

1. 운임률은 원거리체감으로

1급 운임률은 3급 운임률의 약 2배

2급 운임률은 3급 운임률의 약 1.4배

소구급 화물운임률은 차급 운임률의 약 2배로 하고 여기에 집배비를 가산

2. 운임률의 체감률은 100km까지의 운임률에 대해서

101km 이상 200km까지 30%

201km 이상 350km까지 60%

351km 이상 500km까지 70%

501km 이상 75%

소구급 화물에 대해서는 70%를 최고로 했다.

3. 운임계산톤수는 18톤을 최저로 하고 30톤까지는 품목에 따라서 정하였는데, 적재량이 많은 석탄이나 광석 등의 중량화물에 대해서는 품목 및 사용 화차에 따라서 33톤 및 36톤으로 했다.

4. 소구급 화물은 운임률에 집배비용도 포함하여 일정 구역 내의 집화 배달을 기본으로 하고, 역으로 배달하거나 역에 보관하는 경우에는 여기에서 집배비 각 50전을 공제한다.

5. 최저 운임은 소구급 화물은 1엔, 차급은 표준궤선에서 20엔, 협궤선에서 5엔으로 한다.

할인 운임률 : 할인 운임률은 주로 영업 정책과 사회 정책 및 산업 정책상의 이유에 의해서 특별한 조건 하에서 제한적으로 운임 할인을 이루는 경우에 설정하는 것으로, 이를 적용해야 할 주요 화물의 품목은,

1. 산업 정책상의 이유에 의한 것

(가) 조선 내 산업 장려를 위한 면사, 면직물, 종이, 선철, 강재, 광물, 흑연, 소석회, 석분, 맥분, 설탕, 식염, 소주, 석탄, 코크스, 중유, 시멘트, 도자기, 면양, 비료, 목재, 상판, 곡류, 벽돌, 가마니, 면실, 곡물 제품, 가성소다 등

(나) 중일전쟁 시 생산력 확충을 위한 금광석, 철광석, 갱목, 펄프 원료의 목재, 공업용 소금, 폐품 회수의 금속 조각 및 기타 조각, 사료, 묘목 및 종자, 농기구, 양잠구, 어구, 말, 소 등

(다) 반출 권장을 위한 생사, 옥사, 곡류, 소, 석탄 등

(라) 반출 권장(조선 내 산업상 특수한 필요성에 의해서)을 위한 선철, 석탄, 코크스 등

2. 사회 정책상의 이유에 의한 것

생활필수품인 곡류, 맥분, 식염, 설탕, 된장, 간장, 야채류, 선염 어패류, 면사, 면직물, 땔감, 목탄, 군용 연탄, 한해(가뭄) 복구 재료, 구호품 및 위문품, 만주국 군수품, 이주자 이사화물, 박람회·공진회 등의 출품 물건 등

3. 영업 정책상의 이유에 의한 것

(가) 수출 장려를 위한 곡류, 가축, 감귤, 잡화 등

(나) 통과 장려를 위한 일본발 조선 내 통과가 현저한 잡화 등

4. 사설철도 보호 조장에 관한 것

철도 선로 용품, 철도 차량, 철도 건설용 시멘트, 전선, 전주, 열차 운전용 석탄 및 연탄 등이다.

할인율은 이상의 품목 중 특수한 것을 제외하고

석탄, 미곡, 광석	3.0할 할인
비료	2.5할 할인
코크스, 선철, 목재 기타 생산 확충 물자	2.0할 할인
식염, 야채, 된장, 소맥분 등의 생활필수품	1.0할 할인

으로 하였다. 위와 같은 조치를 취해도 생산비에 중대한 영향을 미치는 광석, 잡곡, 조선 내 소비탄에 대해서는 운임 부담의 증가를 경감시키도록 특별히 과도적인 조치를 강구했다.

연락 운수인 경우의 운임률은 각 운수기관의 지방적 운임률을 각각 적용하는 것을 원칙으로 하고, 일본과 만주, 중국 간의 연락 소구급 화물 및 조선과 만주 간의 연락 차급 화물의 일부에 대해서는 예외적으로 직통 운임률을 설정했다.

또한 운임의 단위는 5전 단위로 절상해서 정리했다.

제4장
영업시설

정거장수

통감부 이후 운수 영업상의 제반 시설이 매년 정비 확충되었는데, 역수도 당시에는 경부와 경인을 합쳐서 보통역 45역, 간이역 5, 경의·마산선의 보통역은 43역으로 전선의 합계가 겨우 93역에 지나지 않았다. 이후 영업 또는 운전상의 필요성에 의해서 기설선 중에 역을 신설하고, 또한 신선 영업이 개시되면서 종전 시에는 총 729역이 되어서 창업 당시에 비하면 약 8배가 되었다. 또한 영업거리는 표준궤선과 협궤선을 포함해서 5,038.3km에 이르렀으나, 그 연장과 함께 이들 연선에서의 지방 산업 및 경제 개발을 촉진하고 문화의 부흥을 가져왔다고 할 수 있다.

다음에 영업 운수상의 제반 시설에 대해서 그 개요를 설명하고자 한다.

부산 해륙 운수 연락시설

창립 당초 초량~부산 구간에는 철도가 연결되지 못하였으며, 또한 관부(시모노세키 부산) 연락선도 초량 앞바다에 정박하고 소형 증기선인 구중환(55톤)과 홍엽환(25톤)이 여객과 화물을 수송했다. 통일 후인 1908년 4월 1

부산역(시모노세키~부산 연락선에 의해서 일본과의 교통의 요충지)

경부철도 개통 당시의 초량역(1905년 1월)

일 부산역의 영업 개시와 함께 선박과 차량 간 연락은 새로운 잔교에 의해서 이루어졌으나, 당시 일본 본토 연락객의 편의를 도모하기 위해서 초량역에 철도국 마크가 새겨진 우산을 비치하고 우천 시 동 역과 잔교 간에 여객이 사용하도록 하였다. 그 후 부산잔교는 수차례에 걸쳐서 개량되어 완비된 대륙의 현관으로 북경행, 신경행 급행열차의 발착지가 되었다.

창업 시의 조선과 만주 간 연락

신의주와 마주보는 안동현 사이에는 1906년 7월부터 신의주역(신의주 강안역) 구내 제2잔교와 안동현 공동 잔교 상호간의 운수에 관해서 압록강도강주식회사와 업무 하청 계약을 맺고, 이 회사 소유의 선박 또는 썰매를 정시 운행하여 여객 및 화물의 연락 운수를 개시했다. 당국은 안동현에 파출소를 설치하여 역원을 파견하고, 회사는 당국 평양출소장의 인가를 받은 업무 취급 책임자를 신의주역에 상근시켜 연락 사무에 종사시켰다. 선박 운항은 1일 2왕복으로 하고 오직 철도와 연결된 여객 하물과 송영자 수송을 담당하도록 하고, 여기서도 여객의 편의을 도모하여 신의주역에 우산을 비치하여 역과 잔교 간에 무료로 사용하도록 하였다. 그 후 1911년 11월 압록강교량이 준공되어 철도에 의한 연락이 완성되면서 자연스럽게 폐지되었다.

최초의 급행열차

급행열차의 전두부 급행열차(1938년 10월, 부산~북경 간 직통 급행 여객열차 운전 개시. 소요시간 38시간 45분. 1939년 11월, '대륙'이라고 명명)

급행열차 '대륙'의 후부

1908년 4월 1일의 열차 운전 시각 개정 시 '급행열차취급수속'을 제정하고, 부산~신의주 간의 융희호 및 부산~남대문 간 제1·제2열차를 급행열차로 지정했다. 이 열차에는 보통열차의 차장 외에 급사, 차량검사수와 함께 새로 여객담당전무차장을 승무시켰다. 또한 1911년 11월 1일부터 운전을 개시한 조선~만주 직통 급행열차에는 여객 취급에 상당한 소양이 있는 자를 승차시키고, 이를 열차장이라고 하였다.

경부철도시대의 여객열차에는 일등차를 연결하는 것을 원칙으로 하고 경부·경인의 양 선에서는 일찍이 일등 여객을 취급하였으나, 경의선에서는 1908년 4월 1일 경부와 경의 직통 급행열차에 일등차를 연결하였다. 그 후 조선철도의 고급 열차에는 일등차를 연결하는 것을 원칙으로 하였다.

1938년 10월 1일부터 경부~북경 간 직통 급행열차 운전을 개시하여 양국 교통사에 신기원을 마련했다. 또한 1939년 11월 1일에는 새로 부산~북경 간에 직통 급행열차를 증설하여 '흥아'라고 하고, 기존의 부산~북경 구간의 직통 급행열차를 '대륙'이라고 명명했다. 모두 소요시간은 38시간 45분이었다.

전망차 내부

1942년 8월 1일부터 부산~신경 구간의 직통 급행열차 '히카리호'를 하얼빈까지 연장 운행하였다(소요시간 36시간). 또한 같은 해 5월 1일부터 경성~목단강 구간에(함경선 경유) 직통 급행열차를 운행하였으나, 1944년 2월 화물열차 증설로 인해서 폐지되었다.

그 후 태평양전쟁이 점차로 치열해지면서 대륙 전가 화물 수송량이 격증(激增)하고, 이로 인하여 여객열차가 감소하고 화물열차가 증가하면서 여객열차 운행은 부득이하게 크게 제한되었다. 이로써 개정된 1944년 10월 1일의 열차 시각표에 의하면 부산발 북경행의 급행 '흥아'는 부산잔교를 18시 25분에 출발해서 북경에는 다다음날 19시 15분에 도착하였으며, 소요시간은 49시간 05분이었다. 이를 전기의 38시간 45분간에 운행하는 흥아와 비교하면 10시간 20분이 연장되었으며, 이와 마찬가지로 36시간에 운행하던 부산~하얼빈 구간의 급행 '히카리'는 45시간 25분으로 9시간 25분이 연장되었다.

부산~북경 구간 및 부산~하얼빈 구간의 열차 및 부산~시모노세키 구간 및 부산~하카타 구간 연락선의 1944년 10월 당시의 운임은 다음과 같다.

구간		연장	1등	2등	3등
		km	엔	엔	엔
부산잔교~북경	열차	2,098.2	223.50	162.55	79.25
부산잔교~하얼빈	〃	1,771.4	166.55	108.85	55.30
부산잔교~시모노세키	연락선		30.00	15.50	7.00
부산잔교~하카타	〃		27.00	14.00	6.50

3등침대차의 사용 개시

1920년 2월 11일부터 부산~경성 구간의 야간열차에 3등침대차를 연결하였는데, 3등침대차 사용은 일본~대륙 간 철도 중 조선철도가 최초로 시도한 시책이었다. 사용 개시 당시에는 이용자가 적었지만, 얼마 후에 이용자가 증가하였다. 또한 연결 구간도 경의선, 경원선, 함경선 및 호남선 등으로 점차로 확대되어 장거리 여행의 필수 요건으로 보급되었다. 그 후 만철 및 철도성에서도 3등침대차를 연결하게 되었다. 1936년 5월부터 3등침대차 이용자에게 모포를 대여하여 한층 편의를 도모하였다.

사철철도와 화차 직통

1921년 10월 당국선과 각 사설철도 간에 화차 직통 취급을 개시하여 양 선을 직통하는 화물 수송을 간편·신속화하였는데, 그 후 사설철도 연락역에 대해서는 국유철도 정거장의 공동 사용, 여객·화물열차의 운전 및 수입금 취급 등에 대해서 세부적으로 협의하여 연락 및 사설철도에 편의를 도모하였다.

주재원 배치

철도 통일 후의 철도의 업적은 매년 양호한 성적을 올렸다. 특히 1910년 8월 한일합병에 의해서 침체 상태였던 일반 경제에 한 줄기의 생기를 불어넣었으며, 조선에서의 사업도 점차로 활황을 띠게 되었다. 또한 조선 만철이 연결되어 일본과 조선, 만주 간의 경제 관계도 더욱 긴밀해지면서 여객 왕래 및 물자의 출입이 증가하기 시작했다. 그러나 일본인 중에는 아직 충분히 조선 사정에 정통하지 못한 점도 있었으므로 1913년 9월 도쿄시 시바구 사쿠라타 본교초에 당국의 영업소를 설치하고 국무 및 섭외 사무 연락 외에 조선철도를 소개하기 위해서 노력했다. 1926년 7월에는 오사카시 기타구 우메다초 철도병원 오사카 하급소 구내에도 출장원을 상근시켜 철도의 여객 및 화물 수송을 안내하도록 하였다. 또한 만주 운수 발전과 함께 북만발 화물 운송 대금 완료에 의한 화물 인환 발행 사무 취급을 위해서 1929년 1월 하얼빈에 영업 직원을 주재시켰다. 그 후 1937년 11월 이를 봉천으로 옮기고 조선과 만주, 중국 운수 사무의 연결, 만주 및 북중국에서의 교통 환경을 둘러싼 제반 정세 자료의 모집 및 정보, 조선철도의 선전 및 조선철도 이용자의 제반 알선 등을 담당하였다.

또한 1937년 12월부터 영업 직원을 시모노세키, 조선, 만주, 중국 안내소에 주재시키고 만주사변 이후 격증한 일본 대륙 간 여객·화물 수송 및 국무, 섭외 사무 연락 및 조선 사정 소개, 선전 등에 만전을 기하였다. 이어서 1940년 5월에는 청진 경유 일본해 항로 개설과 함께 일본 각 항의 중요성을 고려하여 쓰루가(敦賀)시에 안내소를 신설하고 영업 직원을 파견하였다.

시내 하물취급소 설치

한편, 조선에서는 내국통운주식회사와 하청 계약을 체결하였으며, 또한 1926년 10월부터 경성과 부산, 인천, 평양 및 대구 부 내에 각각 하물취급소를 설치하여 수하물 및 속달 대화물 취급을 개시하였다. 그리고 철도의 적극적인 가두 진출에 의해서 화물 수용에 노력하였으며 일반 하주의 편의를 도모하였다.

승인 운송취급인 선정

1908년 2월 주요 역에 승인 운송취급인을 두고 취급한 납부금에 대해서 환불해주는 제도를 마련하였는데, 이 제도는 그 후 만철 위탁경영시대에도 계속되었다. 1929년 10월 31일 '지정운송취급인규칙'을 제정하고, 1930년 6월 1일부터 조선운송주식회사를 지정 운송취급인에 선임, 그 부담 또는 대신 지불에 의해서 철도 보조기관으로 각종 작업을 통괄 수행시켰다.

철도운수위원회 설치

1929년 10월 경성과 부산, 대전, 평양 및 청진에 철도운수위원회를 설치했다. 이 위원회는 각종 운수기관의 화물 운송 개선에 관한 사항을 조사 연구하고, 철도국장의 자문에 대답하고, 의견을 제시하였다. 한편, 이 위원회는 일반 운수에 관한 지식 보급을 위해서 노력하였으며, 운수 기관의 발달을 도모하는 데 필요한 사항을 조사, 연구하였다. 그 후 강계를 제외한 각 철도사무소에 이를 설치하고 소장을 위원장으로 하였으며, 철도국장의 지시를 받아서 대회를 개최하여 업무상 많은 도움이 되었다.

우편물의 열차 우송

조선 내 우편물 : 경인철도 개통 후 곧바로 일본 체신성과 계약을 체결, 기차를 이용한 우편물 우송을 개시하고, 그 후 각 선이 연장되면서 그 구간이 확대되었다. 그 취급 방법에는 우편차에 의한 것 및 우편차 이외의 소하물로 취급하는 방법 등이 있었으며, 우송료도 순차적으로 변경되었다. 1921년 총독부 체신국은 각 지방국에 분산시킨 철도 우편 현업 사무를 신설 경성철도 우편국에 통합해서 한층 신속한 업무를 도모하였다.

이렇게 해서 우편물의 열차 우송은 신선 건설에 의한 영업 개시와 함께 매년 증가하였으며, 그로 인해서 체신국은 주요 선로의 대부분을 계원 취급편으로 하였다. 그 밖에는 우체부 호송 폐낭편 또는 탁송 폐낭편으로 규정하고 철도 우편 선로는 실로 체송 우편의 근간을 이루게 되었다. 한편, 당국에서도 각종 우편차의 개조와 기타 시설을 정비하여 이에 협력했다.

기존 계약에 의한 통과료는 매우 저율로 불합리하였기 때문에, 1936년 이후 체신국과 절충하여 1940년 요율 개정을 중심으로 전면적으로 개정하였다. 즉, 기존에 따로 설정한 국영자동차에 의한 폐낭 우편물 요금을 철도의 경우에는 동일 요금으로 하였으나, 우편차 사용료는 차실 용적에 대해서 철도선박우편법 제10조 소정의 최고한도까지 인상하였다.

일본~만주 간 우편물 : 1906년 당시의 일본~만주 간에 발착하는 우편물은 주로 시모노세키~대련 간 선편에 의해서 우송되었으나, 그 횟수가 적고 불편하였기 때문에 이를 부산 경유 철도편으로 변경할 필요가 있었다. 당시 부산~신의주 구간의 철도 우편차실이 협소했기 때문에 일부 통상적인 우편물만 조선 경유 우송을 실시하였다.

1912년에 이르러 철도 체신수송설비의 충실과 체신성, 관동도독부 및 총독부 체신국과의 절충에 의해서 6월 15일부터 일본~만주 발착 우편물의 전면적인 운송이 실현되어 신기원을 이루었다. 그리고 1917년 4월 1일부터 일본~만주~북중국 간 발착 우편물을 조선 경유로 우송하게 되었으며, 당국은 부산~안동 간 제1·제2열차에 500입방척[10]의 우편차를 연결 수송하기로 하였으며, 그 후 취급 열차와 우편차가 증설되었다.

1936년 11월 일본·간도 및 훈춘착 우편물의 조선 경유 우송에 관하여 협정하고, 그 운송구간을 부산~경성 구간, 경성~남양 구간으로 구분하여 각 열차 및 우편차를 지정해서 같은 해 12월 1일부터 실시하였다.

기타

연락 운수에 대해서는 아시아·유럽 연락을 재개하고 항공기관 및 일본해

---

10) 입방척(立方尺)은 일본에서 주로 사용하는 체적단위로써 1척 ×1척 ×1척의 체적을 1입방척 또는 두(斗)로 한다. 1입방척은 8.333才나 0.02783㎥에 해당한다.

항로와 연락 운수를 개시하였으며, 그 밖에 만주사변 이래 격증한 여객·화물에 대해서 수송시설의 확충 강화 등을 도모하여 각 방면에 걸쳐서 수송에 만전을 기하였다.

제5장
운수 현황

제1절 철도 통일 당시의 상황

일본과 조선 간의 경제 관계는 러일전쟁 후 현저하게 밀접해졌으며 철도 수송 실적도 점차로 양호해졌다. 1907년 4월부터 경부~경의선 직통열차 운전을 개시하고, 또한 화물운임의 통일을 도모하는 한편, 화물의 속달 방법을 강구하고 주요 역에 화물취급인을 두고 출하 권장을 위해서 환불제도를 실시하는 등 수송상의 시설 개선을 위해서 부단한 노력을 하였다. 이런 결과 경제계의 호황과 함께 여객·화물의 수입은 점차로 증가하였다. 1909년에 들어와 전후의 경제 반등의 영향이 점차로 감소하여 여객·화물도 감소하였기 때문에 비교적 수송이 한산한 구간 열차를 폐지하는 한편, 여객·화물의 흡인책을 강구하였다. 그러나 마침 각지에 폭도가 출몰하였으며 콜레라가 유행하다가 결국 겨울철이 되어 매우 심한 혹한으로 일반 여행자가 격감하여 전년도 대비 승차 인원은 11%, 화물 수송량은 3%, 운수 수입은 5% 감소하였다. 그리고 다음해인 1910년 10월에 한일합병으로 제1차 직영으로 이행하였다.

1910년의 여객·화물 운수 성적은 〈표 9-6〉과 같다.

〈표 9-6〉 여객과 화물 운수 성적표(1910년)

평균 영업거리	1,050.0km	지수 100
평균 화물거리	1,055.8km	〃 100
여객 승차 인원수	2,024,490명	〃 100
화물 수송량	902,999톤	〃 100
여객·화물 수입	4,411천 엔	〃 100
1일 1km당 평균 수입	11.45엔	〃 100

제2절 제1차 직영시대

한일합병 후 침체된 경제계도 차츰 회복의 징후를 보였으며, 각종 기업도 부흥의 분위기가 느껴졌다. 석탄과 건축 재료 등 화물의 움직임이 증가하였으며, 또한 풍년으로 인해 곡물 수송은 유례가 없는 호황을 보이고 평남선 개통, 이어서 경원·호남 양 선의 일부 개통과 함께 기존선의 영업 상태도 양호해졌다. 이와 함께 산업 개발과 경비기관 충실에 의해서 일본으로부터의 여객수와 화물 수송량도 증가하였다.

또한 1912년부터 실시한 여객운임 인하에 의해서 근거리 여객이 격증하였다. 그리고 화물 운수는 운임 및 발착 수수료를 인하하고 저렴한 차급제도 신설 및 항구 도착 곡류 운임 인하 등에 의해서 수송량이 증가하였으며, 쌀값 앙등으로 조선인 사이에 만주 조의 수요가 촉진되는 등 1912년의 운수 성적은 전년도에 비하여 여객 승차 인원은 81.1% 증가, 화물은 4% 증가하였다.

1913년에는 왕복 여객의 운임 할인과 각 지역의 추계 공진회 개최, 호남선의 전선 개통 및 일본과 만주 그리고 일본과 중국 연락 운수 취급 개시 등에 의해서 실적은 더욱 향상되었다. 화물은 6월에 이르러 다년간의 현안이었던 중국 관세가 3분의 1로 인하되고, 이와 동시에 만주 무역 제품에 대한 운임 인하에 의해서 기존에 대련을 경유한 일본발 만주착의 면, 면사, 면포, 곡분 등이 조선철도를 경유하게 되었다. 또한 7월에 조선 미곡의 일본 반출세가 철폐되고 철도국 영업 창고가 신축되면서 화물 운송이 활발해졌다. 그리고 1914년 1월부터 일본과 만주 연락 화물 취급을 계기로 국제 화물 운수가 시작되었기 때문에 만주 수출이 증가하여 운수 수입은 전년도 대비 여객 수, 화물 톤수에서 각각 13%, 25%가 증가하였다.

전년 말부터 경제계는 점차로 불황에 빠져 1914년 초 소헌황태후 사망에 의해서 침체기로 들어갔으며, 이어서 7월 제1차 세계대전이 발발하는 등 영업 상태는 약간 부진하였다. 그러나 1916년에 들어와 재계는 어느 정도 회복되고 제1차 세계대전으로 인해서 오히려 일본 경제계는 호황을 맞이하였다. 특히 선박 부족으로 인해서 철도를 이용하는 화물이 격증해서 1917년에 들어오면서 철도 수송은 공전의 성황을 띠기 시작하였으나, 1917년 8월 1일부터 조선철도는 만철의 위탁경영에 들어갔다.

〈표 9-7〉 여객·화물 운수 성적표

종별	단위	1911년		1916년		1917년	
		수량	지수	수량	지수	수량	지수
평균 영업거리	km	1,141.0	109	1,611.0	153	1,731.5	165
평균 화물거리	km	1,140.8	108	1,662.8	157	1,733.2	164
여객 승차 수	명	2,429,687	120	5,288,811	261	7,064,972	349
화물 수송 톤수	톤	1,080,189	120	1,927,360	213	2,513,918	278
여객·화물 수입	천 엔	5,006	113	8,656	196	11,981	272
1일 1km당 평균 수입	엔	11.92	104	14.26	125	18.94	165

비고) 지수는 1910년을 100으로 하였다.

제3절 만철 위탁경영시대

위탁경영을 개시한지 얼마 지나지 않아 출곡기에 들어가 곡류 반출이 3만 톤을 돌파하였으며, 이를 위한 대책으로 영업 창고를 증설하였다. 다음해인 1918년 1월에는 새로 다쿠산 형제상회 기선을 통해서 부산과 오사카 구간에 연대 운수를 개시, 체화 조절을 위해서 노력했다. 또한 재계의 지속적인 호황으로 일본~만주 간의 여객 왕래는 더욱더 빈번해졌으며, 결국 다음해 1919년 4월 전선에 대한 열차 운전 시각 개정과 동시에 경부선에 급행 여객열차를 1왕복 증설하여 대책을 강구하기에 이르렀으며, 그 운수 실적은 2, 3년간 전년도 대비 여객 수는 평균 32%, 화물 톤수는 26%가 증가하여 여객·화물 수입은 모두 35% 이상의 좋은 성적을 나타내었다.

이렇게 계속된 영업 상태의 호조도 1920년에 들어오면서 제1차 세계대전 후의 반등 시기가 되어 그 영향은 즉시 철도에 미쳐서 여객의 왕래가 격감하였다. 또한 화물 운수도 해운계의 쇠퇴로 선박 운임이 크게 하락하였기 때문에 철도 수송은 모두 근거리 항구로 반출되어 더욱더 한산한 상태가 되었으며 여객·화물 모두 불황의 늪을 빠져나오지 못했다.

그 후 일반 재계는 점차 회복되었으며 이에 따른 신선 개통과 사회 기반 구축, 철도 운수기관의 증가에 의해서 여객·화물 수송도 어느 정도 호조를 보였으나, 1923년 9월 관동대지진으로 인해서 일시 침체 상태에 빠졌다. 그러나 그 해는 다행히 미곡 수확이 증가하여 가격은 항상 호조를 유지하였으며, 반면 조선 내의 제철 및 시멘트 공업 등이 회복되어 수송은 약간 활기를 찾았지만 정부의 긴축 정책에 의한 제반 사업의 중지, 이월, 금융 경색 등으로 거래가 위축되어 1924년의 여객·화물의 총수입은 전년도 대비 4.5% 감소하였다. 그렇게 1924년 말을 보내고 만철 위탁경영은 해제되고, 직영으로 환원되었다.

〈표 9-8〉 여객·화물 운수 성적표

종별	단위	1918년		1923년		1924년	
		수량	지수	수량	지수	수량	지수
평균 영업거리	km	1,770.4	169	1,900.6	181	1,995.4	190
평균 화물거리	km	1,773.1	168	1,904.6	180	1,997.9	189
여객 승차 수	명	9,367,023	463	16,760,483	828	17,487,874	864
화물 수송 톤수	톤	2,650,368	294	4,305,245	477	3,855,289	427
여객·화물 수입	천 엔	17,040	386	30,371	688	2,902.8	658
1일 1km당 평균 수입	엔	26.34	231	43.57	381	39.81	348

비고) 지수는 1910년을 100으로 하였다.

제4절 제2차 직영(제1기)시대

1925년 4월 직영 환원 후 매년 경제계가 회복하여 쌀 반출과 조의 수입, 기타 각종 건축 자재의 수송이 활발해졌으며, 1927년 4월경 일본 전국에 실시된 모라토리엄(지급 유예) 실시로 인한 충격 속에서도 호황을 유지하였다.

1928년 9월 이후에는 함경선 전선이 개통된 결과 함북 방면에서 목재와 석탄 등이 남하하였으며, 1929년에는 이원철산선과 차호선의 영업이 개시되면서 이 연선 광석의 반출 및 함경남도 흥남 유안공장의 조업과 이의 출하 개시 등에 의한 새로운 생산 분야 개척으로 수송량 증산을 가져왔다. 또한 같은 해 9월 경성에서 개최된 시정 20주년 기념박람회를 계기로 각종 회합에 의한 여객의 왕래도 빈번해져 여객·화물의 운수 성적이 양호하였다.

1930년에는 전기 하반기경부터 시작된 긴축 정책 및 은 가격 하락의 영향이 점차로 현저해지고 4월 1일부터 미터법 실시와 함께 일부 여객·화물의 운임 저하를 도모하여 회복을 위해서 노력하였으나, 결국 심각한 세계적인 불황의 여파를 피하지 못하였다. 또한 1931년에는 전년의 불황 속에서 만주사변이 발발하여 병력이 수송되고, 그 해 12월의 정변에 따른 금 수출 재 금지 실시에 의한 일반 물가 상승이 우려되는 가운데 철도 수송은 어느 정도 활황을 띠었으나, 전반적인 불황은 1932년 상반기에도 탈출하지 못했다.

그러나 1932년 하반기 이후 일반 인플레이션에 의한 철도 수송의 전면적인 증가는 1933년 이후의 운수 수입에도 현저하게 반영되었다. 즉, 1932년 3월에 성립한 인근 만주국의 견실한 발달에 따른 교통 증가는 일반 여객의 왕래를 빈번하게 하고, 만주 주둔 병력 교대 수송은 더욱 철도 수송을 활발하게 하였다. 한편, 도문선과 혜산선, 만포선, 동해북부선, 백무선 등의 신 건설선이 경제 지점에 도달하고 새로 석탄과 목재 등의 대량 유통이 촉진되어 세계적인 경제 불황 속에서 일본만 군수 공업 경기, 만주 건국 경기, 인플레이션 경기 등으로 인하여 경제적으로 발전하였는데, 이는 여객·화물 수송을 호황으로 이끌어 조선철도 수송 부문에서 기록적으로 발전하였다. 즉, 1935년의 운수 실적을 제1차 직영을 개시한 1910년에 비교해 보면 여객승차 수는 14.5배, 화물 수송 톤수는 9.6배, 여객·화물 운수수입은 12.7배로 증가하였다. 당시의 1일 1km 평균 수입은 11.45엔에서 4.2배 증가한 48.37엔으로 빠르게 높아져 3배의 영업선 연장에 비하여 운수량의 증대는 괄목할 만한 것이었다.

〈표 9-9〉 여객·화물 운수 성적표

종별	단위	1925년		1931년		1935년	
		수량	지수	수량	지수	수량	지수
평균 영업거리	km	2,096.2	200	2,938.3	280	3,159.5	301
평균 화물거리	km	2,098.5	199	2,937.6	278	3,158.2	299
여객승차 수	명	18,241,062	901	19,673,704	972	29,344,188	1,449
화물 수송톤수	톤	4,366,297	434	6,025,150	667	8,667,642	960
여객·화물 수입	천 엔	30,709	696	35,887	816	55,972	1,269
1일 1km당 평균 수입	엔	40.09	350	33.44	292	48.37	422

비고) 지수는 1910년을 100으로 하였다.

제5절 제2차 직영(제2기)시대

1932년 이후 일본 국내에서 발생한 인플레 경기가 조선반도에 파급되어 조선 경제 약진의 기초적인 제반 조건이 서서히 성숙하고, 일본 자본 유입이 급증하여 조선의 산업 조건은 매년 광공업의 획기적인 발전을 가져왔다. 한편, 농산물 가격의 앙등, 농산어촌의 경기 부흥과 함께 조선의 경기가 살아났으며, 철도 수송면에서는 계속해서 1936년에도 호황을 띠어 전년도에 비하여 여객 승차인원은 14.9%, 화물 수송톤수는 15.1% 증가하였다. 이로 인해 1일 1km당 평균 수입은 처음으로 50엔을 돌파하게 되었다.

1937년에는 중일전쟁 발발에 의한 특수 수송과 함께 병참기지로서 군수공업이 발달하였으며, 반도 경제도 점차로 장기화되면서 물자와 교통 동원 계획을 바탕으로 본격적으로 전시체제로 재편성되고 생산력 확충을 위해서 중요한 일익을 담당하게 되었다. 또한 광공업 및 이에 따른 전기공사와 철도 건설, 기타 공장 건설도 함께 대두되어 이들 건설 자재 및 생산품 수송이 약진하는 한편, 만주국·북중국 방면의 발전에 따른 철도 운수는 현저하게 발전하여 1940년까지 전년도 대비 성적은 여객이 25~38%, 화물은 16~22%가 증가하였으며, 1940년의 성적은 전기 말 1935년에 비하여 여객 승차인원은 2.8배, 화물 수송톤수는 2.3배, 1일 1km 평균 수입은 2배로 증가하였다.

1941년에는 시국 산업을 중추로 하는 광공업의 호황을 반영해서 전면적으로 수송량이 증가하였으며, 또한 만주국·북중국 방면의 경제 건설 진행에 따른 장거리 여객·화물 증가에 의해서 전년도에 이어서 수송은 활발하였다. 그러나 상반기의 특수 수송 및 전시 통제의 본격적인 발전에 따른 일반 경제계를 반영해서 여객·화물 모두 그 증가율은 둔화되었으며, 1942년에도 계속해서 수송 제한 영향으로 여객·화물의 증가율은 실질적으로는 저조하였다.

1943년에는 조선 내 산업의 비약적인 호황에 의해서 여객·화물의 수송량이 증가하고 또한 장거리 수송 및 육로 전가 화물 수송이 매년 증가하여 일부 여객을 억제할 정도였다. 이를 전년도 실적에 비교해 보면 여객은 18% 증가, 화물은 6% 증가, 수입은 각각 20% 증가하였다. 화물의 증가는 미약하였지만 수송거리 연장에 의해서 화물의 연장 톤수와 거리는 공전의 격증으로 전년도 대비 33% 증가하였다.

1944년에는 태평양전쟁의 영향으로 일본 국내 자급체제 확립에 따른 대륙 전가 물자의 수송 증가 및 조선 내 전력 물자 증산에 의한 수송 증가 요청에 대응하여 전가 화물에 대해서는 전년도의 3배인 500만 톤, 일반 화물에 대해서는 18% 증가한 3,100만 톤으로 총 3,600만 톤의 수송과 연간 영업거리는 전년도 대비 50%가 증가한 수송력을 확보하도록 하고, 여객에서는 전년도 대비 24%로 대폭 규제하여 수송 계획을 수립했다.

그러나 이에 대한 화물의 수송 실적은 다음과 같으며, 계획의 86% 정도에 지나지 않았다.

일반 화물	상반기	1,508만 톤(97.2%)	하반기	1,254만 톤(80.9%)	합계 2,762만 톤(89.6%)
전가 화물	상반기	189만 톤(75.6%)	하반기	151만 톤(60.4%)	합계 340만 톤(68.0%)
	계	1,697만 톤(94.3%)	계	1,405만 톤(78.1%)	합계 3,102만 톤(86.2%)

( )는 계획 대비

상반기에 일반 화물은 순조로웠지만, 전가 화물은 선박 배치 감소에 의해서 7월 이후 부산 항구의 적재 누증과 출발지의 사정으로 인해서 계획의 75.6%를 수송하는 데 지나지 않았으며, 하반기에는 남선 여러 항구 적재 누증 및 부두 하역 능력 부족으로 인해서 열차 운행이 원활하게 이루어지지 못하였다. 또한 11월 하순 이후에는 운전용 석탄의 미증유(未曾有)의 핍박에 의해서 일부 열차의 운행을 중지하여 부득이하게 화물 수송은 극도로 위축되었다.

또한 여객 수송은 1944년 초부터 결전 비상조치에 의해서 제한을 단행하였으나, 하반기에 운전용 석탄 부족에 의해서 더욱 압축을 강화했기 때문에 전년도에 비하여 처음으로 17.2%가 감소되었다.

제2기의 운수 실적은 다음의 〈표 9-10〉과 같으며, 처음으로 총독부 직영이 된 1910년에서 35년이 지난 1944년을 비교해 보았는데, 이 사이 사회 정세가 많이 변하긴 하였지만 철도 총연장이 4.7배였던 것에 비하여 여객 승차인원은 52배, 화물 수송톤수는 34배에 이르러 수송량 증대는 철도 사상 유례를 찾아보기 힘든 비약적인 발전을 이루었다. 또한 수입면에서는 화폐 가치를 고려해도 상당히 증대하였다.

최대 여객 승차인원은 1943년의 1억 2,847만 명이며, 최대 화물 수송톤수는 1944년의 3,102만 톤이었다.

〈표 9-10〉 여객·화물 운송 성적표

종별	단위	1926년		1940년		1943년		1944년	
		수량	지수	수량	지수	수량	지수	수량	지수
평균 영업거리	km	3,455.0	329	4,252.9	405	4,565.8	435	4,991.9	475
평균 화물거리	km	3,453.7	336	4,253.7	403	4,567.5	433	4,996.9	473
여객 승차인원	명	33,708,178	1,665	82,088,740	4,054	128,468,951	6,345	106,372,624	5,249
화물 수송톤수	톤	9,980,227	1,105	20,449,978	2,265	27,541,257	3,050	31,015,290	3,435
여객·화물 수입	천엔	64,446	1,461	153,374	3,477	290,337	1,582	364,739	8,270
1일 1km당 평균 수입	엔	51.07	446	98.72	862	173.62	1,516	200.73	1,753

비고) 지수는 1910년을 100으로 하였다.

여객·화물 수송량의 상승 경향은 만주국 건국 이후 1934년경부터 시작하여 중일전쟁 진행에 의해서 증대한 것으로, 1932년 이후의 누년 대비 전년도 증가율은 다음 표와 같다.

연도별	여객 %		화물 %		비고
	인원	수입	톤수	수입	
1932년	4	9	4	4	
1933년	8	14	16	11	
1934년	15	17	6	13	
1935년	15	14	13	10	
1936년	15	16	15	16	
1937년	6	16	14	21	
1938년	25	30	22	18	
1939년	32	45	26	20	
1940년	38	32	18	10	
1941년	10	12	13	15	
1942년	21	50	12	27	
1943년	18	20	6	20	
1944년	–17	21	13	13	

제6절 1945년 초 국유철도 수송 형세와 그 실적

대일 전가 화물의 군사 수송 처리

최고전쟁지도자회의의 결정에 따라서 대일 중요 총동원 물자의 수송을 확보하기 위해서 대륙철도 수송(대륙 중계항에서의 선박 상·하역 작업 포함)을 군사 수송으로 처리하게 되어 1945년 3월 1일부터 실시되었다. 군사 수송으로 처리해야 할 중요 총동원 물자의 범위는 조선과 만주, 중국에서 대륙철도를 통해서 조선 항만을 중계항으로 일본에 환송되는 것이다. 발송지에서 중계항, 선박 탑재 작업에 이르기까지의 군수품으로 육군의 책임 하에 처리되며, 대륙철도 수송 계획 및 처리는 대륙철도사령관이, 선박에 대한 상·하역 작업은 선박사령관이 담당했다.

조선철도 군사 사용에 관한 칙령 실시

조선철도는 1945년 3월 10일부터 철도 군사 사용에 관한 칙령(1942년 7월 17일)이 실시되었으며, 군사 수송 실시 시에 교통국장은 다음과 같이 육군 관헌의 지휘 감독을 따랐다.

1. 조선철도에서의 군사 수송은, 조선과 만주에 일관되는 사항은 관동군사령관에 위임하며 대륙철도사령관의 지휘 감독을 받는다.
2. 마찬가지로 조선과 만주에 일관되지 않는 것은 조선군관구사령관에 위임하며 대륙철도사령관의 지휘 감독을 받는다.

수송 실적 : 1945년 4월 공습이 치열해지는 정세 하에서 결전 수송을 개시하였는데, 4, 5, 6월 3개월간의 수송 완수는 매우 긴박한 일대 사명으로, 전국이 필사적으로 모든 어려움을 타개하고 수송 완수를 위하여 노력했다.

이 기간에는 군의 요청에 따라서 군사 수송 완수를 제일로 대일 대륙 물자의 수송 완수에 노력하는 한편, 조선 내의 중요 총동원 물자와 조선, 만주, 중국 교류 총동원 물자의 긴요한 수송 완수를 도모하여 수송력을 최대한으로 발휘하고, 이를 위해서 열차의 운행 시각을 변경하였다.

여객열차는 기존에 비하여 더한층 축소하여 조선 주요 구간에서도 직통 2선 정도로 하고, 부산~신경 구간의 급행 1선만 남기고, 나머지는 전부 중지하였다. 화물 수송에서도 일반 수송은 기존 수송량을 반감하였기 때문에 조선 내의 중요 물자 소송에 막대한 영향을 미쳤다. 조선 내의 경제 산업 부문에는 일부 치명적인 영향을 미쳤지만 부득이하였다. 또한 군사사용에 관한 칙령 실시와 함께 철도대가 진출하여 철도 방위 완비, 수송 강화에 응급적인 조치를 강구했다.

대일 대륙 물자의 남선 중계 수송 경로는 공습 격화와 함께 위험성이 증대할 우려가 있었으므로 이를 북선 항만으로 전환하도록 계획하고, 이에 대응하는 항만 및 철도에 관해서 최대한 강화를 서둘렀다. 이렇게 해서 6월 하순 군사 수송과 대일 대륙 물자를 중심으로 하는 결전 수송은 순조롭게 이루어졌지만, 일반 화물 및 여객 수송에 미치는 영향은 막대하였다.

수송 실적은 다음과 같다.

	화물 수송 총톤수	그 중 대일 전가	그 중 조선 내 군자	여객 수송 환산 인원 (통과 인원 미포함)	
4월	2,364,645톤	387,543톤	359,380톤	**4월**	7,203,174명
5월	2,750,433톤	400,869톤	453,680톤	**5월**	7,249,347명
6월	2,635,558톤	273,665톤	490,296톤	**6월**	6,834,076명
7월	2,170,052톤	258,303톤	496,391톤	**7월**	6,652,060명

제6장
연락 운수

제1절 국내 연대 운수

대일 연대

조선과 일본 간 연락이 근대적인 교통 기관에 의해서 구체화되고 강화된 것은 멀리 노일전쟁이 시작되고 경부철도가 전선 개통된 지 얼마 되지 않을 무렵이었다. 1905년 1월 경부철도 개통과 동시에 산요·규슈 철도 각 역 및 도카이도선 사이에 연대 운수가 시작되었으나, 처음에는 부산항 경유 산요철도 간에 여객과 화물을, 또한 규슈철도 및 도카이도선 간에 여객·화물 및 수하물의 연대 운수를 개시하고, 또한 1907년 12월 경의·마산 양선과 철도청선 각 지정 역 상호간에 화물의 연대 운수를 개시하였으며, 다음해인 1908년 4월에는 주요 지정 역에 한정된 취급을 전선 각 역으로 확장하였다.

철도청선과 시모노세키~부산 연대 개시 이전의 사용 선박은 겨우 200~300톤 내지 1,000톤 정도로 그 항해에 20시간 이상을 필요로 하며, 운행 빈도도 낮아 그 불편함은 말로 다 표현할 수 없었다.

경부철도와 산요철도와의 연대 운수 개설에 의해서 산요철도 방계회사였던 산요기선(주)은 미쓰비시 나가사키조선소에서 여객·화물선인 일기환, 대마환(1,679톤급 여객 정원 280명, 화물 적재량 300톤) 2척을 건조하고, 1906년 9월의 준공을 기다려 일기환을 야간편으로 연락을 개시하였다. 그리고 대마환이 같은 해 11월 취항함으로써 비로소 시모노세키~부산 연락이 시작되었다. 러일전쟁 후 전 국가적으로 경제적 발전에 매진하기 위해서 다시 만나 시작된 이 연락 운수는 실로 조선과 일본 간 교통사상 획기적인 일이었다. 양 선은 매일 교대로 출항하였으며, 소요 항해 시간은 13시간이었다.

1906년 산요철도의 일본 정부 매수와 함께 철도원으로 이관되고, 다음해 1907년 3월에는 신바시~시모노세키 구간에 급행열차 운전이 시작되었다. 그리고 여객·화물도 점차로 증가해서 일기·대마 양 선만으로는 배가 부족하였다. 그러므로 1907년 8월에 회하산환(1,004톤, 여객·화물선)을, 다음해 1908년에는 융마환(隆摩丸 1,900톤 여객·화물선)을 용선해서 매일 주야 2편으로 상대방으로부터 출항하게 되었다.

1910년 한일병합과 함께 여객·화물이 더욱 증가하고 재래의 용선으로는 수송에 만전을 기하기 어려운 상태가 되었기 때문에, 1911년 대형선 사쿠라환(3,000톤)을 용선하는 것 외에 화물선을 용선해서 수송에 노력하였다. 다음해인 1912년 6월 아시아·유럽 국제 열차를 부산~장춘 구간에 직통 운전하는 데 있어서 주행편을 급행 운전으로 하였다.

이 항로는 교통의 요지이므로 철도원은 고베 가와사키조선소에서 건조한 고려환을 1913년 1월부터, 신라환(모두 3,021톤 여객 정원 675명, 화물 적재량 450톤)을 같은 해 4월부터 취항시키고 야간 운행 전용으로 수송에 충실을 도모하였다. 그리고 1915년에는 석탄 운반선인 다희환(1,200톤)을 배속하여 화물 전용으로 하였다. 그 후 수송력 증강과 속도 향상을 위해서 고속선 건조의 분위기가 고양되어 철도성은 1921년에 고속 터빈선을 고베 미쓰비시조선소에 주문하고, 제1선 경복환은 다음해 1922년 4월에, 제2선 덕수환은 1922년 10월에, 제3선 창경환은 다음해 1923년 3월(3,620톤, 여객 정원 980명, 화물 적재량 250톤)에 각각 취항시켰다. 이 3척으로 주야 운행을 반복하고, 다희환 외에 고려환을 화물편으로 전용해서 용선을 폐지하고 일기환, 대마환을 다른 항로에 전속시켰다.

그 후 매년 여객이 증가하면서 1935년 6월 일약 7,000톤급 대형선 2척을 미쓰비시 나가사키조선소에 주문하고 다음해인 1936년 11월부터 금강환, 1937년 1월부터 흥안환(7,080톤, 여객 정원 1,747명, 화물 적재량 900톤)이 야간 운행 전용으로 취항하고 경복환을 주간 운행으로 전용했다.

중일전쟁에 의한 동아시아의 새로운 정세에 의해서 일본과 조선, 만주 및 북중국 몽골 방면으로의 교통은 더욱 빈번해졌으며, 특히 연말 전후의 교통은 혼란이 매우 극심했다. 따라서 이에 대응해서 열차 운전의 증강도 필요하였으며, 편안하며 신속한 대륙 여행을 도모하기 위해서는 시모노세키~부산 연락 외에 시모노세키항과 여수항을 연결하는 시모노세키~여수항로 및 그 밖의 연락 항로 활용이 필수 정세가 되었다.

시모노세키~여수항로에 의한 연대 운수는 1930년 12월 이래 남조선철도회사와 가와사키기선 사이에 실시되었는데, 1936년 3월 남조선철도회사선을 당국이 매수한 후 이를 지속적으로 철도성선과 당국 지정 역 사이에 실시한 것으로, 관련 정세에 대해서 조선철도국으로는 오랜 숙원 사업이었던 국철에 대항하도록 하고, 또한 새로 고능률의 연락 항로를 개설해서 시모노세키~부산 간을 5시간 정도로 운행하는 고속선 건조 계획도 세웠다. 그러나 국철 측은 분위기를 파악했는지 시모노세키~부산 연락 항로의 증강을 적극적으로 실시하고 대형선 천산환(7,900톤) 건조에 착수했다. 또한 1940년 1월에는 일기환, 1941년 4월에는 대마환의 2화물선이 취항하고 1942년 9월에는 천산환 그리고 1943년 4월에는 개륜환의 대형선(천산환과 동형)이 취항하고 같은 해 7월에 항로의 복수제를 취하게 되었다. 또한 하카타~부산 구간의 항로를 개설하였으며, 이 항로에는 덕수환과 창경환의 2척이 배속되어 연간여객 72만 명, 화물 150만 톤의 수송이 계획되었다.

그러나 전세는 더욱 치열해져서 개륜환은 1943년 10월 5일에 미군 잠수함의 어뢰 공격을 받아서 침몰하고, 1945년 4월 1일에는 흥안환도 어뢰에 의해서 운행이 불가능해졌다. 또한 5월 27일에는 금강환도 기뢰를 맞아서 손상되고 하카타항 내에서 좌초되었다. 마침내 7월 29일 천산환은 미 함재기의 공격을 받아서 침몰하고, 이어서 다음날 30일에는 창경환도 폭격을 받아서 침몰했다.

사설철도 연대

조선 내 사설철도와의 연락은 1910년 1월 1일 부산 궤도회사선 온천장(후에 동래역으로 개칭)과 부산, 초량의 2역간에 여객 수하물 취급을 개시하였는데, 이는 조선 내 사철과의 연락 운수의 효시로 그 후 1914년 11월 전북경편철도와 여객 연락 운수를 개시했다. 그 후 각 사설철도와 당국 경유 철도성에서의 여객 수하물 및 화물을 일본해 기선을 통해서 연대운수하고, 철도성 오사카상선 및 일본 우편선을 통해서 대만 국유철도 간에도 여객, 수화물 및 화물의 연대 운수를 실시하였다.

기선회사 연대

대안 항로와의 연대는 1907년 6월 먼저 일본 우편선 회사와 협정해서 북선의 화물 연락운수를 정하고, 같은 해 8월 오사카상선 회사와 그 후 요시다 회조점, 조선 우편선 회사, 아파 공동 기선 회사와 각각 연락 운수 취급을 개시하고, 1918년 8월 오사카상선, 조선 우편선을 통해서 함경북부선 각 역간에 화물의 연대 운수를 개시하였으나, 1928년 9월 함경선 전선 개통에 따라서 이를 폐지했다.

그 후 몇 개의 신설이 개폐되었으나, 점차로 조선 우편선, 사와야마 기선,

아와노구니 공동 기선, 조선 기선, 마쓰모토 기선, 가와사키 기선 및 일본 기선 간에 조선 내 각 항, 일본과 만주 또는 중국용 화물 그리고 일부에 여객 수화물을 취급하고 철도성을 통해서 오사카상선 또는 일본 우편선 대만 항로 간에 여객 수화물 및 화물 연대 운수를 실시하였다.

자동차 연대

조선 내 지방 자동차와의 연대는 1921년 10월 가타쿠라 식산회사가 경영하는 진남포~용강 온천장 간 자동차 노선 간의 연대 운수 취급을 효시로 이후 신설이 개폐되었으나, 이들 자동차와의 연대 운수는 주로 온천장 유람 및 요양객 유치를 목적으로 하였다. 그 밖에 일부에는 당국선 미개통 구간 운수에 이용하였다. 경남자동차 외 27개사와 여객 및 수화물을 또한 조선운송 자동차 및 공흥자동차회사와 수화물 및 화물의 연대 운수를 실시하였다.

항공 연대

1936년 9월 20일부터 대일본항공(주) 및 만주항공(주)(철도성선, 대만 총독부 교통국선, 일본 우편선 및 오사카상선 기융항로 발착 및 경유 포함) 간에 여객, 수화물의 연대 운수를 개시하고, 다음해 1937년 4월 15일부터 만철 소관 철도선에, 또한 1938년 6월 1일부터는 중화항공로에도 이를 미치고 수화물의 연대 운수도 추가하였다.

제2절 조선과 만주 연락 운수

만철과의 연락

조선철도국과 남만주철도(주)는 정치·경제상 밀접한 관계이며, 조선~만주 간 교통 강화를 위해서도 일찍이 연락 운수를 실시하였는데, 그 개요는 다음과 같다.

1907년 9월 조선 내 전선 각 역과 안동현 간에 여객 및 수화물의 연락 수송의 길을 열었으며, 안동현에 신의주역 파출소를 설치하고 압록강에 연락소 증기선(겨울철에는 썰매 사용) 운항을 개시하였다. 그러나 조선과 만주 간의 경제 관계가 밀접해지면서 1909년 4월 취급 구간을 안봉선 각 역으로 확장했다. 이어서 같은 해 10월 조선선 각 역과 만철선 대련 외에 12역간에 여객 수화물의 연락취급을 개시하는 한편, 조선~만주 전선의 각 역에서 소구급 화물을 취급하였다.

1911년 11월 조선~만주 직통열차 운행에 의해서 여객, 수화물 취급역을 안봉선 각 역 및 조선선 주요 역으로 확장하는 한편, 동시에 실시된 조선~만주 지정 역간 화물 및 조선선 경유 만철선 안동역과 철도원선 간 여객 소구급 화물의 연락 수송 등에 의해서 발착 여객·화물이 급격하게 증가하였다.

철로총국과의 연대

1932년 3월 만주국 건국에 의해서 만주 국유철도는 만주국 철로총국에서 경영하게 되었으며, 지정 역간에 여객, 수화물 및 화물의 연대 운수(만철선 경유 포함)를 실시하고 철도성, 대만 총독부 교통국선 및 역산기선 간에 당국선을 통과하는 것에 대해서 이를 실시하였다. 그러나 만주국은 동국국유철도 건설공사 및 철도 경영을 만철에 위임하였기 때문에 만철은 다음해인 1943년 3월 1일 만주국 정부와의 협정을 바탕으로 철로총국을 봉천으로 옮기고, 철로건설국을 본사 내에 설치하였다. 이어서 철로총국 신설 연장과 함께 1936년 7월 1일부터 화물 연대 운수의 범위를 만주 전 지역의 주요 역과 당국선 각 역 및 당국선 경유 철로총국선과 역산기선 간으로 확장했다.

이어서 다음해 1936년 3월 20일부터 당국선 경유 철도성선과 철로총국선 간에 화물을, 또한 1936년 9월 1일부터 당국선 경유, 대만총독부 교통국선과 철로총국 간의 여객 및 소화물의 연대 운수를 개시하였다.

그 후 만철에서는 1936년 10월 1일부터 봉천에 철로총국을 설립하고, 동시에 철도부와 북선철도관리국 및 철로총국을 폐지하였다. 그리고 이들 각 부국 소관선은 모두 철로총국이 관리하게 되었다. 이와 함께 기존의 만철선은 사선, 철로총국선은 국선, 또한 신설의 북선철도사무소 소관선은 북선선이라고 부르고, 철도의 일원적인 경영에 따른 영업 제반 규정의 정비 통일을 계기로 1938년 1월 1일부터 기존 여객 및 수화물 취급역은 만철 사선의 지정역에 한정된 것을 각 역으로 확장하였다. 아울러 그날부터 당국선 경유 조선철도회사선과 금강산전기철도회사선 및 신흥철도회사선, 만철 소관선 각 역 간에 여객과 수화물의 연대 운수를 실시하였으며, 나아가 1940년 10월 이후 조선 내 각 사설철도 간에 연대 운수를 개시하였다. 연락 운수 사무에 대해서는 당국과 성, 만철, 대만철도, 기타 관계 운수사업자가 모여 일본, 조선, 만주, 대만 등에서 매년 1회 서로 연락회의를 개최해서 사무 처리상 매우 큰 도움이 되었다.

제3절 국제 연락

중화민국과의 연락

중국과의 교통 상태는 1913년 경봉철도 간에 실시된 연락 운수를 효시로 하고, 이후 점차 범위를 확장해서 철도성, 조선철도국 및 만철과 북녕(경봉), 평완, 평한, 정대, 용해, 진포, 경호(베이징~상해) 및 호항용 및 교제(산동)의 각 철도 사이에 여객 및 수화물 연락 및 수화물의 대금 인환소를 인정하였다. 한편, 앞의 중일 연락 철도와 관계가 있는 기선회사를 추가해서 중일

주유권 및 중일 순유권 발매를 협정하였다. 그 밖에 중일 연락 단체객 및 왕복승객에 대하여 할인을 실시하였다. 만주사변 발발 이래 각종 사정에 의해서 한때 그 취급을 중지하였으나, 1937년 5월 15일부터 새로 북녕철로관리국선의 도착 화물 운송을 개시하였다. 이어서 중일전쟁을 계기로 북중국의 치안 확립과 함께 중일간의 교통 연락 운수가 부활되는 분위기가 형성되고, 여객과 수화물은 조선철도국, 철도성, 만철선, 오사카상선, 근해우편선, 북일본 기선, 일본해 기선, 대련 기선의 각 항로와 북중국 사무국(화북 교통)선 간, 또한 화물은 조선철도국 철도성, 만철, 오사카상선, 근해우편선, 아오노구니 공동 기선의 각 항로와 북중국 사무국선 간에 1938년 10월 1일부터 연락 운수 협정이 이루어졌다. 그리고 여기에서 중일 국제 여객 및 수화물 연락 운수 협정은 이를 해소하고 이후 일본과 만주, 중국 연락 운수를 실시하였다.

이어서 동아의 약진에 따라서 여객·화물의 수송량은 현저하게 증가하였으므로, 1939년 9월 20일부터 당국선과 화중철도 간에 철도성과 일본 우편성, 상해 항로 경유의 연락 운수를 개시하였다. 그 결과 중일전쟁을 계기로 일본과 만주 간의 교통은 획기적인 진전을 보았기 때문에 앞에서 기술한 것 이외로 새로 조선 우편선 항로 경유 및 취급역을 확장해서 대륙 교통에 기여했다.

아시아·유럽 연락

조선과 만철 직통으로 연결되어 조선의 철도는 아시아·유럽 교통의 최단 경로가 되었으며, 먼저 1914년에 일본과 만주 및 일본과 만주 연락을 시작하였다. 그러나 제1차 대전 발발로 인해서 중지되었다. 1925년 2월에 이르러 러·일 수교 협약이 성립되고 양국 철도 당국 간에 철도 연락 운수 복구의 분위기가 형성되었다. 그리고 같은 해 9월부터 러시아의 수도 모스크바에서 관계 운수 기관 대표자의 제1회 연락회의가 개최되었다. 그러나 협정은 동중국 철도 탈피에 의해서 이루어지지 못하고, 1926년 10월 베를린에서 개최된 제2회 연락회의에서 소비에트연방 외에 독일, 벨기에, 프랑스, 이탈리아 등 기타 각국의 철도도 여기에 참가하고 연락 운수 규칙 기타 사항을 결정하였다. 그리고 1927년 8월 1일부터 실시를 시작하였으나, 준비 기타 관계상 소비에트 이외의 각국 철도는 동시에 연락 운수를 실시하지 못했다. 그러나 다음해 1928년 8월 30일부터 프랑스와 벨기에 철도를 제외한 관계국에서 이것이 실시되었다. 그리고 다음해 3년에 프라하에서 개최된 제4회 연락회의에서 네덜란드와 영국 철도 및 기선도 참가해서 여객의 연락 운수에 가입했다.

이어서 1937년 1월부터 소비에트연방을 경유해서 일본과 에스토니아, 라트비아, 리투아니아, 독일, 폴란드 간의 화물의 연락 운수를 개시하고, 또한 1940년 6월 1일부터 일본과 독일 국유철도 간에 있어서 새로이 모스크바, 그라제보(Grajewo, 폴란드), 프로스트키(Prostki) 경유 모스크바, 자레바(Zarena, 폴란드), 마르킨 경유 및 모스크바, 프레스트리토바스크, 텔레마포르를 경유한 유럽 측 신경로 화물의 잠정적 연락 운수 취급을 협정하였다. 하지만 1941년 6월 독일과 소비에트연방 간의 전쟁 발발과 함께 연락 운수는 불가능한 상태가 되었다.

제7장
부두 경영

개요

해상 육로 수송의 일관적 수송력 강화의 견지에서 해상 육상 접합 지점인 부두의 업무는 단순히 항만시설뿐만 아니라, 육상 수송 부문 외에 해사 행정 및 세관 행정을 포함한 광의적인 의미를 갖는다. 특히 조선에서의 항만은 그 중 중계항적인 성격을 고려하여 1936년 여수항을, 1940년에는 청진부두를 경영하였다. 1944년 교통국 기구 개정과 함께 부두국을 새로 설치하고 기존의 수송 부문에 추가하여 부두 관세 행정의 성격을 명확히 하여 부두라는 형태가 부두와 부두국의 두 가지로 구분되어서 탄생했다. 즉, 기존의 관념에서 수송과 세관은 전혀 다른 성격으로 고려하였는데, 교통국이 새로 발족할 때 양자를 합하여 종합 수송력의 강화를 단행하였다.

여수부두 : 이 부두는 남조선철도(주)의 부두를 1936년 이 철도 매수와 함께 철도국에서 관리하게 되었다. 당국은 부두 사용 규칙에 따라서 운영하고, 부두 작업에 대해서는 작업인지정제(조선해륙운수(주)에 한하여 인정하였다)에 의해서 운영되었다.

조선내륙운수(주)는 1943년 12월 조선운송회사를 개칭한 것이다.

청진부두 : 1933년 칙령 제258호에 의해서 북선 지대의 철도를 만철의 위탁경영으로 하고, 아울러 청진, 웅기, 나진의 제 항구도 만철에 경영을 시켰다. 그 후 북선 및 동북만주지방의 정세 변화에 따라서 1940년 7월 청진항 및 청진~상삼봉 간의 환원 시에 청진항은 당국의 경영으로 새로운 정세의 요청에 따라서 철도와의 종합 운영과 부두를 정비하였다. 그 경영 기구는 당초 청진항역에 포함되었는데, 1943년 6월 1일부터 청진항역 전부 및 청진역의 일부를 함께 청진부두라고 개칭했다.

부두 영업 과목 및 성적은 〈표 9-11〉과 같다.

〈표 9-11〉 부두 성적표

과목	단위	1940년 (1940. 7.~1941. 3.)	1941년	1942년
계류 선박	척	434	687	642
	톤	1,292,149	1,865,896	979,959
승선객	명	33,122	34,191	13,665
하선객	명	33,703	40,309	15,685
양륙 화물	톤	333,695	410,868	365,575
선적 화물	톤	199,724	151,051	132,691
창고 보관 총톤수	톤	9,120	1,412,108	1,223,668
수입	엔	655,021	864,085	923,114

〈영업 과목〉

1. 선박의 강취
2. 화물의 선 내 작업
3. 화물의 양륙 및 선적
4. 창고 영업
5. 기타 부대사업

교통국 신체제에 의한 부두 행정

1943년 12월 1일 교통국의 새로운 발족과 함께 해·육·공의 일관적 수송 강화 태세 하에 기존의 철도 수송에 새로 해사 행정, 관세 행정이 추가되고 부두의 성격이 명확해져 기구가 개정되었다.

기존의 부두는 수송 부문만 이루어졌는데 부두 관세 행정이 새로 부두 안에 추가되고 업무상 부두와 부두국의 두 가지로 구분되어 탄생한 것이다.

세관의 소재지였던 부산과 인천, 신의주, 청진에 부두국이 설치되었는데, 부산과 청진 부두국에는 각각 철도사업소에서 철도 수송 부문을 옮긴 것으로 수송·해사·관세·행정을 포함한 전형적인 부두국이며, 신의주와 인천은 관세 행정만 취급하는 부두국이다. 또한 기존 세관 소재지에는 해사·관세 행정을 취급하는 부두국 분국 또는 분국 출장소를 두었다.

부두 관계의 조직 기구를 표로 나타내면 〈표 9-12〉와 같다.

〈표 9-12〉 부두 관계 기구

1945. 7. 31. 현재

<table>
<tr><th>지방교통국</th><th>철도사무소, 부두국</th><th></th><th></th></tr>
<tr><td rowspan="4">경성
부두부
관리과
세무과
해무과</td><td>• 경성철도사무소</td><td>인천부두(장)</td><td rowspan="4">출장소 36곳
감시소 2곳</td></tr>
<tr><td>• 평양철도사무소</td><td>진남포부두(장)
※ 진남포부두국 분국</td></tr>
<tr><td>• 인천부두국
(관세 행정)</td><td>경성부두국 분국
해주 〃
진남포 〃
평양 〃</td></tr>
<tr><td>• 신의주부두국
(관세 행정)</td><td>다사도부두국 분국
만포진 〃
중강진 〃</td></tr>
<tr><td rowspan="3">부산</td><td>• 대전철도사무소</td><td>군산부두(장)
※ 군산부두국 분국</td><td rowspan="3">출장소 6곳</td></tr>
<tr><td>• 순천철도사무소</td><td>목포부두(장)
※ 목포부두국 분국
여수부두(장)</td></tr>
<tr><td>• 부산부두국
(수송과 관세 행정)</td><td>부산부두(장)
마산 〃
군산부두국 분국
대구 〃
목포 〃</td></tr>
<tr><td rowspan="3">함흥
부두부
관리과
세무과
해무과</td><td>• 원산철도사무소</td><td>원산부두(장)
※ 원산부두국 분국</td><td rowspan="3">출장소 26곳
감시소 1곳</td></tr>
<tr><td>• 성진철도사무소</td><td>성진부두(장)
※ 성진부두국 분국</td></tr>
<tr><td>• 청진부두국
(수송과 관세 행정)</td><td>청진부두(장)
※ 청진부두국 분국
원산부두(장)
※ 원산부두국 분국
성진부두(장)
성진부두국 분국
나진 〃
웅기 〃
회령 〃
삼봉 〃
남양 〃
훈계 〃
혜산진 〃</td></tr>
</table>

주) 1. ※는 겸부를 나타냄.
2. 1945년 8월 1일 기구 개정에 의해서 평양, 순천에 지방운수국 및 원산부두국이 신설되고, 부두 관계의 배속으로 변경되었지만 상세한 내용은 불명

제8장
국영(局營) 자동차 운수사업

개요

일본에서의 자동차 운수사업은 자동차 공업의 발달과 도로 개수에 의해서 가속도로 진보하였으나, 조선에서도 자동차 운수사업의 노선 연장은 1938년 말에 이미 49,000km를 돌파하고 철도와 함께 조선반도 교통기관으로 점차로 중요한 지점을 차지하였다.

조선반도 교통 노선 정비를 위해서는 자동차 상호간은 물론 철도와 자동차와의 충분한 연락 통제를 도모하고, 각각 견실한 발전을 도모할 필요가 있었다. 그러나 당시의 민간 자동차 운수사업이 반드시 이 목적에 합치되는 것은 아니었다. 국가 교통망 완성상 필요한 노선 국경, 기타 국방 경비상 필요한 노선 또는 영업 성적을 도외시해도 경비를 필요로 하는 중요 노선, 국유철도 수익 옹호상의 노선 등은 국가에서 경영하여 철도와 자동차와의 연대를 도모하고, 국가 교통망을 강화하여 지방 개발에 공헌하는 동시에 철도 자체의 기능 증진에 노력할 필요가 있었다.

조선에서의 자동차 운수사업의 국영화에 대해서는 이미 다이쇼시대에 상당히 연구되었으며, 1927년 이후 수차례에 걸쳐서 구체적인 계획과 연구가 진

금강산의 경치(장안사의 조망)

행되었지만 실현에는 이르지 못했다.

철도국에서는 만철 위탁경영시대인 1918년 장안사호텔이 개설되면서 금강산 관광객 유치를 위한 철원~내금강 간에 처음으로 자동차 영업을 개시하고, 그 후 함경선의 일부 미개통 구간 내 여객의 연락 수송에도 잠정적으로 자동차 영업을 개시하였다. 하지만 철도의 연장 개통과 함께 그 영업을 폐지하였다.

1936년 3월 남조선철도회사의 철도 매수 시, 그 부대사업이었던 광려선 광주~여수 구간 외에 4선 및 화물선(총연장 300km)의 자동차 운수사업을 계승하여 경영하고, 같은 해 칙령 제14호에 의해서 철도국 과제 제1조 제1항이 '국유철도 및 이에 관련된 국영 자동차 및 이상의 부대 업무에 관련된 업무'로 개정되어서 기본체제가 확립되고, 이에 조선반도 최초의 국영 자동차 운수사업을 경영하기에 이르렀다.

이어서 다음해인 1937년 12월부터는 북선에서 회웅선 회령~웅기읍 구간(97km)의 자동차 노선도 운영하게 되었다.

광려선

남조선철도회사가 매수한 자동차 노선 연장은 다음과 같다.

〈여객선〉	
여수~광주 구간(본선)	143km
순천읍~곡천 구간(곡순선)	51km
귀엄교~동복 구간(동복선)	8km
화순읍~화순 구간(화순선)	3km
보성~수문포 구간(수문선)	24km
계	229km

〈화물선〉	
화순~귀엄교 구간	×11
귀엄교~동복 구간	×8
화순읍~화순 구간	×3
보성~전남 장흥 구간(장흥선)	25
배산~장평 구간 (〃)	4
보성~복내 구간 (복내선)	20
계	71

합계 연장	300km
항장 길이	278km
(여객 · 화물 중복 노선 ×22km)	

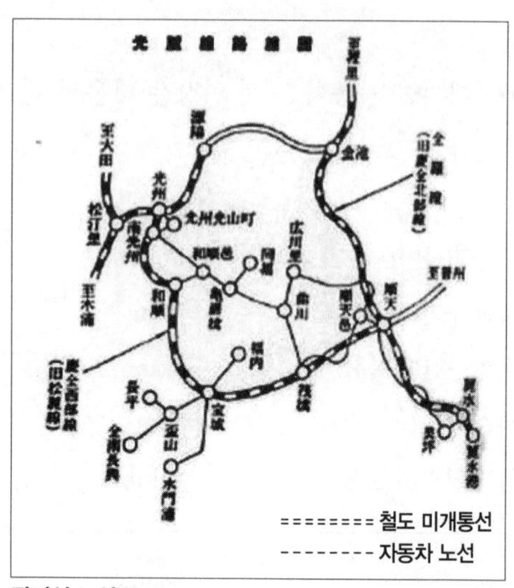

광려선 노선도

관리 : 업무의 직접 집행 기관은 광주자동차구로, 그 담당 구역 내의 정류소와 하물 취급소를 그 관하에 두고 처음에는 대전철도사무소의 소관이었다. 그러나 1936년 11월 화순철도사무소 소관으로 이행하고, 사무 총괄은 본국 영업과 서무계에서 처리되었다.

자동차구 종사원은 남조선철도회사의 인계자 외에 새로 구장과 조역, 차장을 임명하고 또한 국영에 따른 사무 증가에 대응하여 사무계와 기공, 차장 등을 증설하였다. 그리고 교양 및 감독상의 관계에서 종사원, 특히 승무원의 중앙 집중을 도모하여 기존의 여수, 낙수, 동복의 근무자를 광주 및 순천으로 변경하였다.

이렇게 1938년 말의 자동차구 인원은 구장 1명, 조역 3명, 차장 13명, 운전수 20명, 기술계(운전수 업무) 2명, 기공수 4명, 기공 조수 9명, 자동차 차수 4명, 사무계 8명 등 총 64명이었다.

운전 : 매수 당초에는 민영시대의 운행 시각을 답습하였다. 그러나 실시에 상당한 지장이 있었기 때문에 근본적으로 개정하고, 지방 정세에 대응하여

시각과 횟수를 정하고 철도와의 연결을 위해서 노력하여 정확한 운행 시간과 완전한 운전을 기하여 민중의 신뢰가 증가하고 이용도 증대하였다. 당초의 운행 횟수는 여객편 1일 1왕복 및 10왕복, 화물편 1왕복이었으나, 그 후 교통량 조사 결과를 바탕으로 운행 횟수를 증감하여 1938년 8월부터 철도와 병행하는 구간에는 운전을 정지하였다.

또한 중일전쟁 하에 가솔린 소비 규제를 실시하고, 다음해인 1939년 5월 이후에는 땔감, 목탄, 아세틸린 등의 대용 연료로 교체하였다.

영업 : 국영 개시 시에 새로 자동차선 화물, 수화물 운송 규칙을 제정하고, 여객의 취급은 철도여객규칙을 일부 개정하였으나, 이들 규정은 모두 최대한 철도 취급에 준거하고 철도와 연결 운송을 조장하는 형태가 되었다.

운임은 철도와 자동차선과의 병산 주의로 하고, 여객운임률을 보면 1km당 50km 이하는 3전, 50km 이상은 2전 5리, 100km 이상은 2전으로 하여 거리체감법으로 하였다. 그러나 1942년 2월 1일부터 1km 4전의 2할인 및 운임의 단수 계산법은 철도와 동일하게 개정하였다.

화물운임률은 개통 당시 구간의 특정 운임률을 적용하였으나, 1938년 2월 철도 운임률 개정과 동시에 철도의 등급표 및 운임률표에 의하여 영업 연장 거리 3배의 운임 연장 거리를 산출하고 1942년 5월 1일부터 영업거리의 7배로 산출하도록 개정하였다.

수화물운임률은 운임 계산 거리에 따라서 철도 운임률로 산출하고, 이에 부수하는 소구급 화물의 취급은 1942년 5월 1일부터 폐지하기로 개정하였다.

당시 취급한 것은 계원 배치 취급소의 신설, 발송 차급 취급을 비롯하여 승강장 신설 및 업무 위탁 정류소 또는 하물 취급소에서의 철도와의 연대 취급 개시와 자동차에 의한 역의 화물 집화 및 배달, 택배 수하물 집화 및 배달 취급 등을 개시하였다.

또한 1938년 6월부터 지방의 요구와 취급수의 증가에 의해서 광본 기선,

조선 기선 사이에 택급, 소구급 화물 취급의 연대 운수를 개시하는 등 매년 영업 성적은 양호해졌다.

보유 자동차 : 인계 당시에는 여객차 15대와 화물차 9대였으나, 순차적으로 폐차하여 그때마다 신조차를 배치했다.

회웅선

회령~웅기 구간에는 만철 위탁 중인 철도의 일부로 회령에서 두만강변을 따라서 상삼봉~남양을 거쳐서 웅기항에 이르는 북선선은 있지만, 그 연장은 220km 정도였다. 그러므로 회령~웅기읍을 직결하는 연장 97km의 도로를 이용해서 자동차 노선으로 단락하고, 아울러 연선지역 개발에 이바지하기 위해서 1937년 12월 1일 당국 경영의 자동차 운수사업 노선으로 설정하여 회웅선이라고 하였다. 그리고 동일부로 철도와 마찬가지로 만철에 위탁하였다.

그 후 1938년 3월 도로 개수와 함께 노선의 일부를 변경해서 약 3역분을 연장, 단축하여 총 영업거리는 74km가 되었다.

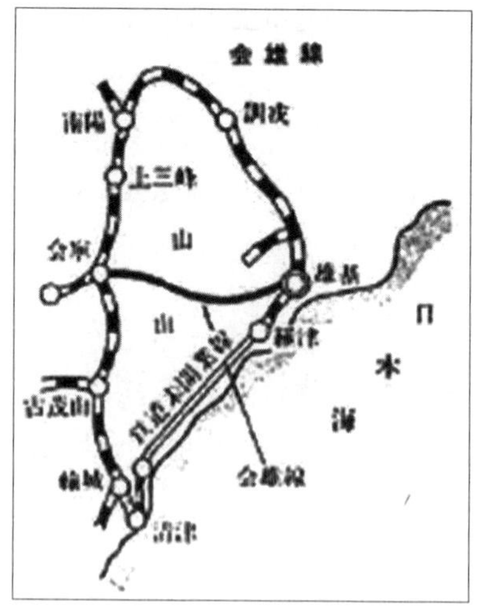

이어서 같은 해 7월 1일 북선선 중 상삼봉 이남의 함경선 위탁을 해제하고, 이 노선도 직영으로 환원되었다.

관리 : 업무의 집행 기관으로 회령자동차구를 설정하고, 성진철도사업소의 소관으로 하였다.

자동차구의 종사원은 만철의 인계자 외에 새로 구장(겸임) 1명과 조역 2명, 사무계 5명, 운전수 9명, 차장 4명, 기공수 4명, 자동차 차수 1명 등 총 26명이었다.

운전 : 만철 위탁경영 당시는 1일 1왕복 운행으로 화물편은 거의 고려되지 않았지만, 국영과 동시에 여객편은 1일 2왕복으로 하고, 화물편은 필요에 따라서 임시편을 운전하기로 하며, 월간 3왕복의 정기편을 운전하기로 하였다. 그 후 수송력이 증가하면서 여객·화물의 움직임은 점차 활황이 되고, 환원 직후 1개월의 실적은 양호하여 장래가 기대되는 상황이었다.

영업 : 여객·화물의 운임 계산 방법은 광려선과 마찬가지로 원거리체감법으로, 여객운임은 1km당 30km 이하는 4전, 30km 이상은 3전 5리, 60km 이상은 3전으로 정하였으나, 1942년 2월 1일부터 광려선과 마찬가지로 1km당 4전 2할인하고 운임의 단수 계산법은 철도와 동일하게 개정하였다.

화물운임률은 영업거리의 6배의 운임 계산 거리를 제정하여 운임을 산출하였는데, 같은 해 5월 1일부터 광려선과 마찬가지로 영업거리의 7배로 하였다.

수화물운임률 또한 광려선과 마찬가지로 실시하였다.

보유 자동차 : 여객차는 16인승 '이스즈'형 3대와 화물차는 3톤 적재의 '이스즈'형 9대였으나, 그 후 광려선의 화물 증가가 현저하였기 때문에 화물차 4대를 동선으로 이동해서 5대로 배치하였다.

자동차 교통사업의 통합

1943년 말 총독부에서는 조선 내에 자동차 교통사업의 전면적인 정비 확충을 도모하기 위해서 조선자동차교통사업정비요강을 제정하고, 이를 바탕으로 다음해 1944년 1월 이후 여객 및 화물 자동차 통합에 착수하였다. 화물 자동차는 조선 전체 일사제로, 또한 여객 자동차에 있어서는 1도 1사제로 각각 정비 통합을 추진하고, 국영 자동차 운수사업도 1944년 3월 31일부로 직영을 폐지하고 각각 통합 회사로 이관되었다.

자동차 운수 실적

운수 실적은 다음의 〈표 9-13〉과 같다.

1936년은 광려선의 직영 제1회째이며, 1941년은 광려선 및 회웅선의 합계로, 광려선에는 일부 영업 중지선이 있었다.

1943년은 사업 폐지 직전의 최종회이다.

〈표 9-13〉 자동차 운수 성적표

종별		단위	1936년	1941년	1043년
영업거리		km	278.0	307.0	307.0
평균 영업거리		〃	257.5	283.0	283.0
자동차 거리	여객	〃	586,965	529,204	603,070
	화물	〃	95,421	246,403	236,900
	계	〃	682,386	775,607	839,970
1일 평균 자동차 운행 횟수	여객	회	7.7	6.2	7.0
	화물	〃	3.1	4.1	3.9
	계	〃	7.3	7.5	8.1
수입	여객	엔	70,630	206,736	366,208
	화물	〃	11,420	93,931	160,980
	계	〃	82,050	300,667	527,188
1일 평균 수입		〃	224.73	823.75	1,440.00
1km당 평균 수입		〃	318.50	1,062.43	1,862.86
1일 1km당 평균 수입		〃	0.87	2.91	5.09
자동차 1km당 평균 수입		〃	0.14	0.39	0.63

제9장
영업 창고, 여관 및 기타 부대 영업

운수 영업에 부대하여 경영한 것에 창고와 여관, 식당차 및 구내식당 등이 있으며, 모두 산업 보호와 화주 및 여객의 편익을 도모하기 위한 것이었다.

영업 창고

기존에 조선에서는 창고 영업이 매우 유치하였으며 한두 곳의 지방을 제외하면 완비된 창고가 없었기 때문에 농업 및 상거래가 발전하지 못하고 매우 불편하였다. 그러나 점차로 일반 화주 및 지방상인 등의 창고 이용이 증가하였기 때문에, 철도국은 업무의 발전 조성과 철도 화물의 수용, 수송 조절 등을 목적으로 1913년 6월부터 국영의 영업 창고를 설치하고, 경부선에 경산, 대구, 왜관, 김천, 대전, 조치원, 천안, 오산, 경의선에 개성, 경원선에 연천과 철원의 총 13역을 지정하고 같은 해 7월 1일부터 영업을 개시하였다. 이후 신선 연장 및 연선에서의 화물 집산 상황에 따라서 중요한 역을 선정해서 창고시설이 점차로 증가하였다.

업무의 범위 : 주요 업무는 보통 화물 보관인데, 철도 운송에 관련된 화물에는 발송 보관 및 도착 보관의 방식으로, 화주는 직접 보관해야 하는 불편

함에서 해방되고 또한 창고 증권 발행을 청구하여 쉽게 금융을 받을 수 있었다. 한편, 철도는 이로써 운송해야 할 화물의 수량을 예지하고 발송 보관에 대해서는 특별히 창고료를 징수하지 않는 등 화주와 철도 모두 많은 혜택을 받았다. 또한 보관 방법은 창고 내 보관을 원칙으로 하며, 일부 야적 보관 방법도 강구하였다.

영업 성적 : 초년도의 기탁 화물 취급 건수인 1,210건에 대해서 창고 증권을 발행한 것은 807통이었으며, 그 중 은행으로부터 금융을 받은 것은 약 70%를 차지하였다.

기탁 화물의 종류는 곡류, 밧줄, 가마니, 풀, 어구 등을 중심으로 총 7,639톤으로 1일 평균 재고는 1,617톤에 이르고, 수입은 창고료와 잡수입을 합쳐서 4,709엔으로 1일 1톤 평균 창고료는 1전 1리 5모에 해당하였다.

그 후의 영업 성적은 대체적으로 양호하였으나, 1920년 이후에는 선박 공급 과잉에 의해서 해운에 의한 수송 화물의 증가와 민영 창고가 점차 발달하였기 때문에 철도 당국은 오직 설비와 업무를 정리하여 긴축하는 방침으로 수년이 경과하였다.

위탁경영 및 직영 부활 : 마침 1930년 6월 조선 운송회사가 지정 운송인으로 정해진 것을 계기로 당국은 같은 해 9월 창고 영업을 폐지하고 동사에 위탁경영시켰다. 당국으로부터 대여받은 창고에 대해서는 사용료를 징수하기로 하였다. 당시의 위탁역 및 대여 창고는 당국의 운수 영업과의 관계 등을 고려해서 52개 역, 창고 81동이었다.

그 후 1940년 7월 북선선의 일부 환원에 의해서 청진역에서는 부두 및 창고 영업을 개시하게 되고, 동시에 '조선국유철도 부두영업 규칙 및 창고영업 규칙'이 제정되었다. 그리고 1943년 6월 청진항역 전부 및 청진역의 일부를 합병해서 청진 부두로 개칭하고 항만의 종합 운영과 부두의 정비 향상을 기하게 되었다.

기타 역에서는 여전히 창고 영업은 위탁경영을 계속하였다.

여관, 식당차 및 구내 영업

1911년 압록강 교량 준공과 함께 조선과 만주 연락이 완성된 이후, 조선철도는 아시아·유럽교통로의 최적로로 내왕하는 사람들이 점차로 증가하게 되었다. 원래 교통업과 여관은 밀접한 관계가 있었으나, 조선에는 외국인 숙박을 위한 양식설비를 갖춘 여관이 드물었다. 여행자의 불편은 물론 철도 경영상에서도 아쉬운 점이 적지 않았기 때문에 철도가 직접 이를 경영하기로 하고 1912년 부산 및 신의주에 호텔을 개설한 이후 순차적으로 호텔 영업을 개시하였다.

부산 및 신의주 철도 호텔 : 1912년 부산 및 신의주 양 역 지상에 스테이션 호텔을 세우고(후에 각각 철도 호텔이라고 개칭), 전자는 7월 15일부터, 후

조선호텔(전 왕실의 별장 자리에 당시의 유물인 팔각당의 황궁우를 중심으로 조성된 동양 유수의 호텔)

평양철도호텔(1922년 10월 야나기야여관을 매수하고, 1925년 4월 철도국 직영으로 함. 같은 해 8월 개칭)

부산철도호텔(1912년 7월 부산역사 2층에 부산스테이션호텔로 개업, 1938년 4월 개칭)

자는 8월 15일부터 영업을 개시하였다.

조선호텔 : 1914년에 84만 엔의 경비를 투자해서 경성에 대규모 양식 여관인 '경성조선호텔'(후에 조선호텔로 개칭)을 건설하고 같은 해 10월 10일부터 영업을 개시하였는데 단순히 숙박객뿐만 아니라 집회, 향연 등의 이용이 증가하였다.

외금강 및 내금강산장 : 금강산의 명승지를 탐방하는 방문객이 매년 증가하는 추세였기 때문에 관광객의 편의를 도모하기 위해서 1915년 외금강 산

외금강산장(1915년 8월 온정리 금강산호텔로 개업, 1934년 4월 개칭)

내금강산장(1918년 장안사호텔로 개업, 1934년 4월 개칭)

록에 온정리호텔(후에 외금강산장으로 개칭)을 건설하고, 같은 해 8월 10일부터 조선호텔 분관으로 개업하였다.

이어서 1932년 내금강 산록에 장안사호텔(후에 내금강산장으로 개칭)을 건설하고 같은 해 7월부터 개업하였으며, 1938년에는 신관 개축을 완성하였다. 그리고 매년 5월 1일부터 10월 31일까지만 개관하였는데, 1944년부터는 시국으로 인해서 양 산장 모두 영업을 중지하였다.

평양철도호텔 : 1922년 평양부 내의 야나기야여관을 매수하고 양식 본관을 신축해서 일식 및 양식의 야나기야여관으로 운영하였으나, 1925년 4월 철도국 직영으로 하고 같은 해 8월 평양철도호텔로 개칭하였다.

식당차 : 식당차 영업은 1913년 4월부터 경부선 제1·2·5·6열차 및 경의선 제1·2열차에 처음으로 영업을 개시하고, 점차로 그 범위를 확대하여 1925년 이후에는 만철로부터 안봉선 영업을 위탁(1935년 3월 위탁 해제)받았다. 1928년 9월 함경선 전선이 개통되면서 경성과 상삼봉 사이에, 그 후 만철 북선선 주요 열차에도 식당차를 연결하였다.

구내식당 : 1925년 이후 경성역 지상 및 부산부 공회당 내에서 식당 영업을 직영하고, 또한 식당차 이용객이 격증하면서 재료 보급 장소가 필요해졌기 때문에 기존에 민영이었던 대전역 지상 식당을 직영으로 하여 1940년 4월부터 영업을 개시하였다.

위탁경영 : 직영으로 운영하던 호텔과 식당차, 구내식당은 경비 절감 및 기타 이유에 의하여 1932년 4월 1일부터 그 경영을 조선철도호텔 경영회사에 위탁하였는데, 만주국이 발전하면서 일본과 조선, 만주 간의 교통량이 급격하게 팽창

경성역 플랫폼

만물상

하였으며 주변 환경이 직영을 허용하는 정세였기 때문에 4월 1일부터 당국으로 환원되어 다시 직영화되었다. 그리고 차내 판매업은 민간업자에게 위임하였다.

영업 성적 : 여관과 식당차 및 구내식당 영업의 업적은 한때 감소되었지만, 점차로 여객으로부터 좋은 평을 받아 대체적으로 양호하게 발달하였다.

1933년 이후의 영업 성적은 다음의 〈표 9-14〉와 같다.

〈표 9-14〉 여관과 구내식당 및 열차식당 영업 업적표

(△는 감소를 표시)

종별		단위	1933년	1934년	1935년	1936년	1937년	1938년	1939년	1940년	1941년	1942년	1943년	1944년 상반기	상동 전년도 대비 증감
여관	숙박연인원	명	–	17,540	29,838	32,934	33,854	37,731	46912	48,348	43,247	38,279	36,206	17,429	△ 1,311
	동 1일 평균	명	–	35	92	101	102	105	128	132	118	105	99	95	△ 17
	식사객수	명	–	79,843	89,216	139,551	156,102	173,360	250,020	292,263	235,848	459,555	523,825	194,306	△ 66,397
	동 1일 평균	명	–	255	264	400	439	476	630	801	646	1,259	1,431	1,062	△ 363
	수입	엔	386,899	431,681	499,246	569,102	617,919	659,487	883,497	1,059,216	1,067,736	1,287,596	1,253,946	792,257	184,921
	동 1일 평균	엔	2,114	1,237	1,420	1,613	1,735	1,807	2,426	2,902	2,925	3,527	3,426	4,329	1010
구내식당	식사객수	명	–	259,876	222,862	295,737	375,097	428,465	643,526	602,347	616,552	773,117	1,033,383	425,353	△11,547
	동 1일 평균	명	–	712	609	810	1,022	1,174	1,763	1,650	1,689	2,146	2,823	2,324	△ 63
	수입	엔	54,631	120,507	113,001	128,759	157,259	183,338	304,529	363,888	377,907	546,878	790,460	615,166	294,013
	동 1일 평균	엔	277	350	309	353	431	502	834	997	1,035	1498	2,160	3,361	1,601

종별		단위	1933년	1934년	1935년	1936년	1937년	1938년	1939년	1940년	1941년	1942년	1943년	1944년 상반기	상동 전년도 대비 증감
열차식당	식사객수	명	–	652,299	679,259	787,077	771,069	1,062,407	1,450,741	1,852,121	1,578,827	2,533,088	3,314,132	1,408,408	△ 4,136
	동 1일 평균	명	–	1,787	1,836	2,156	2,113	2,911	3,974	5,074	4,949	6,940	9,055	7,696	△ 2,338
열차식당	수입	엔	597,347	469,614	527,220	637,652	650,895	961,672	1,379,480	1,850,597	1,738,324	2,820,889	3,828,119	2,239,161	287,102
	동 1일 평균	엔	1,637	1,287	1,440	1,747	1,783	2,635	3,779	5,070	5,449	7,728	10,459	12,236	11,569

비고) 1. 1934년 열차 식당 수입의 증수율이 전년도에 비하여 비교적 낮은 것은 차내 판매 직영을 폐지했기 때문이다.
2. 1937년 열차 식당의 수입이 비교적 적은 것은 특수 수송에 따른 여객열차 운전 제한 때문이다.
3. 1941년 성적이 전년도에 비하여 전반적으로 감소한 것은 7월 말부터 9월 초순에 걸친 시국 수송에 따른 여객열차의 운전 제한 및 전면적인 식당차 연결 정지 때문이다.
4. 1944년 상반기에 숙박, 식사객수 모두 감소한 것은 내외 금강산의 영업 중지 및 여객열차 축소 및 식료품 입수난에 따른 제한 등에 기인하는 것으로, 고객수 감소에 반하여 수입이 증가한 것은 4월 1일부터 실시된 요금 개정 때문이다.

제10장
소운송

제1절 초기의 운송취급업

역참제도와 여관 : 조선 고대의 운송제도로서는 역참제도가 있었다. 이 제도는 공문서 및 물품 우송 또는 공무를 위한 관리의 여행에 필요한 말과 인부, 기타 일체의 용품 및 숙박 자료를 제공하기 위해서 관설된 것으로 민간의 여객·화물의 운송에는 이용되지 않았다.

경인철도 개통 당시의 인천역(1899년 9월)

경인철도 개통 당시의 인천~노량진 구간(1899년 9월)

민간 물자 운송은 지형상 산악이 많으며 또한 내란이 계속되어 정세가 불안정하였기 때문에 조선의 도로가 발달되지 않았다. 그래서 조선인이 운영하는 여관에 의존하는 등 매우 유치한 방법으로 운반하였다.

운송점의 남용 : 1899년 9월 인천~노량진 구간의 철도 개통을 효시로 그 후 1906년 통감부 철도관리국이 경부와 경의 및 마산 각 철도의 일반 영업을 개시하고, 선로 각지에 산재하고 있었던 역은 일본인 업자의 영업을 모방하여 운송점을 경영하게 되었다. 여기에 철도를 대운송 기관으로 하고 소운송의 분화가 일어났다.

그러나 당시의 운송점 경영은 아직 요람의 영역을 탈피하지 못했으며, 내용도 조잡하여 어렵게 통일 경영을 시작한 철도의 기능을 저해할 우려가 있었다. 당시의 통감 이토 히로부미는 일본에서 유일한 유력 회사인 내국통운(주)(후의 국제통운(주))에게 조선 진출을 종용하여 경성에 지점, 초량과 인천에 파출소를 설치했다.

그 후 철도의 발달에 따라서 연선 각지의 인구가 급격하게 증가하고 물자의 이동량도 증가하면서 군소업자가 폭주하고 동업자간에 부당한 경쟁이 일어났다. 그 결과 취급이 소홀해지고 부정 부당한 행위가 속출하였으며, 이로 인해서 화주에게 불편을 주었을 뿐만 아니라 철도 운송의 기능을 저해하였다. 따라서 이를 시정하고 철도 하물 운송 지식을 보급하기 위해서 철도 당국은 1908년 2월 1일부터 승인 화물취급인제도를 실시하게 되었다. 이 제도의 중요한 골자는 철도가 운송점의 자력 신용을 보증하여 하주들의 선택을 용이하게 하고, 취급품의 신용을 보장하기 위해 납입금에 따라서 환급금을 교부하고 승인 화물취급인을 두는 역은 초량 외에 24개 역의 주요 역으로 한정하였다. 그리고 신원 보증금도 역에 따라서 3등급으로 구별하고, 또한 환급금은 1개월의 납부액에 따라서 다음과 같은 비율로 정하였다.

300엔 이상	2/100	700엔 이상	3/100
1,500엔 이상	4/100	3,000엔 이상	5/100
5,000엔 이상	7/100		

이렇게 1908년 2월 말에 승인된 운송취급인은 내국통운(주) 외에 42개 점이었는데, 그 후 같은 해 10월 24일부로 오사카의 조선무역상동업조합 화물취급인 고레노리 키요쓰쿠(是則淸次)에 대해서 철도관리국의 화물취급인임을 승인하였다. 이는 최초로 조선 이외의 지역에 있는 운송취급인을 승인한 것이었다. 그 후 1909년 12월 철도원 한국철도관리국의 주관으로 이관된 후에도 이 제도는 그대로 답습되었다.

제도의 개정

이렇게 보호하여 업계는 점차 발전하였는데, 1914년에 발발한 세계대전은 소운송업계에도 미증유의 활황을 가져왔으며, 그 영향은 그 해부터 현저하게 나타나 운송업계는 비약적으로 발전하였다. 납부금 및 환급금도 300엔에 대한 100분의 2의 저액으로는 시대에 부응하지 못하였기 때문에 1918년 3월 26일부로 기존의 승인 화물취급인제도는 승인 운송점제도로 개정되었다. 그 개정의 골자는 다음과 같다.

1. 최저 납부금을 1,000엔으로 하고, 조선 내의 승인 운송점에 대한 환급액은 다음과 같이 개정되었다.

1,000엔 이상	2/100	2,000엔 이상	3/100

2. 철도 화물의 하역 작업을 승인 운송점에 하청한다.

그 후 전시 호황시대를 지나서 재계는 반등적인 불경기시대가 되었으므로 소액의 환급이라도 중요시되는 동시에 납부액도 1,000엔 이상이 되지 않는 역도 많았기 때문에 1920년 3월 최저 납부액을 500엔 이상으로 하고 환급액 및 보증금을 다음과 같이 개정한다.

1. 1개월 동안에 납부해야 할 운임액	500엔 이상	2/100
2. 1개월 동안에 납부해야 할 운임액	2,000엔 이상	3/100
3. 신원 보증금은 갑역	1,500엔	
〃 을역	1,000엔	
〃 을역	500엔	

그 후 이 제도는 1925년 4월 1일부터 조선총독부 직영으로 환원된 후에도 총독부 고시 제65호로서 그대로 답습했다.

승인 운송점제도는 철도가 소규모 운송업자 중 일정한 자력 신용이 있는 자를 보증하여 제휴하고 이를 중심으로 업계를 지도하려는 것이었는데, 그 이상은 당시 철도에 관제의 감독권도 없었다. 또한 법령 제정도 곤란하였기 때문에 새로운 상점의 방지, 내용 충실 등 업계 개선 방법으로는 아직 미온적이었지만, 당시로는 상당한 공적을 나타내었다.

당시의 운송점수 및 취급 실적을 보면 다음과 같다.

〈1926년 말의 점수 및 취급 실적〉

1. 승인 운송점수 257점 : 일본인 206점 / 조선인 51점 / 취급 톤수 305만 톤
2. 비승인점수 1,566점 : 일본인 486점 / 조선인 1,080점 / 취급 톤수 426만 톤

이상은 승인 운송점제도의 변천을 살펴보면서 초기의 업계 추이를 살펴보았는데, 한편 그 세력 분야 계통에 대해서는 초기 말에 내국통운(주)과 국제운수(주)의 2대 세력이 서로 다투었다. 내국통운(주)은 1906년 조선에 진출한 이래 승인 운송점으로 거의 독점적이었다. 1920년경 국제운수(주)가 그 전신인 일본운송(주)으로 조선에 진출하고 조선 전체 주요 역에 대해서 70여 개 점의 계통점을 두고 매년 업무를 확장하였다. 이 진출로 인해서 타성에 젖은 업계를 각성시키는 데 충분하였다. 그 후 동사는 만주의 동아운송(주)과 합병하여 국제운송(주)으로 개칭하고, 이후 내국통운(주)과 함께 조선 내의 통운 업계의 양대 산맥을 구성했다. 또한 1926년 철도성의 운송 합동 결과 합동운송(주) 성립과 함께 국제운송(주) 대련지점이 8월 1일 독립해서 국제운수(주)로 개칭하였으며, 조선은 그 사업 구역에 속하였다. 또한 기존의 내국통운(주)의 조선 내의 사업 구역은 합동운송(주)에 속하며 양 계통점에 상당히 현저한 경쟁이 이루어졌다. 일본에서는 1928년 3월 내국통운(주)을 중심으로 국제운송(주) 및 메이지운송(주) 등 여러 회사를 합병하여 회사명을 국제통운(주)으로 개칭했다.

제2절 운송 합동 문제와 조선운송주식회사 창립

1926년 철도성의 운송 합동 결과 조선에서도 폐해가 많은 업계의 개혁 합리화가 필요하다고 인정하고, 이 점에 대해서는 먼저 기존업자의 합동이 필요하다고 생각되었다. 그러나 업자 중 학식자 간에서도 운송업계의 존재 방식에 대해서 연구되어 점차로 그 분위기가 무르익었다. 1927년 5월 전 조선 승인운송점조합 제8회 총회 석상에서 철도국 이사인 도다 나오하루(戸田直溫)에 의해서 "조선에서 업계를 개혁하고 요금 인하를 위해 먼저 기존업자의 자발적 합동을 열망한다. 그러나 1역 1점을 반드시 실현하고자 하는 것은 아니며 업자수를 억제하고 그 질을 향상시키는 것이 급선무이다. 만약 여기에 신용이 확실한 합동회사가 있다면 당국은 업무상 최대한의 원조를 아끼지 않을 것이다."라는 취지가 언명되었다. 이 언명에 의해서 승인운송점조합에서는 제반 문제는 한 승인점만의 문제가 아니라는 견지에서 승인하였다. 그리고 비승인은 조선인을 포함해서 조선 운송 합동의 유지회를 조합하고, 아래 사항을 결의했다.

1. 조선 소규모 운송 통일 정비를 위한 합동을 촉진할 것
2. 합동 촉진에 대해서는 일본인 · 조선인, 승인 · 비승인의 구별 없이 보조를 맞추어서 진행할 것

이렇게 해서 조선 전체 운송점이 일관적으로 혼연 일체가 된 일대 합동회사를 조직하려는 준비가 착착 진행되었다. 그러나 약 400명의 조선인 운송자를 회원으로 조직한 선운(鮮運)동우회는 소수의 일본인 자본가가 다수의 약소 조선인 업자를 압박한다는 오해에서 최대한 반대 세력을 동원했기 때문에 당국은 일본과 조선 융화상 그냥 두기 어렵다고 생각해서 주요 업자와 회견해서 설득한 결과, 반대자에게도 합동의 진정한 의의를 이해시켜 찬성을 표명하였다. 또한 상호 협력 하에 합동의 완성을 위해서 노력하고 1927년 9월 이후 보조를 맞추어서 합동회사 설립에 매진했다. 그러나 화주 측에서 1역 1점 주의는 화주의 입장에 불리한 결과를 초래한다는 오해에서 반대 운동이 일어났다.

업계는 2파로 분열되어 서로 대립하였으며, 또한 내국통운(주)은 이 기회를 기다렸다는 듯이 갑자기 합동파에서 이탈해서 비합동파와 합체해서 운송 동맹회를 조직하는 등 형세가 혼란하였다.

1929년 6월 히라다 국제운수 전무는 나카노 국제통운 사장과 회견해서 교섭한 결과 국제통운을 비롯하여 동맹 회원 중 유력업자의 대부분이 합동파

에 복귀했으므로 동맹회는 실질상 유명무실해졌으나, 점포 수는 백여 점포가 되었다. 이후 각 합동 참가점의 업적 조사를 비롯하여 제반 사무가 순조롭게 진행되어 1930년 1월에 위원에게 보상금을 할당하였으므로, 새로운 회사 창립상 필요한 출자 방법 협정을 위해서 3월 초 나카노 국제통운 사장 및 히라다 국제운수 전무가 서로 전후해서 경성에 입성했다. 그러나 나카노 사장은 신 회사 경영에는 신규 개업자의 방지 방법을 강구하거나 이를 대신할 당국의 절대적인 원조가 없으면 절대로 성립하지 못할 것이라고 주장하고, 1930년 3월 11일 다시 탈회 성명을 발표함과 동시에 12일 조선에서 철수했다. 히라다 전무는 숙고한 결과 운송 합동 계획을 이대로 방치하면 우려할 만한 사태가 야기될 수 있으므로, 합동 찬성자 및 중립업자가 서로 제휴해서 이미 정한 방침을 바탕으로 새로운 회사 설립을 계획하고 다음해 13일에 이 지침을 발표했다. 그리고 같은 달 28일 발기인 대회를 열어 일단 자본금 100만 엔의 조선운송(주) 설립 건을 건의, 4월 1일 창립총회를 마치고 같은 달 17일에 등기를 완료했다. 그리고 4월 25일 주주총회를 열어서 증자를 의결하고 각 참가자도 즉시 신주인수 및 납입을 하였으므로 조선운송(주)은 철도국 연선 소재업자 중 약 60%를 주주로 하는 자본금 220만 엔(그 중 55만 엔 현금 출자, 165만 엔 업자 출자)의 전액이 납부 완료된 완전한 합동회사로서 영업 준비가 완료되고, 5월 16일부터 순차적으로 개업하여 6월 1일을 기해서 전 점포가 개통되었다. 6월 1일 현재의 합동 및 비합동 점포 수는 다음과 같다.

운송점 총수	1,226점
합동 참가점	721점(59%)
합동 불참가점	505점(41%)

1941년 6월 합동 불참가 점포 중 국제통상(주)의 각 지점을 비롯하여 운송

동맹회 등의 업자도 합류하여 합동 참가 지점은 조선 전체 운송점의 약 87%에 이르고, 여기에 일본인과 조선인 구별을 철폐하고 융화하였으므로 제2차 합동회사의 조선운송주식회사가 성립했다.

제3절 소운송업 단속법규 제정

철도국은 합동 조성의 일환으로 승인 운송점제도를 철폐하고, 1929년 11월부터 지정 운송취급인 규칙을 실시하여 합동참가점조합 본부에 각종 작업을 하청하였다. 조선운송(주)이 창립되면서 규칙 제3조의 규정에 해당하는 유일하며 유력한 회사로서 1930년 6월 1일부터 지정 운송취급인으로 선정되었으며, 철도국은 철도 운송의 보조기관으로 각종 작업을 통괄 수행하도록 하였다. 그리고 이를 중심으로 소운송 개선을 도모하였다. 따라서 운임 할인과 창고 영업의 위탁경영, 화물 자동차 임대, 무임 승차증 교부, 운임 요금 및 입체금 후불 취급 등의 지도 원조를 실시하였다. 회사는 그 사명에 정진하고 소운송 요금 저감 및 적정하며 신속한 취급을 위해서 노력하여 업무 향상에 기여하는 바가 적지 않았다. 그 중에서도 만주사변 발발 후에는 일반 화물은 물론 군수품 자재 기타 동원 물자 수송에 최선을 다하여 유감없이 그 기능을 발휘하여 막대한 공헌을 한 것은 주지의 사실이었다. 회사는 이 사이에 수차례에 걸쳐서 증자를 실시하여 내실을 기하였으며, 각 사설철도에서도 이 회사를 지정 운송취급인 또는 승인 운송점으로 선임하였으며, 1938년 2월 1일부터 택배제도를 신설했을 때는 그 집배 하청을 비지정업자에게 개방해서 운수 협조를 도모하는 등 자력 및 신용으로 완전히 업계의 지도 세력을 형성하였다. 또한 소규모 운송은 여전히 자유 영업으로 방임된 결과, 업자는 한때 합동시보다 수백 점으로 줄었지만 그 후인 1939년 3월 말 현재의 업자는 1,569점(조선운송은 조선 전체 1점으로 계상)에 이르고, 그 업적은 발착 취급량 65만 엔에 대해서 조선운송이 그 69%를 차지하여 매년 크게 발달하였다.

소운송 단속에 대해서는 기존 법규가 없었기 때문에 다수의 소규모 운영업자에 의해서 여전히 부당경쟁 부정 취급이 이루어지고, 그 경영 상태도 구태의연하였다. 그로 인해서 사업 부지의 하주에 대해서 예측치 못한 피해나 손실을 입히는 수가 있었으며, 그때그때 단속 방책을 강구하지 않으면 소규모 운송업의 개선은 완벽을 기하기 어려운 상태였다.

이 점은 일본에서도 동일하였으나, 이에 대한 대책으로 제70제국회의에 소운송업법 및 일본통운(주)법의 2법률안이 제안되고, 1939년 4월 5일 법률 제45호로서 소운송업법을, 제46호로서 일본통운(주)법이 공포되기에 이르렀다. 조선에서도 미리 일본의 예를 따라서 철도국 영업, 감독과 합의하에 신중한 심의를 거듭하고, 소운송업 및 계산사업에 대해서 소운송업법을 내용으로 하는 제령안을 제작하였다. 그리고 1939년 8월 14일 총독의 결재를 얻어서 같은 해 11월 2일 각의에서 결정하고, 11월 9일 제령 제18호로서 조선소운송업령이 공포되었다. 또한 관계 법규 등에 대해서는 12월 29일 조선총독부령 제234호로서 조선소운송업령시행 규칙과 제235호로서 조선소운송업령 직권 위임규정이 공포되고, 모두 다음해인 1940년 1월 15일부터 실시되어 소운송 자유 영업 30년의 역사에 종지부를 찍었다.

제4절 조선소운송업령 실시 후의 상황

조선소운송업령은 소운송업 및 계산사업에 면허제를 채용하여 자력 박약, 신용이 불확실한 소운송업자의 난립을 방지하는 한편, 면허업자에 대해서 적절한 지도 감독을 실시하였다. 이와 함께 소운송업자에 대한 통괄 기관인 계산 회사를 단일화하여 거래에서 발생하는 채권채무의 결제, 화물인환증 정리 및 보증, 기타 업자간의 연락 통제와 그 업의 조성을 위해서 소운송업의 견실한 발전을 도모하여 그 개선 효과를 보고, 국민 경제상의 이익 증진을 기대하였다.

업령 실시를 목전에 둔 1940년 1월 10일 야마다 철도 국장은 업계 대표자인 조선운송(주)의 부사장 가와이 지사부로(河合治三郞), 전무인 오기와라 산자부로(荻原三郞), 마루케이(丸計)조만운수계산(주)의 사장인 다카하시 진사쿠(高橋仁作), 동맹회장인 곽두영 등을 초청해서 대략적으로 다음과 같이 언급하고 업계의 향후 근본 방침을 성명, 업계의 처방책을 요망하였다.

"소운송업이 국민 경제 및 군사상 중요한 역할을 한다는 것은 새삼 설명할 필요가 없으며, 당국 또한 십여 년간 이의 개선을 위해서 고심하였다. 그러나 현재의 제반 정세는 기존과 같은 단순한 경제적 수단만으로는 해결되지 않고, 일본과 대만에서도 이에 앞서 소운송업법이 실시되어 소운송업자에 대해서 국가의 적절한 지도 감독과 통제를 단행하여 현저하게 개선되었다. 그러므로 조선도 이에 적합하도록 통제를 강화하여 새로운 질서 수립 필요성이 요구되었으므로, 이에 앞서 조선소운송업령이 공포되고 드디어 1월 15일부터 실시된 것이다. 그러므로 이의 운용은 국책에 따른 것이므로 업자도 이를 고려하여 협력해주기 바란다. 이의 구체적인 운용에 관해서는 각종 방법이 있으나, 먼저 첫 번째로 계산기관의 단일화를 도모하고 조선 전체 업계의 중심적인 존재이므로 이 기관을 통해서 업계의 철저한 지도 조장을 기해야 한다. 또한 이와 함께 각 역에서 업자가 난립하는 현 상태로는 업령 공포의 근본 취지인 소규모 운송 능력 증진, 건전한 노무원 획득 유지 또는 종업원의 훈련 및 운반구의 충실은 물론 소운송 요금의 적정화를 기대할 수 없으므로 각 역마다 최대한 집약 합동을 통해서 소기의 목적을 달성하려는 것이다."

이 근본 방침의 성명을 바탕으로 계산기관을 단일화하여 국책에 순응하도록 하고, 마루케이(丸計)조만운수계산(주)은 그 영업 일체를 조선운송(주)에 양도하기 위해서 2월 6일 임시 주주총회를 소집해서 영업의 일체를 조선운송(주)에 양도, 그 철저한 취지와 함께 만장일치로 가결되었다. 이어서 3월 16일을 기하여 모두 조선운송(주)에 인계되고, 이 회사는 제2계산계를 두고 기존의 사무를 그대로 답습하면서 완전히 계산기관은 단일화되었다.

제5절 계산사업의 추이

조선에서의 계산사업의 연혁은 1930년 4월의 운송 합동 성립과 1940년 1월 조선소운송업령의 실시에 의해서 업계에 두 번의 전환기가 도래하였다. 운송 합동 이전에는 조선철도운수연합회와 그 연장선상에 있는 마루케이(丸計)조선운수계산(주)의 시대였으며, 운송 합동 성립 후에는 합동회사인 조선운송(주)과 비합동업자를 통괄하는 마루케이(丸計)조선운수계산보증(주)의 두 계산기관이 병립하는 시대였다. 업령 시행 후에 마루케이(丸計)조만운수계산(주)과 조선운송(주)에 통합되어 계산기관 단일화 달성 시대라고 할 수 있다.

운송 합동 이전

통감부 철도관리국은 소운송 개선 방책으로 1908년 2월부터 승인 화물 취급인제도를 실시하였는데, 업자 측에서도 이 취지에 순응해서 1908년 11월 인천에서 한국철도운수연합회를 결성했다. 이것이 바로 조선에서의 계산사업의 시작이라고 할 수 있으며, 이 연합회는 인천운송조합을 중심으로 한 조합 조직에 의해서 계산 사무를 중심으로 회원 상호간의 연락 통제를 도모하기 위해서 기획된 것이었다. 이어서 1910년 8월 29일 한일합병에 의해서 한국 내의 철도가 조선총독부 철도국의 관할이 되고 1910년 11월 연합회라는 명칭을 조선철도운수연합회라고 바꾸었다. 하지만 그 후 업계의 급속한 발전과 함께 단순한 조합 조직으로는 복잡한 계산 사무에 완벽을 기할 수 없었기 때문에 1922년 6월 연합회를 법인조직으로 바꾸고 용산에 마루케이(丸計)조선운수계산(주)(자본금 50만 엔과 4분 1 납부)을 창립하게 되었다. 이 회사는 앞에서 기술한 바와 같이 조선철도운수연합회의 연장으로, 그 법인 조직화에 있으며, 희구하는 바는 단순한 상사 회사로서 영리를 목적으로 하는 것이 아니라 진보적인 조직 하에 발전 과정에 있는 업계의 강력한 지도 조장 기관이었지만 소운송업의 건전한 발달과 업자의 복리 증진에 기여하지 못했다. 그것은 이 회사 설립에 있어서 이를 공익 법인으로 하고자 한 것도 또한 주주의 자격을 동업자에 한정한 점에서도 용이하게 상찰(想察)되는데, 한편 이는 계산사업의 본질을 역사적으로 입증하는 것이었다. 마루케이(丸計)조선운수계산(주) 외에 1922년 11월 조선인 업자에 의해서 조만 동우회인 계산기관이 설립되었으나, 업계에서의 실제 세력은 미약하였다.

운송 합동 성립 후

1930년 4월 운송 합동 성립에 있어서 조선운송(주) 창립과 조만 동우회의 합류, 나아가 합동 문제를 둘러싼 합비 양파의 대립 항쟁은 결국 마루케이(丸計)조선운수계산(주)의 해산을 초래하였다. 조선운송(주)은 이와 함께 계산부를 설치하고 계산 사무 취급을 시작하였으나, 이보다 앞서 합동을 탈피한 국제통운(주)은 다른 비합동업자를 통합하여 이미 계산 사무 취급을 실시하였으므로, 조선운송(주) 및 국제통운(주)의 양 계산기관이 병립한 상태가 출현하였다. 이어서 1931년 8월 제2차 합동 실현에 의해서 국제통상(주)이 조선운송(주)으로 통합되고, 다시 계산기관은 한때 단일화되었다. 다음해 4월 비합동업자에 의해서 마루케이(丸計)중앙운수계산연합회가 성립되고, 다시 계산기관 병립의 상태를 초래하였다. 그 얼마 후 연합회

간부 내에 알력이 발생하고 9월 일부 일본인 업자에 의해서 다른 마루케이(丸計)조선운수계산 동맹회를 조직하였으나, 당초부터 결손에 의해서 경영 곤란에 빠진 결과 화주의 지원을 구하여 다음해 9월 자본금 30만 엔의 법인 조직으로 개편하고, 이를 환공조만운수주식회사라고 하였다. 또한 마루케이(丸計)중앙운수연합회도 같은 해 10월 업자만의 출자에 의해서 자본금 20만 엔의 법인 조직으로 개편하고, 마루케이(丸計)조선운수계산보증주식회사로 개칭하였다. 그리고 여전히 양자는 대항을 계속하였는데 2월경 양자 합병의 의견이 제기되고 같은 해 8월 겨우 실현되어 자본금 40만 엔의 마루케이(丸計)조만운수계산회사를 설립하였다. 이렇게 해서 계산기관은 합비 양자로 분립하고, 합동회사인 조선운송(주)과 비합동업자가 통괄하는 마루케이(丸計)조만운수계산(주)과의 두 계산 기간의 병립 상태를 지속하게 되었다.

조선소운송업령 시행 후

1940년 1월 15일 조선소운송업령 시행에 의해서 기술한 바와 같이 야마다 철도국장의 지시에 따라서 계산기관의 단일화는 결정적으로 조선운송(주)과 마루케이(丸計)조만운수계산(주)과의 양 간부 간에 각종 절충이 이루어진 결과 마루케이(丸計)를 조선운송에 양도하도록 결정하였다. 그리고 같은 해 3월 16일 마루케이(丸計)의 계산 사무 일체는 조선운송(주)에 인계되고, 여기에 계산기관의 단일화가 실현되게 되었다.

제6절 소운송업계의 통제

제1차 통제

조선소운송업령 시행에 의해서 난립하여 통제가 불가능한 기존업자를 최대한 집약합체하기 위해서 일반 소운송 업무에 대해서 주요 역 소재지에서는 조선운송(주)(이하 '조운'이라고 한다) 이외의 업자의 집약합체인 합동회사 1점을 인정하여 2점체제로 하였다. 기타 각 역 소재지에서는 조운(만철 북선선은 국제운수(주))의 1점으로 하였다. 특수업자에 대해서는 일반 수급성을 가지거나 특수 직역을 가진 기존업자에 대해서는 일반 소운송의 범위를 침범하지 않도록 사업 종별 또는 그 범위를 한정해서 존속시키게 되었다.

1941년 2월에는 초기의 통제 목적을 달성하고 기존업자가 정리, 통합되어 22개 주요 도시에 합동회사 22개 사(그 중 19개 사는 조운 자금 반액)가 결정되었다.

제2차 통제

이렇게 소운송업계는 새로운 체제 하에 조운 및 합동회사와 함께 재출발하고, 업계통제 취지에 따라서 업무의 쇄신 향상을 위해 노력했다. 또한 합동회사는 기초 확립에 노력하였으나, 제반 통제 강화는 드디어 결전체제로 이행하여 급격하면서도 근본적인 변혁에 매진함에 따라서 소운송업망상 그 영업적 존립 기초를 거의 상실하였다. 한편, 업무 수행상 자재난 및 인력난 등을 극복하기 위해서는 업자 간의 철저한 협력 합동이 필요한 상황에 이르렀으며, 현 상태로는 회사의 경영 부진은 물론 소운송 능력 증강 등은 생각지도 못하고 소운송업령 취지에도 반하여 결전중인 소운송업계를 약체화시켰다. 그러므로 조운이 합동회사를 흡수해서 불안을 제거하는 것이 결전 시 급선무라고 인정하고, 조선 전체 22개의 합동회사는 스스로 당국의 방침에 따라서 1942년 2월 1일부터 일제히 사업을 중지하고 같은 해 3월 조운에 합병, 조선의 일반 소운송업자는 이로써 최초로 명실 공히 1역 1점으로 통제되었다.

항만 소운송업과의 일원화

항만 소운송업 정비에 대해서는 주요 지역마다 일원적인 항운회사를 설립하고 1942년 말부터 1943년 초에 일단 통제되었으나, 원래 조선 각 항은 선박과 차량의 중계적인 역할을 사명으로 하였다. 특히 대륙 중요 물자의 육운 전가와 함께 전시 하 노무 요원 작업 효율 향상, 작업의 철저한 합리화와 통제 강화를 도모하기 위해서 각 항운회사와 조선운송(주)을 합병하여 1943년 7월 28일 총독부 방침에 따라서 구체적인 준비가 착착 진척되고, 1943년 12월 1일을 기하여 조선운송(주)은 각 항운회사와 합병해서 사명을 조선해륙운수주식회사로 개명했다. 이로써 실질적인 해륙 소운송 일원화의 이상적인 체제가 완성되고, 전시 하 화물 운수 능력의 종합적인 총력을 유감없이 발휘하였다.

제10편
국유철도의
경리 및 자재

제1장 경리

제1절 회계제도와 경리 개요

경부철도 : 경부철도주식회사의 경리는 1901년 9월 일본의 체신대신의 인가를 거친 회계규칙에 준거해 그 계산을 자본계정과 수익계정, 적립금계정 및 잡계정의 4종류로 구분되며, 또 회계년도는 양력에 의해 1년을 전후 2기로 구분해서 정리했다.

자본계정은 자본에 관한 수지, 수익계정은 영업상의 수지, 적립금계정은 일본국의 상법 제194조에 의한 법정적립금, 별도적립금 및 기타 적립금의 적립으로 구분하며, 궤조 앞의 각 계정의 그룹에 속하지 않는 제반 수지를 각각 정리했다.

자본금은 25,000천 엔(그 중 불입 15,000천 엔)이며, 이 자본금과 사채 10,000천 엔(불입자본과 함께 자본금의 범위 내)으로 건설자금에 충당할 계획이었지만, 건설비 증대에 의해 자금이 부족해 일본 정부에서 공사를 촉구하기 위해 특별보조금으로 2,200천 엔, 일본 정부의 대출금 1,580천 엔(무이자)을 원조 받았다.

경인철도 : 경인철도합자회사의 경리는 일본국 상법 및 부속법령규정에 준거해 일반 민영회사의 회계제도에 의하였다.

자본금은 725천 엔(그 중 111천 엔은 인수조합에서 인계하고, 약 360천 엔을 5회로 분할해서 불입)이며, 이 자본금과 일본 정부로부터의 대출금 1,800천 엔(무이자)으로 건설자금에 충당했다.

총자금수요액에 대해 일본 정부의 무이자대출금이 거액(총자본의 약 80%)이었기 때문에 1899년 9월 영업 개시 직후인 1899년 하반기와 1900년 상반기의 이익금으로 연 5부를 배당하고, 이후에는 연 5부의 배당으로 거치하여 이를 초과하는 것에 대해서는 공사보수에 자금을 충당하는 등 자본축적 조치가 강구되었다.

1903년 10월 31일 경부철도주식회사에 흡수 합병되었는데, 기존의 경인선 영업성적을 특별히 고려할 필요가 있으며, 인계 후의 경리에 대해 일본 정부의 10월 30일부 명령에 의해 다음과 같이 규정되었다.

1. 경인선에 관한 회계는 경부선과 구별해 특별회계로 해야 한다.
2. 일반수입금으로 경인선에 관한 연납부금 및 사채, 차입금의 원리, 기타 채무 지불에 충당한 경우에는 이것이 경부선철도회사의 이익금인 연 6부의 비율에 도달하지 못하여도 이에 대해 1900년 9월부 명령서에 규정하는 추가 이자를 부가하지 않는다.
3. 경부선에서 발생하는 수익금은 상당한 적립금액을 공제한 후 일반주주에게 배당할 수 있다.

매수가액은 전년도 말 현재의 자본(현금을 제외) 및 영업권을 2,441천여 엔으로 인정하고, 이 지불은 경인철도가 일본 정부로부터 차용한 1,800천 엔의 부채로 대신하였다. 그리고 잔액 640천여 엔은 현금으로 경부철도에서 경인철도에 지불하도록 하였다.

군용철도 : 경의·마산 양 선의 건설은 일본 정부의 임시군사비로 지불되

고, 속성공사비, 개량공사비, 영업비의 세 세비목으로 나누어 정리되었다. 여객의 편승과 화물 편재에 필요한 비용은 영업비로 지출하고, 수입은 모두 군자금으로 수용되었다.

경의선 건설에는 속성공사비 21,886천 엔, 개량비 7,235천 엔으로 총 29,121천 엔을 필요로 하였다. 또한 마산선 건설에는 속성공사비 1,354천 엔, 개량비 908천 엔, 총 2,262천 엔을 요하며, 이들은 자본적 지출로 처리되었다.

통감부시대 : 1906년 7월 1일 통감부에 철도관리국이 설치되고, 동일 매수된 경부철도의 경부·경인 양 선을 국유철도로 관리하게 되었으며, 이어서 경의·마산의 양 선도 9월 1일부터 군의 관리에서 이관되었다. 철도관리국은 1909년 6월 18일 폐지되고 철도청이 되었는데, 이 사이 경리에 대해서는 '한국에서 제국이 경영하는 철도회계에 관한 법률'이 공포되고, 일본의 제국철도회계법 및 제국철도용품자금회계법을 준용하도록 규정되어 있다.

제국철도회계법에서는 수지를 자본계정 및 수익계정으로 구분하고, 자본계정에서는 철도 창업 이후의 정부 투자액을 계상해 자본계정에 속하도록 하고, 그 수입에는 공채금 수용과 수익계정으로부터 이익금 이월 등을 계상하였다. 지출에는 철도건설 및 개량비, 용품자금 보충 등이 계상되었다. 또한 수익계정에서는 영업 및 이에 부수하는 업무에 의한 수지가 계상되며, 그 수지의 차액은 지출로 자본계정에 이월되었다.

용품자금에서는 단순히 용품 구입과 저장뿐만 아니라 각종 철도관계용품의 제작과 수선에 대한 수지도 취급하였다.

매수한 경부·경인 양 선의 경리는 앞의 두 법안을 곧바로 준용하였으며, 경의·마산 양 선은 1906년 중에는 기존대로 임시 군사비로 지불하였다. 그리고 1907년부터 경부·경인선과 마찬가지로 통감부 소속의 철도특별회계로 처리되었다.

철도원시대 : 1909년 12월 16일 통감부 철도청이 폐지되고, 앞서서 일본에

서 내각총리대신 직속으로 철도 및 궤도에 관한 사항 및 남만주철도주식회사에 관한 사항을 통괄, 관리하기 위해 설치된 철도원 소관으로 이관되었다.

한편, 제국철도회계법은 1909년 3월 22일 법률 제6호에 의해서 개정되고 1909년부터 실행되었는데, 동법 부칙 제17조 제2항 "제국철도회계법 및 제국철도용품자금회계법을 폐지한다. 단, 1908년분 및 한국에서 제국이 경영하는 철도에 대해서는 그 효력을 가진다."는 규정에 의해 통감부시대에 이어서 구 제국철도회계법과 구 제국철도용품자금회계법에 의해 처리되었다.

또한 수익계정에 결손이 발생한 경우에도 1907년 법률 제15호에 의해 "한국 철도의 수익계정에서 결손은 일반회계에서 보충한다."라고 규정되어 일본 정부의 일반회계에서 이월되었다.

총독부 제1차 직영시대 : 1910년 10월 조선총독부가 설치되어 조선총독부특별회계가 제정되면서 철도특별회계를 폐지하고 총독부특별회계에 포함되었다. 이 결과 기존의 자본계정의 세출은 임시부에, 수익계정의 세입과 세출은 경상부에 편입되었다. 단, 1910년분은 연도 도중인 관계상 특별히 철도회계에 한하여 기존의 예에 따르게 되었다.

1911년 4월 법률 제58호에 근거해 1910년 말의 자본계정에 속하는 자금 207천여 엔은 총독부특별회계의 세입에 이월되었다.

또한 조선총독부로 이관되었기 때문에 조선철도에는 조선 내의 민영철도 및 궤도의 감독관청 업무가 추가되어 세출의 임시부에 사설철도보조항목을 마련하고 그 예산을 집행하게 되었다.

용품자금회계에 대해서는 1911년 4월 조선철도용품자금회계법이 제정되고, 조선총독부 특별회계와는 별도로 독립된 특별회계로 처리되었다.

만철 위탁경영시대 : 1917년 8월 1일부터 조선국유철도의 운영 및 건설, 개량공사시행을 남만주철도주식회사에 위탁하였는데, 이에 수반하여,

1. 국유철도의 손익은 별개의 계정으로 하고, 회사는 이에 의해 발생하는 이익이 총독부

지출액(조선총독부가 된 후의 투자액, 즉 총투자액에서 일본 정부가 부담한 투자액을 공제한 것)의 6%에 도달할 때까지는 그 전액을, 6%를 초과했을 때에는 그 초과액의 반액을 추가한 것을 총독부에 납부한다. 단, 손실이 발생한 경우 그 손실은 익년도 이후의 이익으로 보전한다.

2. 건설 및 개량에 필요한 자금은 총독부의 부담으로 한다. 또 국유철도의 건설계획도 총독부에서 실시한다.

라는 위탁계약을 체결하였다.

그러나 1년간의 실시상황에 비추어 계약의 일부가 다음과 같이 개정되었다.

1. 영업수지를 별개의 계정으로 정리하는 것은 중지한다.
2. 1918, 1919, 1920년의 납부금은 총독부 지출액의 6%로 하고, 별도로 만철의 부담에 의해 보완공사를 연액 40만 엔 이하가 되지 않는 범위에서 실시하고, 이에 의한 재산은 국유로 이관한다.

주) 보존공사와 보완공사의 구분에 대해서는 일본의 국유철도규정에 따라 별도로 협정되었다.

1921년의 납부금 결정이 난항이었기 때문에 잠정협정으로 하고, 총독부 지출액의 6%에 도달할 때까지의 이익금은 모두 총독부에 납부하도록 하였다.

이어서 1922년, 1923년, 1924년에 대해서는,

1. 1920년 말 현재 총독부 지출액에 대한 6%, 1921년 이후 총독부 지출액에 대한 4%에 상당하는 금액을 매년 총독부에 납부한다.
2. 만철은 매년 공사비 10만 엔 이하로 내려가지 않는 범위 내에서 회사의 비용으로 보완공사를 실행한다.

총독부 제2차 직영시대 : 제1차 직영시대와 제2차 직영시대 모두 관청회계 제도에 의해 그 근거법이 동일하므로 여기에서는 내부 경리사무의 집행에 대해서 기술한다.

회계법규 : 조선철도의 회계에 적용되는 법규 중 중요한 것을 열거하면 다음과 같다.

1. 회계법(법률)
2. 조선총독부 특별회계에 관한 건(칙령)
3. 회계규칙(칙령)
4. 조선총독부 특별회계규칙(칙령)
5. 조선사업공채법(법률)
6. 조선철도용품자금회계법(법률)
7. 조선철도용품자금회계규칙(칙령)
8. 조선총독부 및 소관관서 회계사무장정(총독부훈령)
9. 조선총독부 철도국 회계사무장정(총독부훈령)
10. 조선총독부 철도국 회계사무취급세칙(철도국장통달)
11. 지출관사무규정(대장성령)
12. 출납담당사무규정(대장성령)
13. 조선총독부 철도관서 현금수입 및 지출규칙(총독부훈령)
14. 조선관유재산관리규칙(칙령)
15. 조선관유재산관리규정(총독부훈령)
16. 물품회계 규칙(칙령)
17. 조선총독부 철도국 물품사무규정(총독부훈령)
18. 조선총독부 물품사무취급세칙(철도국장통달)
19. 계산증명규정(회계검사원통달)

금전회계의 경리사무집행기관 : 집행기관을 크게 분류하면 세입기관과 세출기관, 세입세출 외 현금취급기관, 정부보관유가증권취급기관, 국고금 취급기관의 다섯 기관이다.

세입세출 외 현금이나 유가증권은 입찰보증금 또는 계약보증금, 교환증부 화물의 인도담보, 승인 운송점의 담보, 불인 취화물의 환가처분금 등이며, 그 취급은 세입, 세출에 관한 기관이 겸임하게 된다. 또 국고금은 일본은행이 취급하므로 경리사무집행기관의 설명은 세입기관과 세출기관에 실시만 한다.

경리사무는 크게 금전회계, 물품회계 및 재산관리로 구분되는데, 물품회계에 대해서는 제2장에서, 재산관리에 대해서는 제1장 제5절에서 자세히 다루기로 한다.

1. 세입기관 : 관청 회계의 수입 사무를 구분하면 다음과 같다.

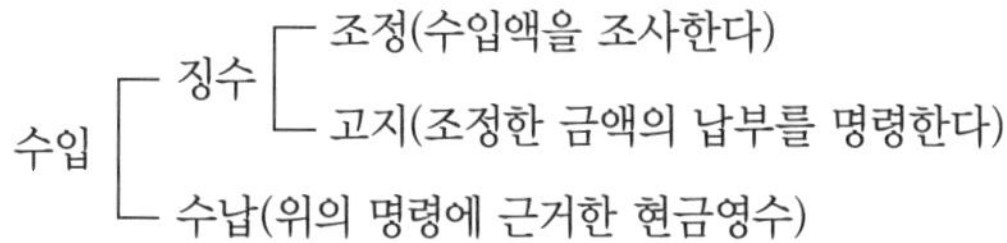

앞의 징수를 위해 세입징수관을 두고 수납을 하는 것이 출납원 또는 일본은행이다. 세입징수관에는 철도국장이 임명되고, 그 사무는 본국 경리과에서 실시되는데, 조선철도의 경리사무취급상 청진출장소를 분국으로 간주해 동 소장을 세입징수 사무분장자로 하였다.

출납원에는 주임출납원과 분임출납원이 있으며, 주임출납원은 본국 경리과와 청진출장소에 각각 1명씩 있으며, 현금을 취급하는 역, 호텔 등 금전출납이 빈번한 곳에는 전임분임출납원을 둔다.

세입징수관의 조정은 법규상의 근거 또는 사유가 정확한지, 계수에 오류가 없는지 정밀 조사해야 하므로 이를 신속하게 간파하기 위해 징수요구관을 두고, 또한 역이나 출장소처럼 현금 수납이 먼저 이루어지는 곳은 사후조정이라고 하여 심사계에서 전문으로 이를 취급하며, 오류가 있는 경우에는 정정통지서를 발급해 이를 취급한 분임출납원에게 추징 또는 환급을 시킨다.

다음에 세입징수관의 징수명령에는 서면에 의한 것과 구두에 의한 두 종류가 있다.

서면에 의한 것은 그 납부 장소에 따라서,

납부고지서(일본은행의 본 · 지점 또는 대리점을 납부 장소로 지정한 것)

불입통지서(가장 가까운 출납원에게 불입을 지정한 것)

의 두 종류가 있으며, 이를 각각의 납부자에게 송부하고, 구두에 의한 것에는 징수전표를 발행해 이를 출납원에게 교부하는 경우와 납부자에게 구두로 고지하는 형식, 예를 들어 관사거주자가 급여를 지급받을 때 급여에서 공제되는 전기요금, 수도요금 등과 같은 것이다.

또 세입, 세출을 장부상에서 정리하도록 명하는 경우의 대체전표, 수입금과 지불금의 상쇄를 명하는 경우의 상쇄전표는 징수전표의 일종이다.

앞의 징수요구관은, 본국 관계는 경리과장, 청진출장소 관계는 동 소장이 담당자로, 이 중 철도공장의 제조와 수선, 낙성품(준공품)에 관해서는 철도공장이, 또 낡은 침목의 매각에 대해서는 각 공무사무소장이 담당하도록 되어 있다.

2. 세출기관 : 지출사무는 지출(지불을 명령한다)과 지불(명령에 근거해 현금을 지불한다)로 구분된다. 지불명령을 하는 것을 지출관이라 한다.

지출관의 지불명령은 일본은행을 지불인으로 하는 수표를 발행함으로써 실시되며, 따라서 지불기관은 일본은행이다.

지출관의 지불명령은 총독으로부터 영달된 '지불예산'의 금액을 초과할 수 없다.

철도처럼 역, 출장소 등에서 수입의 대부분을 수수하는 관청에서는 이를 유효하게 활용하기 위해 원래(회계법의 기본원칙)는 일단 세입금으로써 일본은행(국고)에 납부해야 하는 수납금을 사용해 지불하는 것이 인정되며, 이를 대체지불이라고 한다.

이 대체지불을 명령하는 것을 대체지불명령관이라 하며, 조선철도에서는 본국의 경리과장과 청진출장소장이 담당한다. 이 대체지불명령은 대체지불전표를 발행함으로써 실시되는데 지출관으로부터 영달되는 '정액예산'을 초과해 명령할 수는 없다.

또 대체지불명령을 받아 지불을 담당하는 자를 대체지불출납관이라고 하는데, 철도 지불은 대부분 대체지불명령이므로 단순히 출납원 또는 분임출납원이라고 한다.

출납원 등은 수납금을 안전하게 보관하기 위해 자기 명의로 은행에 예금하고 필요할 때마다 수표를 발행하고 있다. 이 예금을 예탁금이라 한다.

주) 대체지불은 1개월분을 정리해 세입에 계상하는 동시에 지출관 지출로 전환되므로, 최종적으로는 전부 지출관 지출이 된다.

지출관과 대체지불명령관 모두 경비의 지불요구를 받아 비로소 명령을 발하는 기관이며, 이들에게 지불을 요구하는 자를 지불요구관이라 한다.

지불요구관은 지불요구서를 작성하고 여기에 증빙서 및 기타 관계서류를 첨부해 지출관 또는 대체지불명령관에게 지불을 요구할 때, 배부받은 '사업예산'의 범위 내인지 확인해야 한다. 회계사무취급세칙에서는 사업예산을 배부받는 자를 지불요구관으로 정하고 있으며, 업무조직 개정에 의해 그 배치장소가 변경된다. 직영 환원 직후에 본국은 경리과 회계계, 창고계, 기계과 및 서무과 문서계에 두고 지방기관은 청진출장소, 각 공무사무소 및 각 공장에 배치되었다. 역이나 출장소처럼 지불 후 처리해야 하는 경우도 미리 내정예산을 정해두고 사후에 지불요구관이 정규 절차를 밟도록 되어 있다.

예산제도

1. 공포예산 : 의회에 제출해 승인을 거친 예산을 통칭 공포예산이라고 한다.

공포예산 작성은 대략 전년도 6월경부터 시작하며 완성된 원안은 총독부 재무국에서 조정한 후 11월경에 대장성에 제출하고, 대장성에서 사정된 것이 예산안으로 제국의회에 제안된다. 대장성이 사정하고 이것이 정부안으로 결정되는 것은 대략 12월 하순이 되는데 난항으로 해를 넘기는 예도 있다.

이 예산은 '조선총독부 조선철도용품자금특별회계 세입세출 예정계산서'로 의회에 제출되는데 이와 함께,

예산 각 항목별 명세서

계속비 총액 및 지출년도 분할 명세서

차년도 이월이 요구되는 경비(이월명세)

예산 외국고의 부담이 되는 계약

등을 제출하고 있다.

앞 내용 중 조선철도와 관계가 있는 것은 계속비로 철도건설 및 개량비와 재해비가 있으며, 예산 외국고의 부담이 되는 계약으로 철도사업비의 보존비 및 보충비, 용품자금특별회계의 철도용품구입비가 있다.

2. 실행예산 : 공포예산 작성에는 위에서 기술한 바와 같이 전년도의 실적은 단기간에 채용할 수 없으며, 철도사업처럼 일반 경제사정에 의해 변동하는 환경에서는 공포예산을 그대로 답습할 수 없으므로 가능한 한 최근의 실적과 정보에 근거해 실행 예산이 재편성된다.

이 실행예산 작성 시 주의해야 할 사항은 다음과 같다.

1. 예산과목(관), (항)에서 공포예산액을 초과해서는 안 된다.(헌법에 의해 제한)
2. 예산에서 정한 목적 외의 것을 실행예산에 계상해서는 안 된다.(회계법에 의함)

3. 봉급, 접대비, 보조비는 공포예산액을 초과해서는 안 된다.(칙령에 의한 제한)

4. 지불예산영달에서 조선총독에 의해 부과된 제약

1) 공포예산액을 초과해서는 안 되는 것

각 항목 중 잡수당, 보존비 중 제반 건물수선비

2) 그 밖의 경비로 유용할 수 없는 것

각 항목 중 숙사비, 잡수당

보존비 중 제반 건물수선 시

보충비

공제조합 급여금

3) 철도건설 및 개량비에서

각 항목 중 잡수당은 공포예산액을 초과해서는 안 된다.

다른 경비로 유용할 수 없는 것

각 항목 중 숙사비, 잡수당, 공제조합 급여금

특별급여금

공사비

이 실행예산은 상반기의 실적이 판명되었을 때 그 상황을 반영해 개정되고, 또 제3사분기의 실적에 의해 재개정되는 것이 통례이다.

3. 지불예산 : 조선총독으로부터 지출관인 철도국장에게 영달되는 것으로, 앞에서 기술한 집행상의 제약은 부과되지만 통상적으로 예산액은 공포예산과 동일하다. 단, 일본 정부와 조선총독의 방침에 의해 절약을 실행하는 경우에는 절약액을 공제한 금액이 영달액이 된다.

4. 사업예산 : 실행예산 편성이 종료되면 이를 지불요구관별로 배분하고 각 지불요구관에게 배부한다. 이를 사업예산이라 한다.

배부 시에는 앞에서 기술한 예산집행에 대해 총독에게 부과된 제한사항 외에 지출관으로 약간의 제약을 추가한 '예산유용의 제한'이 규정된다.

예산은 원칙적으로 과목의 (목), (절), (세절)별로 정해지며, 상반기의 실적, 제3사분기까지의 실적에 의해 개정된다.

각 지불요구관은 사업예산에 근거하여 자신의 관할 결산 장소별로 사업예산을 세분하고, 필요에 따라서 내정예산으로 결산 장소에 통지한다.

또 지불요구관은 사업예산공제부를 비치하고, 배부된 예산을 초과하지 않도록 지불전표 발행 시마다 예산을 공제한다.

5. 정액예산 : 각 지불요구관별로 작성된 사업예산을 기초로 이를 관할하는 대체지불명령관별로 집계하고, 대체지불명령관이 지불명령이 발행하는 한도액으로 영달되는 예산을 정액예산이라고 한다.

6. 공사계획예산 : 사업예산은 세출과목별로 정해져 있는데, 이 중 보존비, 차량수선비, 보충비와 철도건설 및 개량비, 재해비와 같은 공사에 대해서는 별도로 공사 건명별로 예산을 정해 공사예산의 집행상황 파악을 용이하게 한다. 이를 공사계획예산이라고 하며, 공사를 실시할 곳에 배부하고 있다.

보충비와 철도건설개량비는 각각 공사 건명별로 정해지는데, 수선비에 대해 일례를 들면 다음과 같다.

선로수선		
침목 교환		
보통침목	정	엔
교량침목		
선로전환기용침목		
레일교환		
50kg 레일	km	엔
37kg		
자갈채집살포		엔
(이하 생략)		

제반 건물수선

각 관사 기타 장판수선 엔

기계실 수선 엔

(이하 생략)

공사계획예산도 사업예산이 개정될 때마다 개정 배부된다.

이후 법규관계 개정 : 직영 환원 직후의 상황은 위에서 기술한 바와 같으며, 이후의 주요 개정은 다음과 같다.

1. 국유재산법 시행

1936년 8월 15일 칙령 제266호에 의해 조선에서도 재산관리 및 정리를 국유재산법에 따르게 되었다.

동 칙령 제1조에서 "국유재산법은 제13조 및 제24조의 규정을 제외하고 조선에서 실행한다."라고 규정하고, 또 제2조에서 "조선총독부에 속하는 국유재산의 사무는 조선총독이 이를 관리한다."라고 규정되어 조선관유재산관리 규칙에서 국유재산법으로 근거법규가 변경되었다.

2. 조선철도용품자금회계법 개정

1) 자동차교통사업용품의 취급

직영으로 자동차교통사업을 실시하게 되어 용품구입, 저장 및 제작, 수리를 위해 1937년 3월 30일 법률 제14호에 의해 동법이 일부 개정되었다.

2) 용품자금 보충

용품자금을 1,000만 엔으로 하기 위해 1941년 3월 5일 법률 제30호에 의해 동법이 일부 개정되었다.

3. 조선철도용품자금회계 규칙 개정

수불계정표를 익년도 7월 31일까지 대장대신에게 송부하도록(기존에는 예정계산서에 전 전년도의 수불계정표를 첨부한다) 변경되었기 때문에 1944년 8월 9일 칙령 제496호에 의해 회계 규칙이 일부 개정되었다.

조직 개정에 따른 회계집행기관 변경

1. 공무, 운수사무소를 폐지하고 철도사무소 신설

1933년 5월 철도사무소 신설에 의해 각 철도사무소장은 대체지불명령관이 되어 정액예산을 배부받고, 또한 지불요구관으로 사업예산을 배부받았다.

2. 건설, 개량사무소 신설

1936년 7월 경성에 건설사무소가, 1937년 6월 부산과 경성, 평양에 개량사무소가 신설되었는데, 각 사무소장은 지불요구관이 되어 사업예산을 배부받았다. 그 지불은 원칙적으로 본국의 대체지불명령관의 소관이었다.

3. 지방철도국 신설

1940년 12월 부산과 경성, 함흥에 지방철도국이 신설되면서 각 지방철도국장은 대체지불명령관이 되어 정액예산을 배부받고, 또 지불요구관으로 사업예산을 배부받았다.

관하 각 철도사무소장에게 정액예산, 사업예산 및 공사계획예산을 배부하였다. 또 공장이 지방철도국 관리 하에 있었던 기간은 동일하게 처리되었다.

4. 철도국이 교통국으로 개편

1943년 12월 철도국이 교통국으로 개편되고, 이에 수반하여 지방기관의 조직도 대폭 변경되었다.

새로운 조직에서 회계사무집행기관은 다음의 〈표 10-1〉과 같다.

기타 경리사항

1. 부대사업 직영 환원

1932년 4월 1일부터 호텔, 식당차, 구내식당, 열차식당의 영업을 '조선철도호텔경영주식회사'에 위탁하였으나, 조선과 일본, 만주 간 교통량 증가 등으로 환경이 변화해 1934년 4월 1일부터 직영으로 환원되었다.

2. 북선선의 만철 위탁경영 및 일부 환원

1933년 9월 28일 칙령 제258호에 의해 북선선의 경영을 같은 해 10월 1일 이후 만철에 위탁하게 되었다. 이 위탁경영협약 중 경리관계의 사항은 다음과 같다.

〈표 10-1〉 회계사무 집행기관 일람표

<table>
<tr><th colspan="3">사업예산 배부개소</th><th>정액예산 배부개소</th></tr>
<tr><th>지불요구관</th><th>지불요구서 작성개소</th><th>결산 구분 개소 등</th><th>조체지불명령관</th></tr>
<tr><td rowspan="2">**교통국 총무부
(회계과)**</td><td>교통국 총무과
(회계)</td><td rowspan="2">교통국 각 과, 기술연구소, 도서관, 각 항공관구소, 중앙종사원양성소, 각 해원양성소</td><td rowspan="2">교통국 총무부
(회계과)</td></tr>
<tr><td>공장에서 취급하는 것은 공장</td></tr>
<tr><td>**지방교통국 총무부
(회계과)**</td><td>지방교통국 총무부
(회계과)</td><td>각 부, 병원, 진료소, 여관, 열차 및 구내식당, 전기수선장, 지방종사원양성소의 물건비 이외의 것</td><td>지방교통국 총무부
(회계과)</td></tr>
<tr><td rowspan="2">**지방교통국 총무과
(용도과)**</td><td>지방교통국 총무과
(회계과)</td><td rowspan="2">지방교통국 본국 및 부속기관, 관하철도사무소, 부두국 및 각 현장기관의 물건비만</td><td rowspan="2">지방교통국 총무부
(회계과)</td></tr>
<tr><td>공장에서 취급하는 것은 공장</td></tr>
<tr><td rowspan="2">**지방교통국 공무부
(서무과)**</td><td>지방교통국 공무부
(서무과)</td><td rowspan="2">용품 및 공작비의 전기계정관계만</td><td rowspan="2">지방교통국 총무부
(회계과)</td></tr>
<tr><td>물건비 관계만
지방교통국 총무부
(회계과)</td></tr>
<tr><td rowspan="3">**철도사무소 부두국**</td><td>철도사무소 및 부두국</td><td rowspan="3">철도사무소 및 부두국의 본국, 부속기관, 각 현장기관의 물건비 관계를 제외한 일체의 경비</td><td>철도사무소 및 부두국</td></tr>
<tr><td>공장에서 취급하는 것은 공장</td><td rowspan="2">지방교통국 총무부
(회계과)</td></tr>
<tr><td>지방교통국 총무부
(회계과)
공사재료관계</td></tr>
<tr><td rowspan="4">**건설사무소**</td><td>건설사무소</td><td rowspan="4">건설사무소의 물건비 관계를 제외한 일체의 경비</td><td>건설사무소
(부산, 인천, 원산)</td></tr>
<tr><td>공장에서 취급하는 것은 공장</td><td>철도사무소 및 부두국
(청진)</td></tr>
<tr><td rowspan="2">지방교통국 총무부(회계과)
공사재료관계</td><td>지방교통국 총무부
(회계과)</td></tr>
<tr><td>교통국 총무과
(회계)</td></tr>
<tr><td rowspan="2">**공장**</td><td>공장</td><td rowspan="2"></td><td rowspan="2">교통국 총무과(회계)</td></tr>
<tr><td>교통국 총무과(회계)
공사재료관계</td></tr>
</table>

1) 위탁철도의 건설개량공사에서 이미 정해진 예산에 의해 시행중인 것 및 계획이 결정된 것은 총독부에서 시행하고, 필요에 따라서 만철에 위탁할 수 있다.
2) 장래 위탁철도 개량 및 지선 건설의 필요성이 발생할 때에는 총독부 자금으로 만철이 시행하게 되는데, 필요에 따라서 총독부가 이를 실행할 수 있다. 이 지선이 완성되면 만철에 경영을 위탁한다.
3) 보충공사는 만철의 부담으로 시행하고, 그 재산은 총독부에 귀속된다. 보충비의 범위 및 연액은 별도로 협정한다.
4) 천재지변 기타 불가항력에 의한 재해의 응급 및 복구비에 관해서는 별도로 협정한다.
5) 만철은 위탁철도에 관여하며, 별도로 협정하는 금액을 총독부에 납부한다.

앞의 납부금은 부속협정에서 위탁철도에 관한 투자액의 4%로 협정되었는데, 그 후의 영업성적을 고려해 1936년 이후의 분은 2.2%로 개정되었다.

그 후 북선지방의 정세 변화에 대응하기 위해 상삼봉~수성 간, 청진선 및 회령~신계림 간의 철도 및 청진항 종단시설에 관한 경영을 총독부에 부활시킨 것이 총독부와 만철 당사자 간에 절충되어 1940년 7월 1일 이후 철도국 경영으로 복귀하였다.

이와 관련해 1939년의 납부금은 1940년의 3개월분과 함께 1940년에 납입되었다.

환원되지 않았던 상삼봉~웅기 간 철도시설에 대해서는 기존의 위탁경영을 변경해 대부방식이 되었으며, 대부료는 이 구간의 투자액에 대해 3.99%(당시의 공채 발행자 이율)로 결정하였다.

또 이 구간의 재산은 국유재산법규정에 의해 잡종재산에 편입되어, 철도국장의 관리를 벗어나 대장대신의 관리 하에 들어갔다.

이 대부 구간의 제반시설에 대해서는 1945년 3월 31일에 대부가 종료되고,

4월 1일부터 만철에 양도되었으나 유상양도인지, 무상양도인지에 대한 규정은 없다.

주) 대부 구간의 시설에 대해서는 1940년 7월의 전환교섭에 의해 만철로부터 일본 정부에 대해 무상양도를 신청하였으며, 이와 관련해 만철과 조선철도가 수차례에 걸쳐 협의한 결과 양도하기 전까지는 앞에서 기술한 내용으로 유상대부로 하기로 하였으나, 양도의 필요성과 양도시기를 1945년 3월로 하는 것에 대해서는 결정되었다.

3. 자동차운수사업의 직영 및 통제회사로의 이관

1936년 3월 1일 남조선철도주식회사 매수와 함께 같은 회사가 경영하였던 자동차운수사업을 직영으로 하고, 이어서 1937년 12월부터 시업한 회령~웅기 간의 자동차운수가 1940년 7월 1일부터 직영으로 환원되었다.

이로써 총독부는 조선 내의 자동차교통사업의 전면적인 정비 확충을 위해 1944년 1월부터 여객 및 화물자동차의 통합에 착수해 화물자동차는 전 조선 1개 회사제로, 또 여객자동차는 1도 1회사제로 통합을 추진하였다. 국영자동차도 1944년 3월 31일을 기해 폐지하고 각각 통제회사로 이관하였다.

4. '관특연'에 대한 보상

1941년 7월의 특수수송은 지금까지 없었던 대규모로, 여객 수송의 규제는 물론 일반화물의 수송도 대폭 제약되었기 때문에 이 수송을 위한 제반 시설의 신설 및 개량, 차량의 응급 개량, 휴양설비 가설 등에 의해 경비가 대폭 증가하였다(이 수송은 8월까지 계속되었으며 후에 '관특연'이라고 하였다).

손실 보상을 육군 당국에 청구하게 되고 참모본부를 통해 육군성에 구상 절충을 계속하였으나, 마침내 연도 내에 해결하지 못하고 1941년에는 예정에 비해 이익이 대폭 감소하였다.

그러나 이를 계기로 향후 사태에서 분쟁을 피하기 위해 매년도의 동원계획에 따라 이를 실시한 경우의 손실액을 미리 합산하여 군 당국에 제출하였다.

주) 동원계획과 관련이 있는 만철, 화북철도, 화중철도와 동시에 제출

5. 결전비상조치요강에 따른 건설공사의 일부 중지

전시상황에 따라 '결전비상조치요강'이 정해졌는데, 이 요강에 근거해 1944

년 5월 31일 경전선 직전~황천 간 및 하동~섬거 간 노반공사, 청라선 중 청진~청암 간을 제외한 전체 노반공사, 또 1944년 10월 31일 대삼선의 오동~금당 간의 노반공사를 모두 중지하고 계약을 해제하였다.

6. 레일 철거 및 전용

경부와 경의선의 복선공사 완성 촉진을 위해 만철의 연경선(복선)의 일부를 단선으로 하고, 이에 의해 발생한 레일을 전용하게 되었다(1944년). 그러므로 이에 대한 보상에 대해 만철과 교섭을 계속하였으나 우여곡절 끝에 다음과 같이 결정되었다.

1) 철거비용 및 응급조치 비용은 조선철도가 부담한다. 원상 복구하는 경우의 비용도 동일
2) 철거 레일의 가액에 대해 연 5%의 사용료를 만철에 지불한다.

조선 내 사철에서 철거, 전용된 경우에 대해서는 철거비용을 조선철도가 부담하고, 영업중지기간 중에는 영업중지보상비를 사철에 지불한다. 또한 원상 복구하는 경우에는 그 비용을 조선철도가 부담하는 것으로 교섭이 완전하게 매듭지어졌다.

7. 교통국의 예산

1943년 12월 1일부터 철도국은 교통국으로 개편되고, 기존의 철도국 소관업무에 항만과 해사, 세관, 항공 업무가 추가되었다. 소관업무에 관한 1944년과 1945년의 예산은 다음과 같다. 예산과목은 1944년과 1945년에 틀린 항목도 있는데, 다음의 〈표 10-2〉는 1945년 예산과목을 나타낸 것이다.

〈표 10-2〉 1944년, 1945년 세입세출예산(과목은 1945년 예산과목으로 한다)

관항목	1944년	1945년	비고
	엔	엔	
세입부 경상부			
2. 관업 및 관유재산수입	508,646,743	590,545,822	
2) 교통수입	508,646,748	590,545,822	
(1) 여객수입	173,322,299	215,097,604	
(2) 화물수입	206,967,946	249,815,790	
(3) 소구화물집배수입	18,276,596	18,276,596	
(4) 잡수입	12,317,273	17,627,464	
(5) 철도수탁공사수입	752,000	452,000	
(6) 가수입 및 입체금 수입	95,507,784	89,276,368	
자동차 수입	620,976		자동차운수 업무 폐지
철도 대부금	881,869		북선선을 만철에 위양
3. 잡수입	656,058	1,137,996	
1) 타 회계에서 수입	198,415	267,278	
2) 후생보험특별회계 선원감정에서 수입	198,415	267,278	
3) 잡수입	457,643	870,718	
4) 선원보험수입	457,643	870,718	
경상부 합계	509,302,801	591,683,818	
세입합계	509,302,801	591,683,818	
세출부 경상부			
3. 일반비	314,348,754	393,850,162	
6) 교통관서	314,348,754	393,850,162	총독부 각 청의 관을 개칭
(1) 봉급	12,478,306	14,275,282	
(2) 상여	2,375,602	3,296,629	
(3) 제급여	1,618,309	1,812,388	
(4) 사무비	2,852,711	2,868,573	
(5) 철도사업비	295,013,176	371,586,640	
(6) 접대비	8,573	8,573	
(7) 기밀비	2,077	2,077	
5. 보충비	99,134,594	93,683,638	

관항목	1944년	1945년	비고
	엔	엔	
1. 청원관리 기타 파견경비	306,491	316,414	
1) 봉급	248,064	248,064	
2) 상여	20,642	30,565	
3) 제급여	22,476	22,476	
4) 사무비	15,309	15,309	
5) 제환급입체금 및 보전금	98,114,140	91,882,724	
(1) 조세납부 및 환급금	18,334,851	17,170,654	
(2) 조세 외 환급금	2,492,770	2,492,770	
(3) 결손보전금	3,300	3,300	
(6) 연대운수수입 환급금	49,643,219	68,086,000	
(7) 입체금	27,640,000	4,130,000	철도화물인환대금 및 입체금 항목을 개칭
6) 제지출금	713,963	1,484,500	
(1) 특정급여	6,000	6,000	
(12) 선원심판비	45	45	
(13) 부읍면 기타교부금	2	2	부읍면 교부금 항목 개칭
(16) 범칙자 처분비	6,597	6,597	
(18) 관세 처분비	10,387	10,387	
(20) 난파선비	50	50	
(21) 선박검사심판임검여비	15,646	15,646	
(29) 전염병예방 및 검역비	43,495	43,495	
(42) 정부납부보험료	2,947	19,133	정부 납부 선원보험료 항목 개칭
(43) 후생보험특별회계선원감정으로 이월	455,931	870,893	
(44) 선원보험지정 공제조합으로 이월	50	50	
(45) 선원보험급부금 및 급부비 분담금	172,075	511,464	
(46) 선원부조금	738	738	
경상부 합계	413,483,348	487,533,800	
임시부			
1. 일반비	316,941,695	242,015,200	제반 중요 광물 증산시설비, 제반 교통 및 통신시설비, 제반 조선임시행정비, 영선토목비, 보조비의 관을 개칭
2) 철도건설 및 개량비	265,550,000	188,797,680	

관항목	1944년	1945년	비고
	엔	엔	
(1) 봉급	3,185,818	3,126,046	
(2) 상여	573,448	712,564	
(3) 제급여	7,665,492	7,321,443	
(4) 사무비	2,446,405	1,677,136	
(5) 건설공사비	52,941,928	15,970,540	
(6) 개량공사비	143,075,929	116,594,951	
(7) 차량비	55,660,980	43,395,000	
4) 항만수선 개량비	19,466,000	23,400,000	
(1) 봉급	401,862	407,862	
(2) 상여	64,085	85,018	
(3) 제급여	475,322	837,511	
(4) 사무비	215,058	280,609	
(5) 공사비	18,309,673	21,789,000	항로표지정비비, 항공보안시설비의 항을 개칭
7) 영선토목 계속사업비	2,751,919	6,446,473	
(1) 봉급	65,888	56,288	
(2) 상여	8,426	10,856	
(3) 제급여	58,324	125,598	
(4) 사무비	21,547	41,215	
(5) 공사비	2,597,734	6,212,516	항만유지비, 제반 신영 및 수선의 항을 개칭
8) 제반 영선토목비	1,007,183	1,068,183	
(1) 봉급	10,368	10,368	
(2) 상여	684	1,170	
(3) 제급여	16,685	16,619	
(4) 사무비	3,246	2,826	
(5) 각 소 신영		65,000	
(6) 경비선 기타 선박수선	84,000	80,000	
(13) 항만유지 및 설비비	892,200	892,200	중요 광물 증산 지도감독비, 경제통제비, 국민동원비, 교통통제비의 항을 개칭
9) 임시 제반 요무비	488,195	499,953	
(1) 봉급	145,152	145,152	
(2) 상여	13,865	19,982	
(3) 제급여	259,363	265,004	
(4) 사무비	69,815	69,815	
13. 토목비 보조	392,500	3,088,522	

관항목	1944년	1945년	비고
(1) 지방토목사업비 보조	275,000	1,571,022	
(2) 도로 및 하천기타공사비 보조	117,500	1,517,500	
15) 교통 및 통신사업보조	27,275,332	18,703,823	
(1) 육운사업보조	9,017,091	6,935,244	
(2) 해운사업보조	4,220,934	3,562,213	
(3) 선박건조보조	12,657,000	7,261,400	
(4) 선박건조융자보조	480,648	474,443	
(5) 항공장려금	370,523	470,523	
기범선적 석탄수송보조	529,136		소형선적 석탄수송장려금 교부 규칙 폐지
16) 임시 제보조금	10,566	10,566	
(24) 재해대책보조	10,566	10,566	
3. 보충비	11,718	11,718	
1) 임시 제지출금	11,718	11,718	제지출금 항 개칭
(14) 징용선원 부조비	1,000	1,000	
(15) 위반신고자 급여	10,718	10,718	
임시부 합계	316,953,413	242,026,918	
지출 합계	730,436,761	729,560,718	

8. 군대조직에 의한 관리 정원의 대폭 증가

일상 업무는 현행의 업무조직으로 대응하지만 비상사태가 발생할 경우 각 기관이 각각 하나의 독립기관으로 군대적 규율 하에 질서있게 대응할 수 있는 군대조직을 편성하도록 하였다. 이를 위해서는 철저한 명령복종이 가장 중요한 과제로 대폭적인 관리정원 증가가 필요하였다.

이 건에 대해 일본국철에서는 이미 1945년 예산에 계상되었다. 그러므로 조선철도에서도 1945년 예산에 계상을 계획하였으나, 준비태세가 지연되어 부득이하게 1945년 중에 예비비 지출로 실시한 것에 대해 총독부 재무국 및 대상성 모두 양해하였다.

1945년 5월 중순 예비 지출의 경비예산안을 제출해 승인을 받는 동시에, 관리의 증원에 대해 관제 개정 절차가 취해졌다. 이에 수반한 관리 증원은

1945년 예산에서 관리 증원과 함께 6월 29일 칙령 제391호로 발포되었는데, 이 군대조직에 따른 예비비 지출액은 약 140만 엔(추정)이었으며, 그 관리로 등격한 수는 다음의 표와 같다.

신분	증가한 관리정원			참고 1945년 예산정원	비고
	등격	등격에 의한 감소	공제계		
주임관					
사무관	10		10	98	
교사	29		29	193	
의관	9		9	23	
약제관	2		2	1	
판임관					
서기	651	△10	641	4,217	
기수	1170	△29	1141	3,968	
의관보	11	△ 9	2	33	
약제관보	3	△ 2	1	18	
간호장	10		10	1	

〈부록표〉

1. 제84의회에서 승인된 교통국관계 계속비 예산 할당표
2. 제86의회에서 승인된 교통국관계 계속비 예산 할당표
3. 조선총독부 특별회계 세입세출 과목표(1933년 현재)
   조선철도용품자금특별회계
4. 조선총독부 특별회계 세입세출과목 및 해설(1944년 4월 8일 달갑 230호)
   조선철도용품자금특별회계

〈표 10-3〉 1. 제84의회에서 승인된 교통국관계 계속비 예산 할당표

과목	총액	1943년 까지의 지출액	1944년 까지의 지출액	연도별 할당표			
				1944년	1945년	1946년	1947년
교통 및 통신 시설제반경비	엔	엔	엔	엔	엔	엔	엔
철도건설 및 개량비							
기정액	1,891,332,271	1,353,007,884	538,324,387	327,499,330	210,825,057		
절감액	△7,313,728		△7,313,728	△7,313,728			
이연증감액				△119,368,077	△69,339,174	108,940,528	79,766,723
추가액	405,471,463		405,471,463	64,732,475	152,951,379	187,787,609	
개정액	2,289,490,006	1,353,007,884	936,482,122	265,550,000	294,437,262	296,728,137	79,766,723
항만수선개량비							
기정액	161,020,724	108,050,833	52,969,891	33,958,716	17,128,675	1,882,500	
절감액	△21,035		△21,035	△21,035			
이연증감액				△23,801,681	10,315,545	13,486,136	
추가액	20,630,000		20,630,000	9,330,000	11,300,000		
개정액	181,629,689	108,050,833	73,578,856	19,466,000	38,744,220	15,368,636	
항로표지정비비							
기정액	3,242,550	1,642,110	1,600,440	1,011,840	588,600		
이연증감액				△973,259	973,259		
추가액	757,787		757,787	713,338	44,449		
개정액	4,000,337	1,642,110	2,358,227	751,919	1,606,308		
항공보안시설비							
기정액	19,434,596	12,214,857	7,219,739	7,219,739			
절감액	△944		△944	△944			
이연증감액				△5,796,795	3,577,000	2,219,795	
추가액	1,425,000		1,425,000	578,000	847,000		
개정액	20,858,652	12,214,857	8,643,795	2,000,000	4,424,000	2,219,795	

〈표 10-4〉 2. 제86의회에서 승인된 교통국관계 계속비 예산 할당표

과목	총액	1944년까지의 지출액	1945년까지의 지출액	연도별 할당액		
				1945년	1946년	1947년
일반비	엔	엔	엔	엔	엔	엔
철도건설 및 개량비						
기정액	2,289,490,006	1,618,557,884	670,932,122	294,437,262	296,728,137	79,766,723
절감액	△ 130,111,258		△ 130,111,258	△ 130,111,258		
만기 전 증감액				11,488,944	△ 2,460,370	△9,028,574
추가액	12,982,732		12,982,732	12,982,732		
개정액	2,172,361,480	1,618,557,884	553,803,596	188,797,680	294,267,767	70,738,149
항만수선개량비						
기정액	181,629,689	127,516,833	54,112,856	38,744,220	15,368,636	
절감액	△ 25,774,220		△ 25,774,220	△ 25,774,220		
추가액	10,430,000		10,430,000	10,430,000		
개정액	166,285,469	127,516,833	38,768,636	23,400,000	15,368,636	
영선토목 계속제반사업비						
기정액	24,858,989	16,608,886	8,250,103	6,030,308	2,219,795	
만기 전 증감액				△ 3,631,035	3,631,035	
추가액	8,335,200		8,335,200	4,047,200	4,288,000	
개정액	33,194,189	16,608,886	16,585,303	6,446,473	10,138,830	

주) 본 항은 항로표지정비비, 항공보안시설비를 본 항에 개정하고, 기상통신시설비, 항로표지방공시설비를 새로 추가했다.

〈표 10-5〉 조선총독부 특별회계 세입세출 과목표

1925년 이후 약간 개정되었지만 근본적인 수정은 없으므로 1933년 현재에 의함.

경상부

관항목절세절	관항목절세절	관항목절세절
관업 및 관유재산수입	각 역 영업인 징수금	조달비
철도수입	업무위탁료	피복비
여객수입	학자상환금	소모품비
여객운임	상납금	지필묵문구
수소화물운임	잡수입	인쇄비
우편물운임	북선철도위탁경영납부금	우편전신료
입장료	철도수탁공사수입	도서비
교량통과료	가수입 및 입체금 수입	신문잡지
잡수입	연대운수수입	광고용 인쇄비
화물수입	여객수입	소송비
소구급운임	화물수입	전화요금
톤취급운임	소구화물집배수입	전등전력료
차량취급운임	화물인환대금수입	수도요금
교량통과료	소화물환적대금	광고료
잡수입	화물인환대금	운반비
소구화물 집배수입	소화물입체금수용	잡비
잡수입	입체금	난방비
창고수입	화물입체금	용인급여
창고임대료	조선철도용품 자금과잉금 이월	인부임금
창고보증금	철도작업비	잡수당
잡수입	봉급	숙사비
여관수입	칙임봉급	조달비
객실요금	주임봉급	피복비
식당수입	판임봉급	소모품비
주점수입	연공승급 및 특별승급	석탄비
식당차수입	휴직봉급	잡비
세탁수입	사업비	국제철도협회 갹출금
자동차수입	총계비	조사비
특별설비료	업무집행비	업무조사비
잡수입	철도수봉급	선로조사비
의원수입	고원급여	감독비
입원료	용인급여	고원급여

관항목절세절	관항목절세절	관항목절세절
약값치료요금	인부임금	용인급여
잡수입	촉탁수당	국내 여비
잡수입	국내 여비	잡수당
제차사용료	외국 여비	숙사비
대부금	잡수당	조달비
불용물건 매도대금	사상수당	소모품비
급수료	근면수당	지필묵문구
전신수수료	숙사비	인쇄비
우편전신료	피복비	운송비
도서비	소모품비	용인급여
신문잡지	지필묵문구	할부금
전화요금	인쇄비	부대비
전등전력료	우편전신료	국내 여비
운반비	도서비	잡수당
잡비	신문잡지	사상수당
양성소비	전화요금	숙사비
철도수봉급	전등전력료	피복비
고원급여	수도요금	잡비
용인급여	운반비	할부금
인부임금	잡비	차량수선비
촉탁수당	할부금	업무집행비
국내 여비	선로수리비	고원급여
잡수당	토공비	용인급여
근면수당	교량비	촉탁수당
숙사비	홈(작은)다리비	국내 여비
조달비	도관매설비	잡수당
피복비	터널비	숙사비
소모품비	궤도비	조달비
지필묵문구	정거장비	피복비
인쇄비	조탄장비	소모품비
우편전신료	울타리 및 경계말뚝비	지필묵문구
도서비	수도요금	인쇄비
신문잡지	제설비	우편전신료
전화요금	기기비	도서비
전등전력료	운송비	신문잡지

관항목절세절	관항목절세절	관항목절세절
수도요금	용인급여	전화요금
운반비	할부금	전등전력료
잡비	전선로수선비	수도요금
할부금	통신선로비	잡비
보존비	전력선로비	할부금
업무집행비	기기비	기관차비
철도수봉급	운송비	철도수봉급
고원급여	용인급여	고원급여
용인급여	할부금	용인급여
인부임금	건물수선비	인부임금
촉탁수당	사무소비	국내 여비
국내 여비	창고비	잡수당
잡수당	숙사비	사상수당
사상수당	잡건물비	근면수당
근면수당	기계장비	숙사비
숙사비	여관비	피복비
조달비	기기비	물품비
전등전력료	국내 여비	지필묵문구
운송비	잡수당	우편전신료
공장대체	사상수당	도서비
잡비	근면수당	신문잡지
동차비	숙사비	복포비
국내 여비	조달비	운송비
인부임금	피복비	승차권 및 입장권비
잡수당	소모품비	수소화물집배비
물품비	지필묵문구	화물하역수수료
운송비	인쇄비	세관특허수수료
공장대체	우편전신료	화물통지서작성수수료
잡비	도서비	안동사업비
객차비 세부항목은 기관차비의 예에 따름.	신문잡지	전화요금
화차비	석탄비	전등전력료
할부금	운송비	수도요금
기차비	유동연료비	운반비
업무집행비	유지비	잡비
철도수봉급	잔사비	정거장비

관항목절세절	관항목절세절	관항목절세절
고원급여	기기비	고원급여
용인급여	기관차사용료	용인급여
인부임금	안동사업비	인부임금
촉탁수당	전화요금	국내 여비
국내 여비	전등전력료	잡수당
잡수당	수도요금	사상수당
사상수당	운반비	근면수당
숙사비	잡비	숙사비
조달비	할부금	조달비
피복비	운수비	피복비
소모품비	업무집행비	소모품비
지필묵문구	세절은 운전비 업무집행비의 예에 의함.	지필묵문구
인쇄비		전등전력료
우편전신료	정거장비	유지비
도서비	철도수봉급	수도요금
신문잡지	고원급여	운반비
배상금	용인급여	잡비
전화요금	인부임금	열차비
전등전력료	국내 여비	철도수봉급
수도요금	잡수당	고원급여
운반비	사상수당	용인급여
잡비	근면수당	인부임금
운전비	숙사비	국내 여비
철도수봉급	조달비	잡수당
고원급여	피복비	사상수당
용인급여	소모품비	근면수당
인부임금		숙사비
조달비	신문잡지	평양 대피 병사비
피복비	광고용 인쇄비	촉탁수당
소모품비	자동차비	국내 여비
지필묵문구	세탁비	가옥임대료
우편전신료	전화요금	특별급여금
도서비	전등전력료	접대비
신문잡지	수도요금	보충비
복포비	광고료	용지비

관항목절세절	관항목절세절	관항목절세절
객화차 사용료	재료품비	토공비
안동사업비	특별설비비	교량비
전화요금	운반비	홈다리비
전등전력료	잡비	도관매설비
운반비	할부금	터널비
세탁비	병원 및 요양비	궤도비
잡비	의원비	정거장비
사설철도임대료	철도의 봉급	기계장비
창고비	약제사 봉급	제건물비
인부임금	고원급여	울타리 및 경계말뚝비
소모품비	용인급여	전선로비
지필묵문구	인부임금	철도여관비
전화요금	촉탁수당	차량비
배상금	국내 여비	수도요금
보험료	잡수당	운송비
잡비	사상수당	할부금
할부금	숙사비	공제조합급여금
소구화물집배비	조달비	철도수탁공사비
여관비	피복비	공사비
업무집행비	소모품비	수탁수입환급금
철도수봉급	지필묵문구	제환급입체금 및 결손보전금
고원급여	인쇄비	연대운수수입환급금
용인급여	우편전신료	여객수입환급금
인부임금	도서비	화물수입환급금
촉탁수당	신문잡비	과오납환급 및 분할환급금
국내 여비	시험비	여객수입 환급금
잡수당	치료용 비품비	화물수입 환급금
사상수당	치료용 소모품비	화물수입 분할환급금
숙사비	환자조달비	잡수입 환급금
조달비	전화요금	화물인환대금
피복비	전등전력료	소화물인환대금
소모품비	수도요금	화물인환대금
지필묵문구	운반비	입체금
인쇄비	잡비	소화물입체금
우편전신료	할부금	화물입체금

<table>
<tr><th>관항목절세절</th><th colspan="2">관항목절세절</th><th colspan="2">관항목절세절</th></tr>
<tr><td>도서비</td><td colspan="2">요양비</td><td colspan="2">결손보전금</td></tr>
<tr><td>제지출금</td><td colspan="2">할부금</td><td colspan="2">운송비</td></tr>
<tr><td>제지출금</td><td colspan="2">평원선</td><td colspan="2">할부금</td></tr>
<tr><td>사망위로금</td><td colspan="2">제경비</td><td colspan="2">개량비</td></tr>
<tr><td>관리요양비</td><td colspan="2">세절은 사무비의 예에 따름.</td><td>봉급 및 제급여</td><td rowspan="2">내용은 건설비 해당과목의 예에 의함.</td></tr>
<tr><td>철도건설 및 개량비</td><td colspan="2">용지비</td><td>사무비</td></tr>
<tr><td>건설비</td><td colspan="2">토공비</td><td colspan="2">공사비</td></tr>
<tr><td>봉급 및 제급여</td><td colspan="2">교량비</td><td colspan="2" rowspan="2">내용은 건설비평원선의 예에 의함.</td></tr>
<tr><td>칙임봉급</td><td colspan="2">홈다리비</td></tr>
<tr><td>주임봉급</td><td colspan="2">도관매설비</td><td colspan="2">차량비</td></tr>
<tr><td>판임봉금</td><td colspan="2">터널비</td><td colspan="2" rowspan="2">내용은 건설비 평원선의 예에 의함.</td></tr>
<tr><td>사무비</td><td colspan="2">궤도비</td></tr>
<tr><td>철도수봉급</td><td colspan="2">정거장비</td><td colspan="2">북선개척사업비</td></tr>
<tr><td>고원급여</td><td colspan="2">파도방지비</td><td colspan="2">척식철도부설비</td></tr>
<tr><td>용인급여</td><td colspan="2">기계장비</td><td colspan="2">주임봉급</td></tr>
<tr><td>인부임금</td><td colspan="2">제건물비</td><td colspan="2">판임봉급</td></tr>
<tr><td>촉탁수당</td><td colspan="2">건축용 기차비</td><td colspan="2">사무비</td></tr>
<tr><td>국내 여비</td><td colspan="2">건축용 도구비</td><td colspan="2" rowspan="2">내용은 건설비 평원선의 예에 의함.</td></tr>
<tr><td>잡수당</td><td colspan="2">울타리 및 경계말뚝비</td></tr>
<tr><td>사상수당</td><td colspan="2">전선로비</td><td colspan="2">무산 · 백암선</td></tr>
<tr><td>근면수당</td><td colspan="2">구선 철거비</td><td colspan="2" rowspan="2">내용은 건설비 평원선의 예에 의함.</td></tr>
<tr><td>숙사비</td><td colspan="2">수도요금</td></tr>
<tr><td>조달비</td><td colspan="2">운송비</td><td colspan="2">차량비</td></tr>
<tr><td>피복비</td><td colspan="2">절 미정 물품대</td><td colspan="2" rowspan="2">내용은 건설비 평원선의 예에 의함.</td></tr>
<tr><td>소모품비</td><td colspan="2">할부금</td></tr>
<tr><td>지필묵문구</td><td>도문선</td><td rowspan="8">내용은 평원선의 예에 의함.</td><td colspan="2">재해비</td></tr>
<tr><td>인쇄비</td><td>혜산선</td><td colspan="2">철도선로 기타수해응급비</td></tr>
<tr><td>우편전신료</td><td>만포선</td><td colspan="2">철도선로 기타응급</td></tr>
<tr><td>도서비</td><td>동해선</td><td colspan="2" rowspan="2">내용은 (항)사업비 (목)보충비의 예에 의함.</td></tr>
<tr><td>신문잡지</td><td>경전선</td></tr>
<tr><td>전화요금</td><td>함경선</td><td colspan="2">보조 및 장려비</td></tr>
<tr><td>전등전력료</td><td>차량비</td><td colspan="2">사설철도보조</td></tr>
<tr><td>수도요금</td><td colspan="2">기관차비</td><td colspan="2">사설철도보조</td></tr>
<tr><td>운반비</td><td colspan="2">객차비</td><td colspan="2"></td></tr>
</table>

관항목절세절	관항목절세절	관항목절세절
잡비	화차비	

〈표 10-6〉 조선철도용품자금특별회계 세입세출 과목표

관항목절세절	관항목절세절	관항목절세절
조선철도용품수입	주임봉급	보존비, 업무집행비의 예에 의함.
용품 및 공작수입	판임봉급	
용품수입	사망위로금	공장비
공작수입	용품 및 공작비	세절은 (항)사업비 (목)보존비 업무집행비의 예에 의하며,
잡수입	용품비	
은급 법납금	업무집행비	(세절)구입전력료
잡수입	세절은 (항)사업비의 (목)총계비 업무집행비의 예에 의함.	〃 유지비
용품잡수입		〃 수선비
부생품수입	구입비	제환급금
공작잡수입	공작비	용품환급금
조선철도용품비	업무집행비	공작환급금
봉급 및 제급여	세절은 (항)사업비의 (목)	

〈표 10-7〉 조선총독부 특별회계 세입세출과목 및 해설

(1944년 4월 8일 달갑 제230호 별책)

〈세입〉

경상부

관	항	목	절	세절	세세절	해설
조세						
	주세	주세				
	설탕 소비세	설탕 소비세				
	직물세	직물세				
	물품세	물품세				
	관세	관세				
	톤세	톤세				
	출항세	출항세				
인지 수입						

관	항	목	절	세절	세세절	해설
	인지 수입	현금 수입				차 내 통관검사시, 골패세 등 현금으로 수수하는 것
관업 및 관유재산수입						
	교통 수입					연대선에서 결산수입하는 것을 포함. 여객운임, 할증료, 급행요금, 침대요금(모포요금 포함) 군사 수송요금(객차관계), 일본과 만주 및 유럽과 아시아 연결 승차권 인쇄비, 통행세(정산하여 본 세액을 제세수입에 포함할 것)
		여객 수입				
			여객 운임			
			수하물 운임			
			소화물 운임			소화물, 부수 소화물 및 소화물차전세운임을 추가
			우편물 운임			우편차 사용료, 폐낭우편운송료
			잡수입			승차권 교환증, 회수승차권, 정기승차권 및 수수료, 수소화물처분수수료, 일시예금회송수수료, 여객운송예납금, 객차, 동차, 화물차의 회송료 및 유치료, 탁송수회품운임, 요상표시료, 인도증명료, 화물배달료, 소화물대금인환제수수료, 수화물 · 소화물 · 부수소화물 및 탁송 수회품의 보관료, 일시보관료, 소화물통관대변수수료, 연대선의 입체금 및 부대비에 대한 당국선 내에서의 회수금, 여객수입취급상의 과잉금, 이상 각 절에 속하는 객차관계 일체의 수입
		화물수입				연대운수의 경우에는 당국선의 취급종별에 의존한다. 연대선에 의해 결산수입을 포함
			택급 운임			택급화물의 운임 및 운임 증가
			소구급 운임			소구급화물의 운임 및 운임 증가
			차급 운임			차급화물의 운임 및 운임 증가, 군사 수송요금(화차관계)

관	항	목	절	세절	세세절	해설
			잡수입			화물지선요금, 접속비, 화물하역료, 화물대금인환증수수료, 지도수수료, 화물보관료, 화물유치료, 화차유치료, 구내운반료, 전용선 제반요금(화차연장료 포함), 차량회송료(여객 전세운송에 대한 것을 제외) 및 첨부인료, 택배취급화물 재배달료, 인도증명료, 요상액표시료, 하역기 사용료, 화물통관대변수수료, 연대선의 입체금 및 부대비에 대한 당국선 내에서의 회수금, 화물수입취급상의 과잉금, 이상 각 절에 속하는 화차관계 일체의 수입
		소구화물집배수입				철도국의 소구화물집배비로 지불하는 금액을 화물수입택급운임, 소구급운임 및 잡수입의 일부에서 본목에 포함할 것
		잡수입				
			여관수입			호텔, 철도회관, 산장, 역 구내식당 및 열차식당 수입
				객실요금		객실사용료, 침실사용료, 별장요금, 캠프숙박료
				식료수입		
				음료수입		
				담배수입		
				세탁수입		
				자동차수입		
				특별설비료		
				우편엽서수입		
				잡수입		위탁판매품대금, 구희(공놀이)료, 입욕료, 통화료, 불용품매각대금, 제세여관수입취급상 과잉금, 이상 각 세부항목에 속하는 여관관계 일체의 수입
			항만수입			제항만에서 항만관리에 따른 수입
			부두수입			청진부두에서 부두영업에 따른 수입

관	항	목	절	세절	세세절	해설
				부두 수입		선박급수료 포함
				창고 수입		
			병원 수입			
				입원료		
				약값 치료비		
				잡비		
			잡수입			
				제차 사용료		
				토지 물건 사용료		
				불용 물건 매각 대금		
				전신 수수료		
				업무 위탁료		
				잡수입		구내영업요금, 여수항역에서의 부두사용료, 차량 및 창유리파손변상금, 국원이 물품을 훼손 또는 분실한 경우 기타 변상금, 각종 계약에서 발생하는 지체료 및 위약금, 철도국 보상대금, 학자상환금, 규정 편찬 및 추록대금, 통학정기무임승차증 발행수수료 분뇨수거비, 벌초료, 시외전화료, 초빙게시료, 옥외광고 설치료, 양성소 수업료, 도서관의 제요금 연도 경과 후 반납금, 잡수입 취급상의 과잉금, 이상 각 세절에 속하는 일체의 잡수입
		철도 대부료				

관	항	목	절	세절	세세절	해설
		철도 수탁 공사 수입				
		임시 수입 및 입체금 수용				
			연대운 수수입			
			조세 수입			통행세, 입장세, 유흥음식세, 광고세
			화물인 환대금 수입			
			입체금 수입			
	관유물 대여료					
		관유물 대여료				
잡수입						
	변상 및 위약금					
		변상 및 위약금				선박파출검사 여비상납금
	은급 법납금					
		문관 납부급				
		대우 직원 납부금				
	선원보 험 수입					
		보험료 수입				보험료, 변상금, 독촉수수료, 연체금 및 체납 처분비

관	항	목	절	세절	세세절	해설
		선원보험료 피보험자 부담금				선원보험법 제60조에 의한 피보험자(국가소속 선박승무원)의 부담에 속하는 보험료
		선원보험 급부비분담금수용				1940년 법률 제14호 제1조에 의해 타 회계부담금을 수용함.
		잡수입				징용 선원에 일시금 지급에 따른 국고납부금 수용
	타 회계에서 수용					
		후생보험특별회계선원계정에서 수용				1940년 법률 제14호 제2조에 의해 후생보험특별회계에서 수용할 것
	잡수입					
		잡수입				
			수표지불미필금 수용			
			세관 잡수입			세금에 관련한 잡수입

〈세출〉

경상부

관	항	목	절	세절	세세절	해설
총독부 각 청						
	교통관서	봉급				교통수 봉급, 휴직 봉급을 포함
		상여				관리, 대우직원분
		제급여				철도작업 이외의 용무에 필요한 경비
			급료			고원, 용원의 급료 및 촉탁 수당
			인부임금			
			국내 여비			
				출장		

관	항	목	절	세절	세세절	해설
				부임 및 귀향		
			외국 여비			
			잡수당			
			양성급			
			근면수당			
			항공수당			항공 승급 포함
			숙사비			
			선원보험 심사회 위원수당			
			등대직원 특별수당			
			국경지방 근면수당			
			공제조합 급여금			
		사무비				철도작업 이외의 용무에 필요한 경비
			물건비			소모품비, 사무용품, 우편전신료,
						도서비, 인쇄비 등 철도청 용품 및 항로 표지용 유지물품
			피복비			
			보충 및 수리비			
			전신전화 보수비			
			선원복지 시설비			건강진단 제비용, 보양소 비용, 보건장려비
			조달료			
			잡비			전화요금, 수도요금, 전등전력료, 운반비 광고비 포함
			할부금			
		철도 사업비				
			총계비			교통국 총무과, 정비과, 자재과, 도서관 및 지방교통국 총무부의 총계용무 및 중앙, 지방종사원양성소의 경비를 정리

관	항	목	절	세절	세세절	해설
				급료		
				인부임금		
				국내 여비	부임 및 귀향	
					출장	
				외국 여비		
				잡수당		관리 이외의 상여 및 제급여(연공승급 포함)
				근면수당		
				숙사비		
				조달비		
				철도청 용품비		소모품비, 지필묵문구, 우편전신료, 항공용품비, 도서비, 인쇄비 등 철도청 용품비
				피복비		
				배상 및 소송비		
				난방비		
				연락회의 제비용		
				잡비		전화료, 수도요금, 전등전력료, 운반비, 광고료, 사상수당 포함
			보존비			교통국 공무과, 전기과, 기술연구소, 지방교통국 공무부, 전기수선장 및 부두국, 철도사무소(현장 포함)에서 보존용무의 경비를 처리할 것. 이 절에 대한 세절 이하의 해설은 총계비의 예에 따름.
				급료		
				인부인금		
				국내 여비		
					부임 및 귀향	
					출장순회 및 감독	
				잡수당		

관	항	목	절	세절	세세절	해설
				근면수당		
				숙사비		
				조달료		
				용품비		
				피복비		
				배상 및 소송비		
				애호단 회비		애호단 관계 일체의 경비
				잡비		
				선로 수선비		
				전선로 수선비		
				건물 수선비		
				기계 수선비		
				부대비		
					국내 여비	
					잡수당	
					숙사비	
					피복비	
					잡비	
			차량 수선비			교통국 공작과, 기관구, 검차구에서의 차량수선용무의 경비를 정리하고, 이 절에 대한 세절 이하의 해설은 총계비의 예에 의함.
				급여		
				인부임금		
				국내 여비		
					부임 및 귀향	
					출장	
					대리근무 및 보조근무	

관	항	목	절	세절	세세절	해설
				잡수당		
				근면수당		
				숙사비		
				조달비		
				청용품비		
				피복비		
				기구비		
				수리품비		
				보수비		
				전력비		전등료 포함
				잡비		
				전기기관 차수선비		공장에서 진체계산에 의한 경비
				증기기관 차수선비		상동
				동차 수선비		상동
				객차 수선비		상동
				화차 수선비		상동
			기차비			교통국 운수과, 기술연구소, 지방교통국 운전부, 부두국, 철도사무소, 기관구, 검차구의 운전계통에 속하는 경비를 처리한다. 이 절에 대한 세절 이하의 해설은 총계비의 예에 의함.
				급료		
				인부임금		
				국내 여비		
					부임 및 귀향	
					출장	
					대리근무 및 보조근무	
					승무	

관	항	목	절	세절	세세절	해설
				잡수당		
				근면수당		
				숙사비		
				조달비		
				용품비		
				피복비		
				석탄비		
					석탄대	
					운임	
					하역임금	
				운전용 전력요금		
				유동 연료비		
				유지비		
				잔사비		
				기기비		
				기관차 사용료		
				위탁 사업비		안도, 삼상보, 신의주 사업비
				배상 및 소송비		
				수도요금		
				잡비		
			운수비			교통국 운수과, 지방교통국 운전부, 부두국, 철도사무소, 역, 부두, 열차구의 운수계통에 속하는 경비를 처리한다. 이 절에 대한 세절 이하의 해설은 총계비의 예에 의함.
				급료		
				인부임금		
				국내 여비		
					부임 및 귀향	
					출장	

관	항	목	절	세절	세세절	해설
					대리근무 및 보조근무	
					승무	
				잡수당		
				근면수당		
				숙사비		
				조달비		
				용품비		
				피복비		
				운수장표		
				승차권비		
				복포비		
				광고비		
				승차권류 대리판매 수수료		
				수소화물 집배비		
				화물 작업료		
				부두업무 수수료		
				위탁 사업비		안동 사업비, 상삼봉 사업비
				선박 급수료		
				보험료		
				객화차 사용료		
				세탁비		
				잡비		
				사설철도 임대료		
			소구화물 집배비			

관	항	목	절	세절	세세절	해설
			여관비			열차식당의 경비를 포함, 이 절에 대한 세절 이하의 해설은 총계비의 예에 따름.
				급료		
				인부임금		
				국내 여비		
					부임 및 귀향	
					출장	
					대리근무 및 보조근무	
					승무	
				잡수당		
				근면수당		
				숙사비		
				조달비		
				용품비		
				피복비		
				재료품비		
					음료	
					식료	
					담배	
					우표엽서	
					잡화	
				특별		
				설비비		
				세착비		
				잡비		
			후생비			병원에 필요한 경비 및 지방촉탁의의 수당 및 여비
				잡수당		
				근면수당		
				숙사비		
					부임 및 귀향	
					출장	

관	항	목	절	세절	세세절	해설
				잡수당		
				근면수당		
				숙사비		
				조달비		
				용품비		
				피복비		
				시험비		
				치료용 비품비		
				치료용 소모품비		
				환자기타 조달비		
				잡비		
			보충 공사비			이 절에 대한 세절 이하의 해설은 교통 및 통신시설 제경비 철도건설 및 개량비 건설공사비는 동해선의 예에 의존한다.
				용지비		
				토공비		
				교량비		
				홈다리비		
				도관매 설비		
				터널비		
				궤도비		
				정거장비		
				기계장비		
				제건물비		
				울타리 및 경계 말뚝비		
				통신선로 비		
				통신기비		
				신호 선로비		

관	항	목	절	세절	세세절	해설
				신호기비		
				전력 선로비		
				전등전력 기기		
				기계 및 기구비		
				철도 여관비		
				차량비		
				수도비		
				운송비		
			공제조합 급여금			
			철도수탁 공사비			
			국경지방 근면수당			
			할부금			
		접대비				
		기밀비				
보충비						
	청원관리 기타 파견 제경비					
		봉급				
		급여				
		제급여				
			국내 여비			
			숙사비			
		사무비				
			철도청비			
			피복비			
			조달비			
			잡비			
	제환급 입 체금 및 보전금					

관	항	목	절	세절	세세절	해설
		조세불입 및 환급금				
			조세			
			환급금			
			조세			
			가수불입 및 환급금			
				통행세		
				입장세		
				유흥 음식세		
				광고세		
		조세 외 환급금				
			여객수입 환급금			
				여객운임 환급금		
				수화물운 임환급금		
				소화물운 임환급금		
				우편물운 임환급금		
				잡수입 환급금		
			화물수입 환급금			
				택급운임 환급금		
				소구급운 임환급금		
				차급운임 환급금		
				잡수 환급금		
			화물운임 분할 환급금			

관	항	목	절	세절	세세절	해설
				택급운임 환급금		
				소구급운 임환급금		
				차급운임 환급금		
			잡수 환급금			
				여관수입 환급금		
				항만수입 환급금		
				병원수입 환금		
				잡수입 환급금		
			제환급금			
		결손 보전금				
		연대운수 수입 환급금				
			여객수입 환급금			
			화물수입 환급금			
		철도화물 인환대금 및 입체금				
			화물 인환대금			
			입체금			
	제지출금					
		특정급여				
			경찰상여			
			사망 위로금			
			사상수당 및 부조금			

관	항	목	절	세절	세세절	해설
			항공 근무자 조난자 일시 위로금			
			관리 치료비			
		배상금 보상금 및 소송비				
		해원 심판비				
		부읍면 교부금				
		범칙자 처분비				
		관세 처분비				
			수용화물 처분비			
			종가세품 매출대			
		난파선비				
		선박검사 심판임검 여비				
		전염병 예방 및 검역비				
			철도청비			
			국내 여비			
			수선비			
			제급여	검역의 수당		
				연락선 검역의 수당		
				전염병 구치수당		

관	항	목	절	세절	세세절	해설
				위로금		
			의사 · 의대생 및 조수 고용비			
			급료			
			약품비			
			피복비			
			잡비			
		정부 불임선원 보험료				
		후생보험 특별회계 선원계정으로 이월				1940년 법률 제14호 제3조에 의해 후생보험특별회계에 이월 * 1940년 칙령 제378호 제2조에 의해 당해 공제조합에 이월
		선원보험 지정공제 조합으로 이월				
		선원보험 급부금 및 급부비 분담금				
		선원 부조금				
		현역 및 우대직원 급보전금				
			현역직원 급보전금			
			우대직원 급보전금			

〈세출〉

임시부

관	항	목	절	세절	세세절	해설
중요 광물 증산 시설 제경비						
	중요 광물 증산 지도 감독비					
		봉급				
		상여				
		제급여				
			봉급			
			인부 임금			
			국내 여비			
				부임 및 귀향		
				출장		
			잡수당			
			근면 수당			
			숙사비			
			국경지 방근면 수당			
			공제 조합 급여금			
		사무비				
			용품비			
			피복비			
			조달비			
			잡비			

관	항	목	절	세절	세세절	해설
교통비 및 통신 시설 제경비						
	철도 건설 및 개량비					교통국 총무과, 정비과, 공무과, 전기과, 공작과, 자재과, 기술연구소, 지방교통국 총무과, 공무부, 각 건설사무소, 부두국, 철도사무소의 건설 개량용무의 경비를 정리한다.
		봉급				본 항목의 해설은 교통관서 급여의 예에 의한다.
		상여				본 항목의 해설은 교통관서 상여의 예에 의한다.
		제급여				본 항목의 절 이하에 대한 해석은 교통관서 제급여의 예에 의한다.
			급료			
			인부 임금			
			국내 여비			
				부임 및 귀향		
				출장		
				순회 및 감독		월액 및 담당 구역 내 숙박을 포함
				칙량		
			잡수당			
			근면수당			
			숙사비			
			국경 지방 근면 수당			
			공제 조합 급여금			
		사무비				본 항목의 절 이하에 대한 해석은 교통관서 사무비의 예에 의한다.
			용품비			
			피복비			

관	항	목	절	세절	세세절	해설
			조달비			
			잡비			
			할부금			
		건설 공사비				
			동해선			
				용지비		지상물건의 매입, 이전철수 및 잔여 토지 보상금 등 토지매수에 수반하는 제반비용을 편입한다. 단, 철도국 용지 내에 존재하는 철도국 건조물 등의 이전비용은 이전해야 할 각 공사비에 편입하고, 공공용 전주(즉, 체신국 소관의 전주) 이전 비용도 동일하다(선로 신설 개량 초기에 이전하는 것은 용지비로 지불한다). 선로 폭의 말뚝은 제비용으로 지불한다.
				토공비		절취비(이 공사에 관한 공사비, 기구비, 식목비용, 잡비 및 방설에 필요한 비용), 축제비(방설에 필요한 비용을 포함), 흙방지비, 강의 도랑설치비, 건널목 및 도로부설비, 지축비
				교량비		교대면간 5m 이상의 가교비, 피일교비, 수도교비, 잔교비, 가교비, 육교비, 도로교비로서 본 공사에 필요한 공사비, 재료비, 기구비, 소모비 및 잡비를 편입한다(경간 5m 이상의 소수터널을 포함).
				홈다리비		1경간 1m 이상, 교대면간 5m 미만의 홈다리 공사에 필요한 공사비, 재료비, 잡비를 편입한다. 선로 아래를 횡단하는 경간 5m 미만의 소수터널 및 도로 위에 가설하는 경간 5m 미만의 철도육교도 본 비용에 편입한다.
				도관 매설비		선로와 횡단하거나 접속하는 도로 · 건널목에 매설하는 비용, 도관, 콘크리트관의 종류, 선로상에 횡가하는 도관으로 폭 1m 미만에 필요한 공사 · 재료비, 잡비, 경간 1m 미만의 하수는 2개 이상 연속하거나 도리를 가설하는 것도 포함해 이 비용에 편입한다.
				터널비		본 공사에 필요한 공사비, 재료비, 기구비, 건축용 재료비, 소모비 및 잡비를 편입한다.
				궤도비		본선 궤도의 인입선, 대피선 및 영구존치의 자갈선에 필요한 공사비, 재료비, 기구비, 잡비 및 이정표, 구배표, 번호표 등 본선 측선 부설에 필요한 제표를 편입한다.

관	항	목	절	세절	세세절	해설
				정거 장비		역 및 신호장(건물신호기 기타 본 공사에 필요한 모든 비용을 편입한다. 단, 이에 관련된 폐색기 기타 전신전화에 관한 비용은 통신선로비, 신호선로비, 전력선로비에 편입한다)에 필요한 경비를 정리한다.
				기계 장비		건조물비(본 공사에 필요한 공사비, 재료비, 잡비를 편입한다. 본 공사 중에는 부속건조물 및 기관구 부속 수선공사를 포함하며, 공사사무소 및 기타 부속건물은 제건물비에 편입한다) 기계 및 도구(기관구 부속수선공장에 부속된 기계를 포함한다)의 구입비, 설치비 및 잡비를 정리한다.
				제건물 비		사무소(기관구, 검차구, 열차구 및 보선구, 전기구, 건축구 사무소를 포함), 가건물(교량터널 기타 각 공사 전용에 속하는 일시가옥에 관련된 비용 및 정거장에 편입하는 가건물의 건설비를 제외), 창고, 관사(합숙소 기타 부속건물을 포함), 병원(의무실, 대피병사 및 부속 건조물 포함), 잡건물(국원 집회소, 대기실, 경비초소 및 방호, 건목소를 포함)에 필요한 경비를 정리한다.
				건축용 기차비		건축용 기차 운전에 필요한 일체의 비용(임시저수기, 임시 석탄대, 임시 기관차고 등의 비용, 차량수선비 및 회송료 포함)
				건축 용구비		각 절 전용 이외의 기구기계 및 수선비용
				울타리 및 경계 말뚝비		선로 및 정거장 주위, 정거장 구내와 제건물 및 방공호 등에 부속하는 모든 울타리 및 경계말뚝, 건널목 등의 건설비를 편입한다. 단, 정거장 구내 또는 그 밖의 단일 제건물 및 반공호 등을 위해 건설하는 울타리 및 널빤지 등의 비용은 본 비에 편입하지 않고 그 주요 상당비목에 편입한다.
				전기 건조 물비		발전소, 변전소, 개폐소, 충전실, 배선실, 계전실, 전원실, 전기수리장, 통신소, 수리실, 전기기관차고, 전차고 등의 건물 및 창고 기타 부속건조물, 기계기초, 철구, 배선거, 격벽 등에 필요한 비용을 편입한다. 단, 사무실, 관사, 합축소 등에 부속하는 건조물에 관한 비용을 제외한다.
				통신 선로비		통신선로(옥외 케이블 헤드 터미널박스)에 필요한 일체의 비용

관	항	목	절	세절	세세절	해설
				통신기비		전신비(전신설비에 필요한 일체의 비용), 전화비(전기초인종, 전기시계, 표시기, 화재경보기, 취명장치, 시보장치, 폐색기, 기계신호기의 반응기, 자동신호구간 이외의 출발신호기설비 등에 필요한 비용을 포함), 고주파 통신비(무선 및 반송통신설비에 필요한 일체의 비용)로 인입선 이내의 부속설비 일체를 포함
				신호선로비		전기신호보안설비의 전선로(궤조 본드, 궤조 절연 포함)에 필용한 비용
				신호기비		전기신호보안기기(인입선 이내의 부대설비 일체를 포함)에 필요한 비용
				전력선로비		전력선로(주상변압기 및 유입폐쇄기 등을 포함)에 필요한 일체의 비용으로 배선선로(주상의 변압기 및 유입 개폐기 등을 포함한다. 단, 자동신호기용 변압기 및 기타 저압측 전선로를 제외), 전차선로(궤전선, 전차선 귀선), 송전선로에 필요한 비용을 정리한다.
				전등전력기비		옥내 · 외 전등, 전구, 전열력기 및 이 부속품 및 실내선 입인선에 필요한 비용을 편입한다.
				기계 및 기구비		피뢰침 및 시운전비를 포함
				수도비 운송비		상수도에 필요한 일체의 비용 소운송에 속한 것을 제외한 일체의 운송비를 편입한다.
				공사위탁비		
			청라선			이 절에서 세절 이하의 과목 및 해설은 앞의 절인 동해선의 예에 의한다.
			백무선			상동
			경전선			상동
			중앙선			상동
			대삼선			상동
			북청철산선			상동
			할부금			
		개량공사비				

관	항	목	절	세절	세세절	해설
			선로 개량			이 절의 세절에 대한 해설은 건설공사의 예에 의한다.
				용지비		
				토공비		
				교량비		
				홈 다리비		
				도관 매설비		
				터널비		
				궤도비		
				정거 장비		
				기계 장비		
				제건물 비		
				건축용 기차비		
				건축 용구비		
				울타리 및 경계 말뚝비		
				전기 건조물 비		
				통신 선로비		
				통신기 비		
				신호 선로비		
				신호기 비		
				전력 선로비		

관	항	목	절	세절	세세절	해설
				전등 전력기비		
				기계 및 기구비		
				구선 철거비		개축공사에 따른 구선 궤조 및 부속품 철도리 기타 제건조물 등의 철거에 필요한 비용. 단, 건물 등의 이전에 필요한 비용은 제외된다.
				수도 요금		
				운송비		
				공사 위탁비		
			역설비 개량			이 절 이하의 과목 및 해설은 앞의 선로개량의 예에 의한다.
			조차장 신설			상동
			전철화 설비비			상동
			통신설 비개량			상동
			전기 신호 보안 설비			상동
			부산~ 경성 간 복선			상동
			경성~ 신의주 간 복선			상동
			용산~ 상삼봉 간 복선			상동
			매수선 개량			상동
			방공 설비			상동

관	항	목	절	세절	세세절	해설
			공장설비			상동
			할부금			상동
		차량비				
			증기기관차비			
			전기기관차비			
			객차비			
			화차비			
			운송비			
			할부금			
	항만수선개량비					교통국 항만과, 각 건설사무소의 항만수축개량에 필요한 경비를 정리한다.
		봉급				본 항목의 해설은 철도건설 및 개량비, 봉급의 예에 의한다.
		상여				본 항목의 해설은 철도건설 및 개량비, 상여의 예에 의한다.
		제급여				본 항목의 절 이하의 과목 및 해설은 철도건설 및 개량비, 제급여의 예에 의한다.
		사무비				본 항목의 세절에 대한 해설은 철도건설 및 개량비, 사무비의 예에 의한다.
			청용품비			
			피복비			
			조달비			
			잡비			
			수선비			
			할부금			
		공사비				
			인천항제2선거축조공사비			

관	항	목	절	세절	세세절	해설
				방파제비		
				갑문비		
				굴반비		
				매축비		
				준설비		
				육상설비비		급수설비비 포함
				기계선박비		
				급수설비비		
				제초비		
				계등설비비		
				용지비		
				보상비		
				잡비		기술촉탁고원 이하의 급료, 국내 여비, 잡수당, 연공승급, 근면수당, 숙사비, 조달비, 공제조합 급여금 및 청사, 관사, 창고, 감시초소의 신축 및 수선, 수도요금, 전등전력료, 전화료, 운반비, 시멘트 품질시험비, 공사 용인의 사상수당 등
			성진항 수선비			이 절의 세세절 및 해설은 인천항 제2선거축조 공사비의 예에 의한다.
			다사도항 수선비			상동
			묵호항 방파제 축조 공사비			상동
			부산항 확장 공사비			상동
			여수항 확장 공사비			상동

관	항	목	절	세절	세세절	해설
			청진서항방파제축조공사비			상동
			단천항방파제축조기타공사비			상동
			마산항수선비			상동
			해주항수선비			상동
			원산항수선비			상동
			삼천포항수선비			상동
			인천항저탄설비공사비			상동
			할부금			상동
	항만유지비					교통국 항만과 각 건설사무소의 항만유지에 필요한 경비를 정리한다.
		봉급				본 항목에 대한 해설은 철도건설 및 개량비 봉급의 예에 의한다.
		상여				본 항목에 대한 해설은 철도건설 및 개량비 상여의 예에 의한다.
		제급여				본 항목에 대한 절 이하의 과목 및 해설은 철도건설 및 개량비 제급여의 예에 의한다.
		사무비				본 항목에 대한 절 이하의 과목 및 해설은 철도건설 및 개량비 사무비의 예에 의한다.
		공사비				
			유지비			진남포항, 인천항, 목포항, 군산항의 준설, 군산항 및 목포항의 부잔교 유지, 부산항 제1 · 제2부두 방충재 교체, 기타 마산항 안벽 및 호안보수, 마산항세관 잔교수선 기타 항만시설의 유지공사

관	항	목	절	세절	세세절	해설
			설비비			
			수선비			
			할부금			
	항로표지정비비					교통국 해사과의 항로표지정비에 필요한 경비를 정리한다.
		봉급				본 항목에 대한 해설은 철도건설 및 개량비의 예에 의한다.
		상여				상동
		제급여				본 항목의 절 이하의 과목에 대한 해설은 철도건설 및 개량비 제급여의 예에 의한다.
						본 항목의 절 이하의 과목에 대한 해설은 철도건설 및 개량비 사무비의 예에 의한다.
		공사비				
	항공보안시설비					교통국 항공과의 항공보안시설에 필요한 경비를 정리한다.
						본 항 각 목에 대한 절 이하의 과목 및 해설은 항로표지 정비비의 예에 의한다.
		봉급				
		상여				
		제급여				
		사무비				
		공사비				
영선토목비						
	제신영 및 수선비					부두국의 제반 신영 및 수선에 필요한 경비를 정리한다.
		제급여				
			국내 여비			
		각 소 신영				
		경비선 기타 선박수선				

관	항	목	절	세절	세세절	해설
			항로표지순시선광영환수선			
			감시선기타수선			
조선임시행정제비용						
	경제통제비					교통국 해사과, 자재과, 지방교통국, 부두국의 물자수급 조정, 선원급여 등 통제, 수출입품 임시조치에 필요한 경비를 정리한다.
						본 항 각 목에 대한 절 이하의 과목 및 해설은 교통관서 해당과목의 예에 의한다.
		봉급				
		상여				
		제급여				
		사무비				
		기밀비				
	국민동원비					교통국 해사과, 지방교통국 부두부, 부두국의 선원 직업능력 및 등록선원 사용 등 통제 및 징용에 필요한 경비를 정리한다.
						본 항 각 목에 대한 절 이하의 과목 및 해설은 교통관서 해당과목의 예에 의한다.
		봉급				
		상여				
		제급여				
		사무비				
	교통통제비					교통국 감리과, 운수과, 해사과, 지방교통국 운수부, 부두부, 부두국, 철도사무소의 육운통제, 해운통제, 임시선박관리, 조선공장관리에 필요한 경비를 정리한다.
						본 항 각 목에 대한 절 이하의 과목 및 해설은 교통관서 해당과목의 예에 의한다.
		봉급				
		상여				
		제급여				

관	항	목	절	세절	세세절	해설
		사무비				
보조비						
	권업 보조					
		기범선 적석탄 수송 보조				
	토목비 보조					
		지방토 목사업 비보조				
		도로 및 하천 기타 공사비 보조				
	교통 및 통신 사업 보조					
		육운 사업 보조				
		해운 사업 보조				
		항공 장려금				
		선박건 조융자 보급				
		선박건 조보조				
보충비						
	제지 출금					

관	항	목	절	세절	세세절	해설
		임시조선어장려수당				
		임시가족수당				
		전시근면수당				
		응소직원급보전금				
		징용선원부조비				
		위반신고자급여				

조선철도용품자금특별회계

〈세입〉

관	항	목	절	세절	세세절	해설
용품 및 공작수입						
	용품 및 공작수입					
		용품수입				
			철도국 내			
			철도국 외			
		공작수입				
			철도국 내			
			철도국 외			
		전기수입				
			전등전력			
		은급 법 납입금				
		잡수입				

			수표 지불 미필금 수입			
			용품잡수입			
			공작잡수입			
			전기잡수입			

〈세입〉

관	항	목	절	세절	세세절	해설
용품 및 공작비						
	용품 및 공작비					본 항의 과목에 대한 해설은 교통국 해당과목의 예에 의한다.
		봉급				
		급여				
		제급여				
			용품비			
				급료		
				인부임금		
				국내 여비		
					부임 및 귀향	
					출장	
				잡수당		
				근면수당		
				숙사비		
				공제조합 급여금		
		사무비	용품비			
				청용품비		
				피복비		
				조달비		
				운반비		
				시험비		
				잡비		

관	항	목	절	세절	세세절	해설
		사업비				
			구입비			
			공작비			
				급여		
				인부임		
				국내 여비		
					부임 및 귀향	
					출장	
				잡수당		
				근면수당		
				숙사비		
				조달비		
				용품비		
				피복비		
				전력요금		
				잡비		
				공제조합 기여금		
				제수선경비		
					직접제경비	
					간접제경비	
			전기비			
				급여		
				인부임금		
				국내 여비		
					부임 및 귀향	
					출장	
				잡수당		
				근면수당		
				숙사료		
				조달비		
				청용품비		
				피복비		

관	항	목	절	세절	세세절	해설
				보수비		
				구입 전력비		
				기계 수선비		
				잡비		
				공제조합 급여금		
		제환급금 입체 및 보전금				
			지연료			
			환급금			
			과오납 환급금			
			수표 지불 미필금 상환금			
		특정급여				
			사망위로금			
			관리치료비			
			사상수당			
		현역 및 우대직원 급보전금				
			현역직원 급보전금			
			우대직원 급보전금			
		임시 가족수당				
		전시 근면수당				
		응소직원 급보전금				

제2절 영업수지와 수지 차익

창업시대

경인·경부 양 선은 사설철도시대를 거쳐 1906년 국유철도로 영업하고, 또 경의·마산 양 군용선은 1905년부터 유임의 여객과 화물의 취급을 시작하였는데, 순 영업선으로 경영된 것은 1906년 9월 1일 두 선이 통감부에 계승되었을 때부터였다. 그러나 경인선은 영업 개시 직후인 1899년 후반부터 약간의 흑자를 내고, 러일전쟁과 철도건설 촉진 등의 영향에 의해 상당히 좋은 성적을 거두었으나, 경부선의 개통년도(1905년)에는 100천여 엔의 적자를 내었다.

1907년, 1908년 : 러일전쟁 후의 반등 분위기가 농후해져 철도시설 폭파와 습격이 있는 상황으로, 운임제도의 개정 및 부산~신의주 간 직통열차의 운전 개시 등 각종 증수시책이 강구되었음에도 불구하고 그 수입은 목표에 비해 현저하게 부족해 1907년에는 3,523천 엔, 1908년에는 4,504천 엔이 되었다.

한편, 지출은 오히려 증가하는 경향이 강해 예산 편성 시에는 창업시대의 어려움이 계속되었는데, 예산 실행 시에는 작업비 감소를 위해 노력하였기 때문에 지출액은 1907년 3,600천 엔, 1908년 4,686천 엔이 되었다. 이 결과 적자는 1907년 486천 엔 예정에 대해 77천 엔으로, 1908년 434천 엔 예정에 대해 182천 엔으로 모두 감소하였다.

1909년, 1910년 : 1909년은 조선 전체에 콜레라가 유행하였으며, 1910년에는 조선과 만주 국경 방면에서 페스트가 창궐하는 등 영업성적에 악영향을 미치는 사고가 일어났는데, 이를 극복하여 1909년부터 대망의 흑자로 전환하였다. 즉, 1909년에는 수입 4,244천 엔에 대해 지출 4,204천여 엔으로 수입지출 간 수지익 40천 엔, 1910년에는 수입 5,142천여 엔에 대해 지출 4,804천여 엔으로 수입지출 간 338천 엔의 흑자가 되었다.

총독부 제1차 직영시대

영업수입과 영업경비 : 연도별 영업성적을 살펴보기 위해 세입과 세출의 결산액에서 수지가 같은 금액이 되는 성질(단년도에는 같은 금액이 되지 않는다)의 수입과 지출을 공제한 것을 영업수입과 영업경비라고 하고, 이 숫자에 의해 영업계수(수입 100엔당 경비액)를 산출하여 영업성적을 판단하고 있다. 총독부 제1차 직영시대 이후부터는 이 숫자로 기술한다.

주) 1. 수입 및 지출에서 공제되는 것은 연대선분의 소득액, 과오납환급 및 분할환급금, 입체금, 화물인환대금, 소구화물집배·수탁공사에 속하는 수지

2. 위의 영업경비에서 보충비(자본적 지출), 감독비(행정비), 선로조사비(자본적 지출), 특별급여금(이와 균형을 이룬 수입이 총독부에 납부된다)을 공제해 순영업비라고 하고, 영업성적 판단에 이용되는 경우도 있다.

전기의 성적 : 1910년 한일합병이 조인된 무렵부터 민심의 안정과 교통기관의 이용증대, 지방경비의 충실, 농산물의 풍요 등에 의해 점차로 여객과 화물 수송이 증가하였다. 또 1911년 호남선과 경원선의 일부 및 평양탄광선이 영업을 개시하면서 이런 분위기가 더욱 조장되었다. 이후 영업선로의 연장과 이에 따른 연선지방의 개발에 의해 영업수입도 지속적으로 증가하였기 때문에 때로 대수해로 피해를 입었음에도 불구하고 별표 '영업수지성적'(이하 별표라 한다)에서 나타낸 바와 같이 순조로운 성적을 거두었다. 즉, 영업수입은 매년 15% 내지 18% 증가한 반면, 영업경비 증가율은 항상 수입 증가를 따라가지 못하였다. 특히 1913년에는 수입증가 14.5%에 대해 겨우 2.7%에 지나지 않았다. 따라서 수지 차익은 1911년 634천 엔(전년 대비 87% 증가), 1912년 853천 엔(전년 대비 35% 증가), 1913년 1,568천여 엔(전년 대비 84% 증가)되며, 또 영업계수는 1911년 87, 1912년 86으로 80대에 들어가 1913년에는 77이 되었다.

1914년 : 소헌황태후의 양암(諒闇, 애도기간 3년)으로 관광여객이 감소하였으며, 경제계 부진 및 제1차 세계대전이 운수교통에 미친 영향이 막대하여 소기의 성적을 올리지 못하고 여객수입은 전년도에 비해 5.6% 감소, 화물수

입은 1.8% 증가하였다. 그 밖의 수입을 합친 영업수입은 6,606천 엔으로 전년도보다 112천 엔(1.7%) 감소하였다.

한편, 경비에서는 최근 수년간의 억제 정책에 의해 탄력성을 상실하여 전년도에 비해 4.4% 증가한 5,373천여 엔이 되었으며, 이익금은 전년도보다 336천 엔 감소하였다.

1915년 : 이때는 경제계가 회복경향을 띠었다. 시정 5주년 기념 조선물산박람회 개최와 선박 부족에 의한 해상운임 상승에 의한 전이수송 등으로 인해 여객수입 6%, 화물수입 22%로 모두 전년도보다 증가하였으며, 영업수입은 7,472천 엔(13% 증가)이 되었다.

경비는 전년도에 대해 5.9% 증가한 5,693천여 엔으로 억제할 수 있었으므로 영업계수는 76으로 이익금도 1,779천 엔이 되었으며, 전년도에 비해 44% 증가하였다.

1916년 : 제1차 세계대전의 영향에 의한 재계의 호황은 마침내 여객·화물수송에 미증유의 호황을 가져왔다.

한편, 각 노선의 수해복구공사에 거액의 비용을 필요로 했음에도 불구하고 수입 8,777천여 엔, 경비는 6,141천여 엔, 이익금은 2,636천여 엔이 되었으며, 영업계수도 70으로 놀라운 성과를 올렸다.

만철 위탁경영시대

조선철도의 영업수지는 1912년 이후 착실하게 성적이 향상, 안정적인 기반이 형성되어 밝은 미래를 예상할 수 있는 상황이 되었는데, 1917년 8월부터 철도사업의 운영이 만철로 위탁되었다.

협정에 의해 1917년의 영업수지성적은 연간 합계액을 일할 계산으로 총독부와 만철로 구분하도록 정해졌다.

1917년 : 계속되는 경제계의 호황에 의해 여객과 화물 수송은 모두 30% 이상 증가하였다. 여기에 여객·화물의 평균 수송거리 증가로 인해 전년도에 비해 여객수입은 42%, 화물수입은 60%가 증가되었으며, 영업수입은 13,169천 엔으로 50% 증가의 경이적인 숫자를 나타내었다.

한편, 경비는 수해 등에 의한 임시지출도 경미하여 전년도에 비해 20% 증가하는 데 그쳤으므로 이익금은 전년도에 비해 2.2배인 5,793천 엔에 이르며, 영업계수도 56이라는 놀라운 수치를 기록하였다.

이 결과 만철에서 총독부에 납입한 납부금은 총독부 지출액의 6% 외에 6%를 초과하는 액의 2분의 1로서 650천 엔을 추가로 납부하였다.

1918년 : 제1차 세계대전의 영향과 조선 내 산업부문 발전과 함께 여객·화물의 수송은 지속적으로 호조를 나타내었으므로, 영업수입은 17,977천여 엔이 되어 전년도에 비해 36.5% 증가하였다. 그러나 경비면에서 수해응급비 증가 외에 물가상승과 이에 관련된 종사원의 급여 등이 개정되어 지출액은 전년 대비 93% 증가하였기 때문에 차인이익금은 전년도보다 36% 감소한 3,720천여 엔이 되었다.

1919년 : 여객·화물의 수송은 계속적으로 호조를 보였으나 물가와 노임의 앙등은 멈출 줄 몰랐다. 이에 대처하기 위해 화물운임을 1919년 11월부터, 여객운임을 1920년 1월부터 인상하였다. 그러나 운임이 연도 초에 인상되었으며, 화물운임 개정 시 생활필수물자에 대한 운임을 할인하였기 때문에 운임률 개정에 의한 증수효과가 나타나지 못하고 영업수입의 증가는 수송량 증가와 거의 동일한 정도인 33%에 그쳤다. 반면 경비는 물가와 노임 앙등으로 전년도에 비해 45% 증가하였다. 이상의 결과 영업수입은 23,966천여 엔, 영업비는 20,726천 엔, 이익금은 3,240천 엔이었으며, 총독부에 대한 납부금으로 인해 770천 엔의 결손이 발생하였다.

1920년 : 수년에 걸쳐 호조를 지속해온 여객·화물 수송이 이 해에 들어와 일변해 여객 수송량은 약간 증가하였지만 화물은 전년도에 비해 13% 정도 감소하였다. 이는 연도 초부터 도래한 경제 불황 외에 7, 8월의 수해 및 역병이 유행하는 등 악조건이 계속되었기 때문이다. 이런 수입상황의 악화에 대처하기 위해 6월 다시 화물운임 인상을 단행하는 한편, 화물 유치에 이바지할 수 있는 제도 개정도 함께 실시한 결과 영업수입은 전년 대비 13% 증가한 27,174천 엔이 되었다.

또 경비면에서는 지불 경비를 크게 제한하고 열차운전을 정리함과 동시에 석탄 사용의 제한, 또한 물품 소비절약, 공사조정, 이월, 종사원 정리 등을 강행해 지출 증가를 억제하는 방안을 강구하였기 때문에 계속되는 물가와 노임의 인상에도 불구하고 경비총액의 13% 정도 증가로 억제하고, 차인이익금은 3,845천여 엔이 되어 전년도보다 18.7% 증가하는 성적을 거두었다.

1921년 : 전년도의 불황을 고려해 최대한 지출을 억제하는 한편, 재료의 절약에도 노력하고 또한 전년도에 실시한 각종 절약시책의 효과 등으로 인해 영업비는 전년도에 비해 7.3% 감소한 좋은 성과를 거두었다.

한편, 정체를 계속하던 수송도 회계년도 말에 이르러 호황을 나타내었기 때문에 영업수입도 3.4% 증가하였으며, 결국 이익금은 6,480천 엔으로 예상 밖의 좋은 성적을 거두었다.

1922년 : 7, 8월의 수해에 이어서 물가조절을 위해 실시한 생활필수품의 운임 할인 및 연선에서의 근거리 운임 할인 등 사회시설에 대해 상당히 희생을 지불하는 조치를 취하였으나, 다행히 여객·화물 수송 경기가 다시 부활하여 영업수입 30,686천 엔(전년 대비 9.2% 증가), 영업비 23,863천여 엔(전년 대비 10.3% 증가), 이익금 6,823천 엔(전년 대비 5.3% 증가)으로 좋은 성적을 거두었다.

1923년 : 7, 8월에 이르러 경의·경부 양 간선이 수해를 입었으며, 또 9월 1일 일본의 간토지방에 미증유의 대지진이 발생하였다. 그리고 10월 1일부터 실시된 화물운임 인하에 의해 상당한 감수가 예상되었으나, 그 후 지진피해 복구재료의 수송과 만주 조 수입 등에 의해 의외로 수입이 증가하였다. 이 결과 영업수입은 33,076천 엔(전년 대비 7.8% 증가), 영업비는 25,485천 엔(전년도 대비 6.8% 증가), 이익금은 7,591천 엔(전년 대비

11.3% 증가)이 되었다.

1924년 : 관동대지진 후 일본 정부의 긴축방침에 의해 전국적으로 사업 중지와 이월이 강행되었으며, 이 때문에 장기간 지속된 재계의 불황은 더욱 침체되었다. 이것이 조선 내에서 여객·화물 수송에 크게 영향을 미쳤으며, 이밖에 조선에서는 대가뭄에 의한 농작물의 불황 등이 있었다.

한편, 10월부터 함경선 111마일이 대부분 개업하였음에도 불구하고 여객수입은 1.5%, 화물수입은 6.1%로 모두 전년도보다 감소하였으며, 결국 영업수입은 31,435천 엔으로 전년도에 대비해 5% 감소하였다.

이에 대해 이 해는 영업비가 만철 위탁의 최종년도이므로 기존 익년도에 소속되었던 종사원의 1924년 하반기 상여금 및 3월 하반월의 일급자의 급여 등을 본 연도에서 부담하여 인건비 증가가 상당액에 이르렀지만, 기타 경비 절약에 의해 전년도보다 3% 감소한 24,709천 엔으로 커다란 감소를 피할 수 있었다.

제2차 직영(제1기)시대

일반 경제계의 불황은 여전히 계속되었으며, 특히 1927년의 일본 경제계 혼란으로 인해 은행의 지불정지가 속출하여, 이 영향으로 인한 운수에 미친 타격은 상당히 심하였다. 하지만 발전도상에 있었던 조선철도의 특수사정은 이를 완화해 모라토리엄 실시도 철도운수에는 커다란 영향을 미치지 않았다. 그러나 쌀값 안정과 긴축정책에 의한 각종 사업의 이월중지, 은괴 상장의 하락에 따른 대중무역의 부진, 농촌 피폐에 의한 구매력 감소, 소비절약 등의 악조건이 겹쳐 마침내 1930~1931년엔 전년도보다 영업수입이 감소하는 상황이 되었다. 경비 지출에 대해서는 항상 수입상황을 고려해 각종 절약시책을 강구하였으므로 1930~31년을 제외하고 수입 증가보다 상당히 낮게 억제되고, 이익금도 순조롭게 증가되었다.

1932년 만주국 성립 후 경제계도 겨우 호황의 싹이 텄으며, 이와 함께 금

수출 재금지와 빈민구제사업, 특수 자원개발 및 각종 토목사업 촉진 등의 제시책이 주효해 여객·화물의 수송이 점차로 증가하였다. 또한 일본과 만주의 경제 제휴, 조선과 만주 산업협력 강화 등의 새로운 정세는 더욱 수송 증대를 조장해 영업성적을 향상시켰다.

1925년 : 계속되는 경제계 불황을 고려해 예정에 대한 감수액은 경비를 절감, 예정 이익금을 확보하는 방침에 따라 각종 절약대책을 강구하였다. 그런데 7, 8월의 강우는 미증유의 대 범람을 초래해 각 선에 걸쳐 커다란 피해를 입혔다. 이 응급복구비의 일부 중 692천 엔은 기정 경비로 부담하였다. 또 이에 대처해 각종 경비의 절감이 강행되었다. 이 결과 영업수입 32,100천 엔(전년 대비 2.1% 증가), 영업경비 23,937천 엔(전년 대비 3.1% 감소), 이익금 8,163천 엔(전년 대비 21.4% 증가)이 되어 예정에 비해 500천 엔 정도 감소하였지만, 대 수해에 의한 수지의 악화를 고려하면 절약 노력을 엿볼 수 있는 성적이었다.

1926년 : 경제계가 호전될 아무런 재료도 예상되지 않으므로 경비긴축방침하에 수입상황에 따라 탄력적으로 지출계획을 세워 예정 이익금의 확보를 위해 노력하도록 하였다. 그러나 1926년 다이쇼 천황이 사망하고, 또 화물 수송의 최성기에 남선지방이 수해를 입는 등 영업수지상 적지 않은 영향을 입었다. 다행히 연말 이후 만주 조의 수입이 현저하게 증가하였으며, 목재와 석탄 등의 화물 수송이 예상 이상으로 활발해진 것 등의 관계로 영업수입은 전년도보다 10.8% 증가한 반면, 경비는 긴축방침의 성과로 6.5% 증가하는데 그쳤다. 결국 이익금은 10,081천 엔이 되어 처음으로 10,000천 엔대에 진입하였으며, 전년도에 대해 1,918천 엔 또 예산에 대해서도 635천 엔으로 각각 증가하였다.

1927년 : 연초에 일본 재계가 매우 혼란한 상태에 빠져 모라토리엄이 실시되었는데, 다행히 조선에서는 특수사정으로 여객·화물 수송에 커다란 타격은 입지 않았으며, 영업수입은 전년도에 비해 7.2% 증가하였다.

한편, 경비는 최근 수년간 절약을 강행하였기 때문에 크게 억제하기는 어려웠지만 수입 증가율보다 낮은 6.5% 증가에 그칠 수 있었다.

그 결과 이익금은 11,065천 엔으로 전년도에 비해 984천 엔, 예산에 대해 588천 엔으로 양쪽 모두 증가하였다. 또 영업계수도 71로 좋은 성적을 거두었다.

1928년 : 여객 수송은 기말에 남선지방의 한발의 영향이 심각해져 감소하였으나, 연간을 통해 보면 전년 대비 11% 증가라는 성적을 거두었다. 또한 화물 수송도 상반기에는 쌀의 증산으로 비료를 수입하였으며, 또 수리와 수전 등 각종 공사로 시멘트 등의 화물 이동에 의해 활기를 띠었다. 하반기에는 대종 화물의 조선 쌀 이동이 많지 않았으며, 만주 조의 입하와 쌀값 안정에 의해 완만하게 저조하였다. 연간을 통해 전년 대비 6% 증가는 불황 하에서는 상당한 성적이었다.

이상에 의해 영업수입은 40,988천 엔(전년 대비 7.4% 증가), 영업경비는 28,824천 엔(전년 대비 6.4% 증가), 이익금은 12,164천 엔으로 전년 대비 1,099천 엔(9.9%) 증가, 예산에 대해서는 284천 엔으로 감소하였다.

1929년 : 예산 실행 시에는 일본 정부의 금 해금준비 등을 위한 대 긴축방침에 따라 수입 감소를 고려해 영업경비 1,423천여 엔의 절감계획을 세우고, 예정 이익금을 확보하도록 경비 절감을 위해 노력했다.

한편, 운수수입은 연초부터 예상 이상으로 성적이 좋지 않아 이에 대처하기 위해 다시 경비를 절감하지 않을 수 없었다. 다행히 9, 10월에 개최된 시정 20주년기념 조선박람회는 운수수입에 호황을 가져왔으며, 또 함경선의 전 노선 개통에 의해 함북 방면에서 목재, 석탄 남하 및 이 방면으로의 만주 조 수송 등에 의해 열세를 만회할 수 있었다. 결국 여객수입은 전년도에 비해 8.7% 증가, 화물수입은 3% 증가하였다. 영업수입이 6% 증가한 것에 대해 영업경비는 절약을 위한 노력이 주효하여 1.9% 증가하는 데 그쳤기 때문에 이익금은 14,087천 엔이 되어 전년도에 비해 1,923천 엔(15.8%)의 증가,

예산에 대해 809천 엔이 감소하였다.

1930년 : 계속되는 재계 불황의 영향과 세계적인 생산 과잉 그리고 수요 감소에 기인한 물가하락, 일본 정부의 철저한 긴축정책에 의한 각 사업의 이월 및 중지, 은괴 폭락에 따른 대중무역의 부진 등 악재가 속출해 여객·화물의 이동은 극도로 감소하였다. 때마침 이 해에 미터법이 실시되어 여객·화물운임이 개정되었으며, 화물운임은 실질적으로 인하를 단행해 화물 유치를 도모하였다. 그러나 악조건이 너무 강하여 열세를 만회할 수 없었다. 이 결과 여객·화물 수입 모두 1914년 이래 최초로 전년도 수입을 밑도는 성적이 되었다. 즉, 영업수입은 전년도에 비해 11.2% 감소, 영업경비는 2.5% 감소, 이익금은 9,954천 엔이 되어 전년 대비 4,133천 엔(29.3%) 그리고 예산 대비 1,962천 엔이 감소하였다.

1931년 : 전년도 수입을 악화시킨 제반 조건은 여전히 해소되지 않아 상반기의 수송성적에서는 상당한 수입 감소를 각오해야 하는 정세였으므로, 인건비와 물건비 등에서 예산에 대해 7,700천 엔에 이르는 절감계획을 세워 이익금 감소를 최소한도로 그치도록 하였다. 다행히 하반기에 이르러 수입 감소 경향은 어느 정도 완화되어 향후 약간 전망이 밝았지만, 이 해의 영업수입은 38,450천 엔(전년 대비 0.4% 감소)으로 2년 연속 전년 대비 감소되는 결과가 되었다.

한편, 영업경비는 절감계획 실시와 관계없이 특별급여금이 증가해 전년 대비 3.8% 증가한 29,721천 엔이며, 이익금은 8,729천 엔으로 감소하였다.

주) 만철 위탁경영 당시 재직하였던 직원에 대한 퇴직수당은 그 직원이 퇴직할 때까지의 기간에 연 7%의 복리계산으로 이자를 가산해 지급하도록 되어 있는데, 그대로 방치하면 이자 부담이 높아 재정을 압박할 우려가 있으므로 조선철도 재직 중이라도 지불하도록 하고, 1930년과 1931년에 특별예산조치를 강구해 특별급여금 예산을 증액했다.

1932년 : 영업수입은 상반기에는 수년간 계속된 재계 불황의 영향으로 지속적으로 저조하였지만, 하반기 및 금 수입 재금지 이후의 정책은 때마침 강구된 빈민구제사업, 각종 토목공사와 함께 일반사업계에 활기를 주어 각종 화물의 움직임이 현저하게 호전되고, 이에 따라 여객 수송도 증가하기 시작했다. 또한 신흥 만주국과의 여객·화물 수송이 증가하여 여객수입은 8.7%, 화물수입은 4%로 모두 전년도보다 증가해 여관사업 위탁에 의한 잡수입의 형식상 감소를 상쇄했다. 따라서 영업수입에서 전년도 대비 1.3%의 증가를 나타내었다.

한편, 경비에서는 특별급여금 감소와 여관비의 형식상의 감소 등으로 인해 전년도에 비해 3,243천 엔(10.9%) 감소하였으므로, 이익금은 12,467천 엔(전년 대비 42.8% 증가)으로 향상되어 3년 만에 다시 10,000천 엔 이상으로 부활하였다.

注) 1932년부터 호텔과 열차식당, 구내식당 등의 경영을 조선철도호텔경영주식회사에 위탁하였다.

1933년 : 영업수입은 전년도 하반기 이래 일반 재계의 호전과 일본과 만주 제휴에 의한 양국 간 수송 여객·화물이 증가하여 전년도보다 수십 % 증가하였다. 10월 1일부터 만주국 경도선의 개통에 따라 당 국선 청진 이북 328.5km 구간을 만철에 위탁경영시켰는데, 이 구간분의 수입 감소를 보충하여 수입액이 43,460천 엔으로 전년도에 비해 11.6% 증가하였다.

따라서 영업경비도 이 수송량 증가에 따라 필연적으로 증가하는 경우가 많다. 그리고 부득이하게 다년간 이월된 각종 수선공사는 가급적 신속한 실시를 필요로 하며, 이를 기정 예산에 의해 처리하는 것은 매우 곤란하다. 결국 영업경비는 27,030천 엔(전년 대비 2.1% 증가)이 되어 이익금 16,430천 엔(전년 대비 31.8% 증가)은 1927년 이후 오랜만에 예산을 상회하는(1,230천 엔의 증가) 좋은 성적이었다.

注) 북선선의 만철 위탁에 의해 이 구간의 총독부 지출액(단, 보충비 추가)에 대해 4%의 반 년분으로 약 569천 엔의 납부금이 영업수입 안에 포함된다.

1934년 : 계속되는 재계의 호황, 특히 일본과 만주 간 여객·화물 증가에 의해 1인 평균 승차 km, 1톤 평균 수송 km가 증가하였기 때문에 여객수입은 전년 대비 17.1%, 화물수입은 전년 대비 13.2%로 모두 대폭 증가하였다. 영업수입에서는 호텔사업의 직영복귀에 의해 잡수입도 증가되어 53,235천 엔(전년 대비 22.5% 증가)의 성적을 거두었다. 이 수송량 증가와 함께 영업경비도 증가해, 특히 오랜 불황 하에 대폭 억제된 보충비도 종전처럼 1,000천 엔대로 부활시키는 등의 예산조치를 취하였으므로 경비총액이 31,263천 엔에 이르러 전년 대비 15.7% 증가하였다.

이익금은 21,972천 엔으로 전년도에 비해 33.7% 증가하였으며, 또한 예산에 대해 844천 엔 이익이 증가하는 성과를 올렸다.

1935년 : 여객·화물 수송은 계속 증가하였으며, 특히 여객 수송에서 벚꽃구경, 매화꽃 구경 또는 한여름 수영과 피서 등 계절고객이 예상을 크게 상회하여 여객수입은 전년도에 비해 15.6% 증가하였으며, 화물수입도 전년도보다 9.9% 증가하였으므로 영업수입은 59,048천 엔이 되었다.

영업경비는 경기회복과 함께 물가가 점차로 상승하였기 때문에 증가하는 경향이었지만, 수입 증가 범위 내로 억제해 34,571천 엔에 그치도록 하였다. 이익금 24,477천 엔은 전년도에 비해 11.4%가 증가해 예산에 대해 3,835천 엔 증가하는 성적을 거두었다.

제2차 직영(제2기)시대

수년간 계속된 인플레이션에 힘입어 조선 경제의 기초적인 제반 조건이 겨우 성숙하고, 일본 자본이 활발하게 유입되어 조선 내의 농어촌 전반에 걸쳐서 활황을 띠었다. 1937년 중일전쟁이 발발하고 병참기지로서 군수공업의 발전을 촉진한다는 경제적인 요인으로 여객·화물의 수송은 매우 순조롭게 증가하였다.

중일전쟁이 점차로 장기화의 양상을 띠게 되고 물자동원계획에 따라 광공업 증산과 이에 대응하는 각종 건설공사가 촉진되어 여객·화물의 수송은 더욱 증진하게 되었다.

1941년 12월 태평양전쟁의 발발로 '육군비상체제'가 구축되고, 1942년 12월부터 선철과 석탄, 대두, 소금 등의 대륙 중요 물자가 육로 수송으로 이전하게 되었다. 그리고 여객 수송의 억제와 일반화물의 제한이 실시되었는데, 전가 화물의 수송 요청은 점차로 증가하여 마침내 여객열차는 약 20여 % 감소되어 일반 화물의 절반 이하로 제한되었다.

이 사이 1942년 2월 1일부터 재정의 파정을 구제하는 한편, 여객 수송 억제와 부동구매력을 흡수하기 위한 목적으로 여객운임을 대폭 인상하고, 이어서 1944년 4월 1일부터 전시여객 조정과 통행세 부과를 위해 여객운임이 개정되었다.

여객열차의 수송량 감소는 효율적인 승차에 의해 완화되어 1943년까지는 지속적으로 증가하였다. 또한 화물 수송도 1944년 전가 화물의 항구 체류 증가에 의한 원활하지 못한 수송 등에 의해 계획 톤수를 크게 저하하는 사태가 발생하였지만, 항상 전년도를 상회하는 성적을 올렸다.

이상의 수송상황에 의해 영업수입은 매년 대폭 증가하였지만, 영업경비는 인플레이션 증가에 의한 물가와 노임의 상승으로 수입증가율 이상으로 증가하였다.

1936년 : 여객 수송은 농어촌 성장과 만주국의 견실한 발전에 따른 교통량 증가에 의해 14% 수입이 증가하였으며, 화물 수송도 석탄과 광석, 시멘트, 비료, 목재 등 광·공산품의 출하 격증에 의해 수입이 16% 증가하였다. 이 결과 영업수입은 67,181천 엔이 되었으며, 영업경비도 물가상승에 따라 전년도에 비해 13.7% 증가해 39,314천 엔이 되었다. 차인이익금 27,867천 엔은 전년도에 비해 3,390천 엔(13.8%)이 증가하였는데, 이는 예산에 대해 4,121천 엔이 초과하는 성적이었다.

1937년 : 중일전쟁 발발에 의한 특수수송을 위해 3개월간 일반교통 열차가 제한되었는데, 전년도의 호재 외에 대륙과의 교통량 증가가 추가되어 영업수입은 전년도에 비해 20.2% 증가해 80,735천 엔이 되었다.

한편, 영업경비에서는 진행하는 인플레이션에 의한 물가 상승과 노임 상승에 의해 수선비, 보충비 등의 공사비나 기차비의 증가가 현저하며, 전년도에 비해 23.5% 증가한 48,543천 엔이 되었다. 차인이익금 32,192천 엔은 예산에 대해 527천 엔이 증가하는 성적이었다.

1938년 : 여객수입은 계속되는 호경기와 만주국의 교통량 증가, 중일전쟁에 의한 특수수송 등에 의해 전년도에 비해 31%의 증가를 나타내었으며, 또 화물수입도 전년도의 풍작으로 미곡 출하가 왕성하여 석탄과 광석, 비료, 시멘트 등 광·공산품의 수송도 활발하였기 때문에 전년도 대비 수입이 17%나 증가하였다.

이 결과 영업수입은 98,681천 엔으로 전년도에 비해 22.2%가 증가하였다.

한편, 영업경비는 일본 정부의 절약방침으로 경비 감축을 위해 노력하였기 때문에 부득이하게 기차비가 현저하게 증가하였음에도 불구하고 전년도 대비 16.7% 증가한 56,658천 엔으로 그칠 수 있었다.

결국 차인이익금은 42,023천 엔(전년도 대비 30.5% 증가)이 되었으며, 따라서 영업계수도 57로 좋은 성적을 거두었다.

1939년 : 중일전쟁이 장기화의 양상을 띠면서 일본 경제는 본격적인 전시체제로 재편성되었는데, 여객 수송에서는 전쟁경기에 의한 여객 증가 외에 급격한 대륙 간 교통량 증가에 의해 수입은 전년도에 비해 44%나 증가하였다. 또 화물 수송에서는 이전부터 지속되었던 광·공산품의 수송량 증가에 병참기지를 구성하기 위한 물자의 수송이 더해져 수입은 20.5%나 증가하였다. 앞에서 기술한 수입상황에 의해 영업수입은 126,750천 엔으로 일거에 1억 엔대를 돌파하는 성적을 거두었다.

한편, 영업경비에서는 계속되는 물가 상승에 의한 수선비, 보충비 등의 공사비 및 기차비가 크게 증가한 것 외에 운전종사원의 양성비 등 전시특수경비가 팽창하기 시작하였기 때문에 수입 신장률을 상회하는 30.7%를 나타내

74,028천 엔이 되었다.

그러나 이익금 52,722천 엔은 예산에 비해 15,722천 엔이 증가하여 매우 양호한 성적이었다.

1940년 : 여객 수송은 전년도 이후 호조를 지속하였으며 중국 반입 제한 및 소화물 수탁 제한 등 마이너스 원인도 있었지만 수송인원 37.5%, 수입 30.1%로 모두 전년도 성적보다 증가하였다. 화물 수송도 더욱 심해지고 있는 전시통제경제 하에 시국산업물자의 수송이 활발하게 이루어졌는데 수송톤수 16.7%, 수입 10.6%로 모두 전년도보다 증가하였다. 이 결과 영업수입은 167,283천 엔으로 전년도에 비해 40,533천 엔(32% 증가) 증가하였다.

한편, 영업경비에서는 인플레이션 상승에 따른 물가와 노임 상승에 의해 수송 직접비 및 수선비 증가, 품질 저하에 의한 운전용 석탄의 소비량 증가, 전시특수경비의 누적증가 등의 악조건이 누적되어 전년도에 비해 47.7%로 대폭 증가해 총액 109,372천 엔에 이르렀다.

수익금은 57,911천 엔으로 전년도에 비해 5,189천 엔 증가하였는데, 예산 기준으로는 1,139천 엔이 감소하였다.

1941년 : 여객·화물의 수송은 전년도 이래 호조를 계속하였으나 7, 8월의 특수수송에 의해 실시된 수송 제한으로 여객 신장률은 저하되었다. 또한 화물 수송에서도 이 수송 제한은 적지 않은 영향을 받았는데, 시국산업의 번창에 의해 광·공·농산물의 수송이 현저하게 증가하여 전년도와 변함없는 증가율을 나타내었다.

1941년 12월 태평양전쟁이 발발해 임전체제는 더욱 심각해지고, 시국의 진행과 함께 일반교통은 더욱 강한 규제를 받게 되었다. 그런가 하면 인플레이션에 따른 물가 상승과 노임의 현저한 상승은 멈출 줄을 모르는 상황이었기 때문에 경영의 위기를 해소하는 한편, 부동구매력을 흡수하고 아울러 여행규제에 이바지할 목적으로 1942년 2월부터 여객운임을 30% 인상하였다.

이 결과 여객수입은 약 10%, 화물수입은 15%로 모두 전년도보다 증가하였는데, 그 밖의 수입은 감소하였으므로 영업수입은 178,592천 엔으로 전년도에 비해 6.8%가 증가하는 데 그쳤다.

한편, 영업경비는 물가와 노임 상승 외에 종사원의 양성비 상승, 탄질, 기량 저하에 의한 운전용 석탄비가 팽창하고, 여기에 특수수송에 의한 시설비 등이 대폭 증가하여 일반경비를 극도로 절약하였음에도 불구하고 전년도에 비해 23.7% 증가한 135,309천 엔이 되었다.

결국 수익금은 43,283천 엔이 되어 예산에 비해 15,748천 엔이 감소하는 데 그쳤다.

1942년 : 여객운임의 대폭적인 인상에 의해 여객 수송은 일시증가율이 둔화되었지만 만주와 중국 북부의 발전과 함께 일본과 대륙 간의 직통여객은 여전히 증가를 계속해 여객수입은 전년도에 비해 51% 증가하였다. 또한 화물 수송은 전년도에 이어서 광·공산물의 출하가 왕성하였는데, 12월 이후 대륙 중요 물자(선철, 석탄, 대두, 소금)가 육송으로 이전되어 일반화물의 수송도 제약되었지만 수송톤수는 전년도에 비해 11.7% 증가하였다. 이로써 1920년 이후 근본적인 개정이 이루어지지 않았던 화물운임에 대해 시국을 반영하여 대략 10% 정도 인상된 내용으로 개정, 1942년 5월부터 실시되었으므로 화물수입은 전년도에 비해 27.6% 증가하였다.

이로 인해 영업수입은 250,106천 엔이 되고, 영업경비는 시국의 추이에 따라 물가와 노임 상승, 시국특수경비의 증가에 어려움을 겪어 전년도보다 23.1% 증가한 166,528천 엔이 되었다.

이익금은 83,568천 엔이 되어 전년도에 비해 40,285천 엔으로 대폭 증가하여, 1942년 2월 실시된 여객운임의 개정이 재정위기 구제에 크게 기여하였다.

1943년 : 여객열차의 운행 감축 등 여객 억제 조치에도 불구하고 수송인원은 전년도에 비해 18.4%의 증가를 나타내었으며, 화물 수송은 육송 전가에 의한 수송량 증가로 일반화물이 억제되어 수송톤수는 6.4% 증가하는 데 그

쳤지만, 수송중량과 거리는 25.7% 증가하였다. 이 결과 여객수입 19.6%, 화물수입 19.5%로 모두 전년도보다 증가하고, 그 밖의 수입과 함께 영업수입은 301,225천 엔(전년도 대비 20.4% 증가)이 되었다.

한편, 영업경비에서는 물가와 노임 상승에 의한 수선비 증가, 전시 하의 특별경비의 급격한 팽창 등에 의해 26.5% 증가한 210,749천 엔이 되었다.

차인이익금 90,476천 엔은 전년도에 비해 6,908천 엔 증가하였으며, 예산에 대해서도 17,879천 엔 증가하는 좋은 성적을 올렸다.

1944년 : 이 해의 영업수지예산은 영업수입 394,110천 엔(전년도 대비 실적 30.8% 증가), 영업경비 289,249천 엔(전년도 대비 실적 37.2% 증가), 이익금 104,861천 엔(전년도 대비실적 15.9% 증가)을 예정하였다.

이에 대해 연도 도중까지의 실적을 정리하면 계속 증가되고 있는 육운 전가 화물 수송을 완수하기 위해 여객열차는 더욱 대폭 축소되고, 여기에 전시 여객조정을 위해 통행세를 포함해 50% 정도의 여객운임 인상이 4월 1일부터 실시되어 여객 수송인원은 전년도보다 17% 감소하였으며, 수입은 192,981천 엔(전년도 대비 20.9% 증가)으로 예산에 비해 19,659천 엔이 증가할 것으로 예상됐다. 또 화물 수송은 상반기에는 호조를 보였지만, 전시 상황에 의해 항구에 체류하는 화물이 증대해 화물열차의 원활한 운전을 방해해 전가 화물, 일반화물 모두 계획보다 상당히 감소해 결국 수송톤수는 전년도에 비해 12.6% 증가될 것으로 예상되었다. 화물운임은 수송력의 최고 발휘와 전시중점수송 등을 고려해 수지의 불균형을 완화하기 위해 전시운임을 설정하도록 하였는데, 그 시기가 예정보다 지연되어 7월에 실시되었다. 그러므로 이 해의 화물수입은 143,030천 엔으로 예상되어 전년도에 비해 33.4% 증가하였지만, 예산에 비해 63,937천 엔으로 대폭 감소할 것으로 예상됐다.

이상 여객·화물수입 합계에서 예산에 비해 44,278천 엔의 수익 감소는 영업경비에서 근본적인 절약대책을 강구해도 도저히 이를 보충하기 어려운 금

〈표 10-8〉 영업수지 성적(1907년~1944년)

연도		영업수입		영업경비		이익금		영업계수	투자액에 대한 수익률
		금액	전년도 대비비	금액	전년도 대비비	금액	전년도 대비		
통감부 철도원시대	1906년	엔		엔		엔			
	1907년	(3,522,721)		(3,599,709)		(△76,988)		(102)	△ 0.0011
	1908년	(4,504,197)	(1.279)	(4,685,776)	(1.302)	(△181,579)		(104)	△ 0.0023
	1909년	(4,244,204)	(0.942)	(4,204,206)	(0.897)	(39,998)		(99)	0.0005
	1910년	(5,142,446) 4,340,667	(1.212)	(4,804,066) 4,002,287	(1.143)	(338,380) 338,380	(8.460)	(93) 92	0.0038
총독부 제1차 직영시대	1911년	4,961,453	1.143	4,327,502	1.081	633,951	1.873	87	0.0066
	1912년	5,865,580	1.182	5,012,712	1.158	852,868	1.345	86	0.0081
	1913년	6,717,433	1.145	5,149,207	1.027	1,568,226	1.839	77	0.0137
	1914년	6,605,815	0.983	5,373,487	1.044	1,232,328	0.786	81	0.0100
	1915년	7,471,584	1.131	5,693,021	1.059	1,778,563	1.443	76	0.0136
	1916년	8,777,269	1.175	6,141,237	1.079	2,636,032	1.482	70	0.0190
만철 위탁경영시대	1917년	13,168,949	1.500	7,375,794	1.201	5,793,155	2.198	56	0.0395
	1918년	17,977,336	1.365	14,257,025	1.933	3,720,311	0.642	79	0.0243
	1919년	23,966,388	1.333	20,725,734	1.454	3,240,654	0.871	87	0.0198
	1920년	27,173,855	1.134	23,328,748	1.126	3,845,107	1.187	86	0.0214
	1921년	28,109,695	1.034	21,629,879	0.927	6,479,816	1.685	77	0.0331
	1922년	30,686,113	1.092	23,863,296	1.103	6,822,817	1.053	78	0.0317
	1923년	33,075,554	1.078	25,484,707	1.068	7,590,847	1.113	77	0.0319
	1924년	31,434,506	0.950	24,709,008	0.970	6,725,498	0.886	79	0.0264
총독부 제2차 직영시대	1925년	천 엔 32,100	1.021	천 엔 23,937	0.969	천 엔 8,163	1.214	75	0.0308
	1926년	35,580	1.108	25,499	1.065	10,081	1.235	72	0.0364
	1927년	38,156	1.072	27,091	1.065	11,065	1.098	71	0.0376
	1928년	40,988	1.074	28,824	1.064	12,164	1.099	70	0.0380
	1929년	43,452	1.060	29,365	1.019	14,087	1.158	68	0.0404
	1930년	38,592	0.888	28,638	0.975	9,954	0.707	74	0.0268
	1931년	38,450	0.996	29,721	1.038	8,729	0.877	77	0.0227
	1932년	38,945	1.013	26,478	0.891	12,467	1.428	68	0.0307
	1933년	43,460	1.116	27,030	1.021	16,430	1.318	62	0.0386
	1934년	53,233	1.225	31,263	1.157	21,970	1.337	59	0.0491
	1935년	59,048	1.109	34,571	1.106	24,477	1.114	59	0.0523
	1936년	67,181	1.138	39,314	1.137	27,867	1.138	59	0.0552
	1937년	80,735	1.202	48,543	1.235	32,192	1.155	60	0.0593
	1938년	98,681	1.222	56,658	1.167	42,023	1.305	57	0.0687
	1939년	126,750	1.284	74,028	1.307	52,722	1.255	58	0.0741
	1940년	167,283	1.320	109,372	1.477	57,911	1.098	65	0.0673
	1941년	178,592	1.068	135,309	1.237	43,283	0.747	76	0.0428
	1942년	250,106	1.400	166,538	1.231	83,568	1.918	67	0.0721
	1943년	301,225	1.240	210,749	1.265	90,476	1.083	70	0.0695
	(예)1944년	394,110	1.308	289,249	1.372	104,861	1.159	73	0.0708

비고) 1. 영업수입 및 영업경비는 연대선의 수익액, 과오납환급금 및 환급금, 입체금, 화물인환대금, 소구화물집배 및 수탁공사에 속하는 수지를 세입, 세출결산액에서 공제한 것임.
2. 영업계수는 영업경비/영업수입×100
3. 1907년부터 1910년에서 ( )안의 금액은 세입세출결산액임(영업수지의 금액이 미상이므로 편의상).
4. 투자액에 대한 수익률은 기초투자액에 대한 비율이다.
5. 1944년은 예산액을 계상했다.

액으로, 이익금은 겨우 전년도 정도를 유지하는 것이 고작이었다.(〈표 10-8〉 영업수지 성적 참조)

제3절 철도건설·개량 및 수해복구비 등 계속비

새로운 노선의 건설비는 (관)건설 및 개량비, (항)건설비 과목에서 기존선 개량에 필요한 비용은 동관의 (항)개량비의 과목에서 정리되고, 모두 계속비 예산제도가 채용되었다.

경부선과 경의선 및 마산선은 속성공사에 의해 개업을 시작하였으므로, 그 후의 속성구간의 개량공사는 건설 잔여 공사로 (항)건설비로 지불하였다.

또한 무산~백무 간의 건설공사는 조선총독부의 북선지방개척의 일환으로 실시되었기 때문에 (관)북선지방개척사업비의 (항)척식철도부설비 과목으로 정리되고 계속비 예산제도가 채택되었다.

수해에 의한 시설의 개량 복구에 대해서는 1908년까지는 (관)건설 및 개량질 중에서 (항)수해복구비 과목에 의해 정리되고, 1909년 이후에는 (관)재해비 과목에서 정리되어 필요에 따라서 계속비로 취급되고 있다.

Ⅰ. 건설 및 개량비 등

창업시대

이 기간 중에는 오래전부터 계획되었던 평남선과 호남선, 경원선의 건설이 제국의회의 승인을 거쳤는데, 공사의 대부분은 경부선과 경의선 및 마산선의 건설 잔여공사(차량 포함)와 경인선 개량공사였다.

1906년 : 1905년 이후 4개년 계획의 계속공사로 결정하였던 임시군사비 예산의 지출잔액 13,694천여 엔에 경부선 부산~초량 간 선로부설 기타 공사, 경의·마산선 추가공사, 경인선 열차 증발에 대응하는 각종 개량공사비 등을 추가해 총액 21,873천여 엔으로 1907년부터 1910년까지의 4개년 계획의 계속비로 제23제국의회의 승인을 거쳤다.

1907년 : 임시군용철도감부에서 부설계획이 세워진 평남선(평양에서 진남포 동단에 이르는 34.3마일)의 건설이 1908년 이후 3개월간의 계속공사로 예산총액 1,886천 엔으로 계상된 것 외에 경의선 수해에 의한 개량공사가 제24의회에서 승인되었다.

1908년 : 제25의회에서 경의선 수해에 의한 개량공사 등에 필요한 1,114천여 엔을 승인받았다.

1909년 : 오래전부터 그 건설이 요청되었던 경원선(용산~원산 간 138.4마일)과 호남선(대전~목포 간 176.5마일)에 대해 경원선은 13,789천여 엔, 호남선은 12,536천여 엔으로 예산이 승인되었다. 양 선의 차량비는 4,220천여 엔으로 1910년 이후 11개년 계획의 계속공사로 제안되었다. 이 밖에 경의선 확장 개선계획에 필요한 5,048천여 엔이 3개년 계획의 계속공사로서 추가로 요구되었다.

이상과 관련된 총계비 1,229천여 엔을 합쳐서 총액 36,823천여 엔이 제안대로 제26의회에서 승인되었다.

총독부 제1차 직영시대

기정계획의 건설 촉진을 위해 노력하는 한편, 압록강 본가교의 완성에 맞추어 국제선으로 그 수송 요청에 따른 제반설비의 정비를 도모하였다. 또 호텔 건설비와 함경선 제1기 공사건설이 제국의회의 승인을 거쳤다.

1910년 : 제27의회에서 호남·경원 양 선의 건설을 촉진하기 위해 1911년부터 5개년 간 공사를 완료하도록 기간 단축이 결정되고(제31의회에서 1년 이월이 결정되었다), 그 예산조치가 제안되었다. 또 한강 제2교량의 가설을 개량비 396천여 엔, 그 양쪽의 노량진~용산 간 복선공사를 건설비 902천여 엔의 예산으로 실시하도록 제안되고, 모두 동 의회의 승인을 거쳤다.

1911년 : 제28의회에서 철도호텔의 건축을 건설비로, 또 1911년 7월 수해에 대응해 마산선(진영~낙동강 구간)의 기면 상승 및 연약지반의 침하방지공사 등을 개량비에 의해 실시하도록 승인되었다.

1913년 : 함경선 건설은 원산~회령 간 388.4마일에 이르는데, 그 제1기 계획으로 남부는 원산~영흥 간 33.9마일, 북부는 청진~회령 간 58.1마일로 총 92마일의 건설과 차량비를 포함해 총액 15,864천 엔의 예산으로 1914년부터 1918년까지 5개년 계획으로 실시한다. 또 국제운수에 대응하기 위해 경부선 대구~부강 간의 구배와 곡선개량 및 경부~경의 양 선의 단락 루트 부설 등에 필요한 비용 총계비 등을 포함해 총액 12,518천여 엔을 5개년의 계속공사로 실시하도록 계획되었다.

이들은 모두 제31의회에서 제안대로 승인되었다.

1915년 : 제37의회에서 제1914년 1,140천 엔, 1915년 920천 엔 등 총 2,060천 엔이 실행상 이월되어 예산을 불용하였기 때문에 이를 예산에 계상하기 위한 추가예산이 승인되었다.

만철 위탁경영시대

위탁경영기간 중 건설비에서는 함경선 제2기 공사와 평양탄광선 및 진해선의 건설을 1918년부터, 또 평원선 건설을 1922년부터 실시하기 위해 제국의회의 승인을 거쳤다. 그리고 개량비에서는 경부선의 제2차 개량공사와 경부·경의 단락선에 관련된 공사, 간선의 침목 증설 및 도상개량공사, 경성역 개축공사 등이 예산에 계상되었다.

1917년 : 건설비로는 함경선 제2기 계획으로 영흥~수성 간 296.4마일 건설을 45,604천 엔의 예산으로 8개년 간에 걸친 계속공사로 하는 동시에 제1기 공사는 완성을 2년 후로 미루었다. 그리고 미림~승호리 간 7.1마일의 전용선 매수비 838천여 엔(대동강~승호리 간 평양탄광선으로 영업), 진해선(진해~창원 간 12.8마일)의 건설비 예산 2,417천 엔(1918년 이후의 5개년의 계속사업), 이들 각 선의 차량비 10,993천 엔의 예산이 제40의회에서 승인되었다. 또 개량비로 경부선 제2차 개량공사와 경부·경의 단락선 관련공사, 간선의 침목 증설 등 계속공사에 필요한 예산도 함께 동 의회에서 승인되었다.

1919년, 1920년 : 기존 계획의 예산에 대해 물가와 노임의 앙등에 의해 예산 부족이 발생해 제43의회, 제44의회에 각각 11,058천 엔, 6,500천 엔의 추가예산을 제출해 승인을 얻었다.

1921년 : 건설비에서는 평원선(서포~고원 간 132.8마일)을 총공사비 50,900천 엔(차량비 포함)으로 9년간 계속공사로 착공하는 한편, 물가와 노임 앙등에 의해 예산이 추가되고, 또 개량비에서는 경부선 제2차 개량공사 기타 기정계획의 수행에 필요한 예산이 제45의회에서 승인되었다.

1924년 : 제50의회에서는 1924년 실행에서 공사를 이월하도록 한 5,000천 엔에 대해 1925년 이후의 예산에 계상하는 추가 예산이 승인되었다.

총독부 제2차 직영시대(1기)

직영 환원 후 2년째에 획기적인 12년계획 입안이 정리되어 제52제국의회의 승인을 거치게 되어 계획 완수를 위해 노력하였지만 일본 정부의 사업긴축 방침에 의해 제59의회에서 공기를 2년 연장해 1940년 완료로 변경되고, 또 제67의회에서 이 해의 할부액을 1년 연장해 1941년에 종료하기로 하였다. 이 사이 만주사변 후의 정세에 의해 북선지방의 건설 촉진 및 수송력 증가, 운전속도 향상을 위한 예산이 추가되었다.

또 북선지방 개척의 일환으로 백암~무산 간의 척식철도 부설에 필요한 경비가 (관)북선개척사업지의 과목으로 1932년 이후 6년의 계속비로 제62의회의 승인을 거쳤다.

1926년(12년계획) : 제52의회에서 추가액으로 승인된 예산은 〈표 10-9〉와 같다.

〈추가된 건설비 내용〉

도문선(웅기~당관진 간 97마일)은 석탄, 목재의 반출과 국방경비에 기여하기 위한 목적으로 총공사비 14,977천여 엔의 예산으로 5개년 계속공사로 한다.

혜산선(길주~혜산진 간 88마일)은 목재 반출과 연선지역의 개발 및 국방경비를 목적으로 총공사비 17,206천여 엔의 예산으로 11년간의 계속공사로 한다.

만포선(순천~만포진 간 178마일)은 목재, 석탄 등 기타 광물 및 농산물 반출과 국방경비를 목적으로 총공사비 42,137천여 엔의 예산으로 12년간의 계속공사로 한다.

동해선(안변~포항 간 297마일과 부산~울산 간 44마일)은 척추산맥의 석탄과 목재, 광물 및 동해안 해산물의 개발 반출에 이바지하고, 이로써 동해안 미개발지를 개척, 함경선과 연락해 동부 종관선을 형성하기 위한 목적으로 총공사비 55,473천여 엔의 예산으로 12년간의 계속공사로 한다.

경전선(진주~전주 간 132마일과 원촌~담양 간 24마일)은 부산 방면과 호남 방면을 연락해 경남과 전라남북 3도의 보고를 개발하고, 또 남선에서 횡단선을 형성하기 위한 목적으로 총공사비 24,730천 엔으로 8년간의 계속공사로 한다.

이상 신건설선의 예산총액은 154,524천 엔이며, 여기에 신건설선용 차량비 12,900천 엔, 이 건설공사를 실시하기 위한 봉급 및 제급여, 사무비의 합계 6,718천 엔을 합쳐 추가액은 총 174,142천여 엔이 되었다.

〈표 10-9〉 12년계획 예산의 기정, 추가 별표

과목	기정액	합계
	엔	엔
건설 및 개량비	89,908,160	320,000,000
건설비	77,428,932	251,571,266
봉급 및 제급여	1,476,928	5,209,389
사무비	806,000	3,791,970
특별급여금	130,000	130,000
함경선	18,017,230	18,017,230
평원선	44,336,674	44,336,674
도문선		14,977,177
혜산선		17,206,199
만포선		42,137,322
동해선		55,473,291
경전선		24,729,914
차량비	12,662,100	25,562,100
개량비	12,479,228	68,428,734
봉급 및 제급여	462,275	1,293,166
사무비	235,000	899,712
특별급여금	45,000	45,000
공사비	11,736,953	46,135,856
차량비		20,055,000

비고) 기정은 제51의회까지 승인된 것을 말하며, 추가는 제52의회에서 승인된 것이다.

〈추가된 개량비의 내용〉

매수선 개량 : 신선 건설에 의해 그 사이에 있는 사철 5선(연장 209.8마일)을 매수해 국영으로 이관하고, 예산액 15,754천여 엔으로 협궤선 143.6마일을 표준궤로 개량하였다. 참고로 매수비는 별도로 사철매수법에 의해 지불되는데, 일본 정부의 재정 사정에 의해 1927년 이후 5개년 간에 실시된다.

기설선 개량 : 간선의 일부를 복복선 또는 복선으로 하는 동시에 레일을 중량화하고, 또 신호소를 증설하는 등 수송력 증강시책을 추진한다. 이에 대응해 차량을 증비하고 공장

설비를 확장 개량한다.

1930년 : 제59의회에서 1931년 이후의 예산 중 물가 하락에 의해 25,484천 엔의 절감을 도모하는 한편, 1929년과 1930년에 실행 예정인 공사를 이월해 일단 15,500천 엔의 예산을 불용액으로 추가해 계산한 9,984천 엔 감액이 승인되었다.

이보다 앞서 일본 정부의 비공채주의에 의해 총독부 특별회계 공채반감 방침에 따라 1930년 이후 1934년까지 연할 예산을 반액으로 감액하게 되었는데, 이에 따라 연할을 2년 연장해 12년계획은 1940년 종료하게 되었다.

1931년 : 제62의회에서 시국의 요청으로 북선지방 철도의 건설 촉진을 위해 2,955천 엔 추가(1940년 할액을 감액)가 승인되었다.

주) 공사의 추가액은 3,000천 엔으로 실행상 45천 엔이 절감되었기 때문에 이를 공제한 2,955천 엔을 추가예산으로 하였다. 따라서 1940년 연할액의 감액은 3,000천 엔이 된다.

또 북선지방 개척을 위해 척식철도(백암~무산 간 192.1km의 협궤선) 부설에 필요한 경비 예산총액 6,270천 엔이 1932년 이후 6년간 계속비로 (관)북선개척사업비, (항)척식철도부설비 과목에 의해 동 의회의 승인을 거쳤다.

1932년 : 제63의회에서는 남선지방에서 빈민구제사업으로 건설공사를 증가 발주하기 위해 1,000천 엔을 추가(1940년 할액을 감액)하는 것이 승인되었다.

1933년 : 제64의회에서는 제62, 63의회에서 앞당겨 추가한 4,000천 엔과 경비절감액 595천 엔으로 총 4,595천 엔을 감액하고, 수송력 증가 및 운전 속도 향상을 위해 개량비 1,000천 엔을 추가하기로 하여 3,595천 엔의 예산 감액이 승인되었다.

1934년 : 제65의회에서 수송력 증가 및 운전속도 향상을 위해 개량비 1,400천 엔이 추가 승인되었다.

또 제67의회에서 만포교 가설공사로서 950천 엔이 건설비로, 기설선 선로 개량공사에 필요한 8,600천 엔이 개량비로서 추가예산을 승인받았는데, 계획 전체를 앞당겨 이월 등을 실시해 이후의 연할을 다시 1년 연장하고 12년 계획이 1941년에 종료하게 되었다.

1935년 : 제69의회에서 중앙선(영천~청량리 간 358.6㎞)의 건설이 결정되어 공사비 외 차량비·봉급제급여 및 사무비를 합친 72,000천 엔의 예산에 의해 6개년의 계속비로 하고, 또 개량비 12,079천 엔의 추가액이 승인되었다.

각 연도의 연할예산액

12년계획이 결정된 후 곧바로 긴축정책시대에 들어갔으며, 특히 1930년 이후 비공채주의에 의한 공채발행 반감 조치의 영향은 막대했다. 시국의 요청에 의해 예산추가가 인정된 연도도 있었지만, 당초의 연할액으로 실행된 것은 1927년, 1928년뿐이며 그를 위해 계획은 크게 이월되었다. 1927년부터 1935년까지의 상황은 다음과 같다.

〈표 10-10〉 건설 및 개량비

연도	기정연할액	이월액	절감액	추가액	개정예산액
	천 엔	천 엔	천 엔	천 엔	천 엔
1927년	19,000				19,000
1928년	19,000				19,000
1929년	20,000	△3000			17,000
1930년	25,000	△12,500	△315		12,185
1931년	연할액 기정 27,000	△13,500		3,000	13,500
1932년	30,000	△15,000	△45	1,000	18,955
1933년	30,000	△15,000	△60	4,000	18,940
1934년	30,000	△15,000	△63	2,000 1,400	18,337
1935년	연할액 기정 30,000	△6,000			24,000

다음에 (관)북선개척사업비도 1932년과 1933년에는 당초의 계획대로 각각

500천 엔과 800천 엔이었다. 하지만 1934년에는 200천 엔이 이월되어 800천 엔이 되었으며, 1935년은 당초 연할액대로 1,000천 엔이 되었다.

총독부 제2차 직영시대(2기)

중일전쟁의 발발에 의해 대륙 간 수송량이 나날이 급격하게 증가하고, 이에 대응하기 위해 간선의 수송력 증강 및 운전속도 향상이 긴급과제가 되었다. 이에 대응해 간선의 중궤조화, 교량·홈다리의 개축, 정거장설비의 개량, 신호소 및 정거장 신설, 차량 증비와 이에 따른 공장설비의 확장 개량, 통신설비와 보안설비의 개량 등 기설선 전반에 걸친 개량공사가 필요해지며, 또 간선의 일부 복복선이나 복선화에 의한 근본적인 수송력 증강도 계획되었다. 창시 이래 철도망 정비에 주력한 설비계획도 크게 변모해 개주건종형(改主建從型) 예산이 편성되었다.

태평양전쟁의 발발에 의해 국방상 또는 중요 자재개발을 위해 일부 건설선에 과감한 예산조치가 취해졌으나 개주건종에는 변화가 없으며, 이 무렵부터 주요 자재의 핍박이 심해 통제물자의 물동계획에 의해 예산 집행이 결정되는 상황이 되었다.

또 결전비상조치요강에 따른 노무와 자재의 중점적인 사용 방침에 의해 일부 공사가 중지되기도 하였다.

1936년 : 제70의회에서 1936년 결산상 불용이 된 4,048천여 엔 및 최근의 상태에 대응하기 위해 부산진~삼랑진 간 및 대전~영등포 간의 복선공사선로 기타 제설비의 개량, 차량 증비 및 차량수선공장의 신설 확장 등에 필요한 경비 129,598천 엔이 1937년 이후의 건설 및 개량비로서 추가 승인되었다. 예산 내용을 앞당기거나 뒤로 이월함으로써 이후 연할액을 변경하고 기정한 연도를 연장해 1945년 종료로 개정되었다.

또 북선개척사업비에서는 1936년 결산상 불용이 된 250천 엔 및 공사비 예산 부족액 3,130천 엔을 기존에 정한 계속비에 추가하고, 여기에 완성 연도를 연장해 1941년까지의 계속비로 하는 것이 제70의회에서 승인되었다.

1937년 : 제73의회에서 1937년 결산상 불용이 된 143천 엔 및 경성~평양 간 복선공사 등에 필요한 경비 39,886천 엔 등 총 40,029천 엔이 1938년 이후의 개량비 예산에 추가되고 기정 연할액을 일부 앞당기는 것이 승인되었다.

1938년 : 제74의회에서 1938년 결산에서 불용이 된 6,331천 엔 및 차량 증비 및 차량수선공장의 개량과 수성~고무산 간 복선공사, 용산~청량리 간 복선공사 등을 중심으로 중앙선과 동해선 등의 건설비를 합쳐 총액 187,601천여 엔이 1939년 이후의 예산에 추가되는 것에 대해 승인을 얻었다. 또 기정한 연도 할액의 일부를 앞당기는 것(1939년으로 26,251천 엔을 앞당김)도 인정되었다.

1939년 : 제75의회에서 고산~복계 간의 전철화설비와 전기신호보안설비, 방공설비, 대전~삼랑진 간 복선공사, 평양~남시 간 복선공사 등 개량비를 중심으로 중앙선, 동해선, 평원선 등의 건설비를 포함해 226,164천 엔을 추가하고, 기정한 연할액의 일부를 앞당기거나 이월(1940년분 △12,342천 엔)하는 것이 1940년 이후 건설개량비 예산에 대해 승인되었다.

다음에 북선개척사업비는 수송력 증강 및 1938년 8월 수해에 의한 미건설 구간의 선로변경 등에 필요한 경비 4,488천 엔을 추가하고, 또 기정한 연할액의 일부를 이월해 기정한 1943년 종료로 개정하는 것이 동 의회에서 승인되었다.

1940년 : 제76의회에서 1940년 결산에서 불용이 된 19,938천여 엔과 진삼선의 건설, 중앙선 일부 전철화, 평양~진남포 간 기타 기설선 개량, 공장설비 개량, 차량 증비 등에 필요한 경비 262,999천여 엔 추가, 진해역 종단시설계획 중지에 의한 793천여 엔의 감액과 282,144천여 엔의 증액이 1941년 이후의 예산에 대해 승인되었다. 또 기정한 연할액의 일부를 앞당기거나 이월하였다.

또 북선개척사업비는 계획 변경 등에 따른 경비 1,075천여 엔을 1941년과 1942년 예산에 추가하는 것에 대해 승인을 얻었다.

1941년 : 제79의회에서 1941년까지 (관)북선개척사업비에서 정리된 무산~백암 간의 건설을 건설개량비로 정리하도록 하고, 북선개척사업비에 1942년 이후의 예산(2,357천여 엔)을 추가하는 한편, 청라선(청진~남진 간 87km) 건설과 용산~상삼봉 간 일부 복선 및 기타 공사에 필요한 경비예산을 합쳐 총 123,509천여 엔의 추가액과 기정 연할액의 일부 변경이 1942년 이후의 예산에서 승인되었다.

다음에 북선개척사업비는 앞서와 같이 건설비의 일부로서 정리하였으며, 1942년 이후의 예산에 대해서는 각각 건설비의 봉급 및 제급여와 사무비, 무산~백암선, 차량비의 과목에 계상되었다.

1942년 : 제81의회에서 전가 화물의 수송에 대응하고 수송력 증가를 요하는 경부·경의선 개량 등의 공사비 7,113천여 엔을 1942년 예산에 추가하는 한편, 새로 대전~진주 간 건설과 무산·백암선 건설, 남시~신의주 간 복선, 용산~상삼봉 간 일부 복선, 방공설비 및 기타 계획 변경 등에 필요한 경비 262,532천여 엔(이 중 1943년분 26,992천여 엔)을 추가하고 행정 간소화에 의한 봉급과 사무비 절감 878천여 엔 등 총합계 261,654천여 엔의 증액이 기정한 연할액의 일부 변경과 함께 1943년 이후 예산에 대해 승인되었다. 이 결과 제81의회에서 승인된 증액은 268,967천여 엔이었다.

1943년 : 제84의회에서 사리원~하성 간 표준궤에 의한 신선 건설(매수선 개량)과 평원선의 수송력 증강에 따른 경비 6,500천 엔이 1943년 이후 개량비로서 승인되었다.

또 동 회기 중에 북청 철산선(북청~상본궁 간 42.3km)의 건설과 황해선의 표준궤 개축(표준궤에 의한 신선 건설), 부산종단시설의 확충, 기관고 및 조차장의 새로운 증설, 부산~대전 간 자동신호시설, 기설선 선로 개량, 기타 계획 변경 등에 필요한 경비 405,471천여 엔을 추가하여 1942년으로 앞당겨 시행하기 위해 제81의회에서 추가한 7,313천 엔 절감하고 계산한 398,158천 엔의 증액이 1944년 이후 예산에 승인되었다.

1944년 이후의 과목에 대해 (관)교통 및 통신시설 제비용, (항)철도건설 및 개량비로 변경하고 목을 7목으로 정리했다. 7목은 봉급과 상여, 제임금, 사무비, 건설공사비, 개량공사비, 차량비 등이다.

1944년 : 제86의회에서 수송력 증강을 위해 새로 백두산 산림철도의 건설비 4,036천 엔과 목포~삼학도 간 선로 신설비 1,200천 엔, 부산항 화물항송설비 신설비 5,860천 엔 및 방공시설비 1,887천 엔으로 총 12,983천 엔을 추가하고, 결전비상조치에 따른 절감액 130,111천 엔, 이를 계산한 117,128천 엔의 감액이 1945년 이후의 예산에 대해 승인되었다. 제84의회에서 (관)교통 및 통신시설 제경비와 (항)철도건설 및 개량비로 정해진 과목은 이 제86의회에서 (관)일반비, (항)철도건설 및 개량비로 변경되었다.

〈표 10-11〉 각 연도의 연할 예산액

연도	건설 및 개량비			북선개척 사업비	비고
	연할액	실행상 이월액	차인계		
	천 엔	천 엔	천 엔	천 엔	
1936년	34,310		34,310	1,500	
1937년	63,454		63,454	1,270	
1938년	104,392		104,392	950	
1939년	150,128		150,128	600	
1940년	165,624	△19,939	145,685	3,214	
1941년	138,258		138,258	2,222	
1942년	136,362		136,362		
1943년	172,410		172,410		
1944년	265,550	△62,500	203,050		
1945년	188,798		188,798		

Ⅱ. 재해비 및 수해 개량복구비

한일합병 전 조선에는 치산치수에 대한 시설이 거의 없으며, 철도 건설도 속성으로 실시되었기 때문에 수해에 견딜 수 있는 힘이 약해 매년 크고 작은 피해를 입었다.

응급공사비와 복구비는 영업비의 보존비로 부담하고, 또한 소액의 복구 개량은 보충비로 실시하였기 때문에 이들이 영업성적에 미치는 영향은 경시할 수 없었다.

또 수해복구 개량에 대해서는 별도로 예산조치를 강구하였는데, 이들은 제2예비금 또는 잉여금 지출, 또는 추가예산으로 실시하였다. 그 상세한 내용은 〈표 10-12〉의 '재해비 예산표'와 같다.

대표적인 수해에 대해 설명하면 다음과 같다.

〈표 10-12〉 재해비 예산표

과목 / 연도		추가예산		예비금 또는 잉여금 지출		합계
		건설 및 개량비 / 수해복구비	재해비	건설 및 개량비 / 수해복구비	재해비	
		엔	엔	엔	엔	엔
창업시대	1906년			1,422,996		1,422,996
	1907년	244,369				244,369
	1908년	264,010		615,644		879,654
총독부 제1차 직영시대	1911년				620,556	620,556
	1912년				592,392	592,392
	1914년				226,334	226,334
	1915년		276,445			276,445
만철 위탁경영	1920년				545,621	545,621
	1922년				607,336	607,336
	1923년				534,594	534,594
	1924년				200,000	200,000

과목 연도		추가예산		예비금 또는 잉여금 지출		합계
		건설 및 개량비 수해복구비	재해비	건설 및 개량비 수해복구비	재해비	
		엔	엔	엔	엔	엔
총독부 제2차 직영시대	1925년		863,157		536,843	1,400,000
	1926년		2,000,000			2,000,000
	1927년		1,000,000			1,000,000
	1930년		899,840		300,000	1,199,840
	1933년				161,193	161,193
	1934년				83,308	83,308
	1936년		276,854			276,854
	1937년		906,479		200,000	1,106,479
	1938년		734,251			734,251
	1939년				1,682,064	1,682,064
	1940년		3,801,053			3,801,053
	1941년		1,014,702		1,000,000	2,014,702
	1942년				166,438	166,438
	1943년				330,689	330,689
합계		508,379	11,772,781	2,038,640	7,787,368	22,107,168

비고) 1. 건설개량비에 속하는 수해복구비는 1906년부터 1908년 사이에 경부~경의 속성구간에 대해 수행한 것이다.
2. 1912년 이후 기재되지 않은 연도의 수해에 대해서는 경상비로 응급공사를 시행한 것으로, 본 비목에 속하는 지출은 없다.

1906년 수해 : 1906년 8월 중순부터 하순에 걸친 강우에 의해 경부선 전의역 부근을 중심으로 남쪽은 금오산 부근부터, 북쪽은 수원에 이르는 사이에 제방 유실, 절취 붕괴, 교량 파손, 홈다리 유실 등의 피해가 있었다. 또한 9월 12일의 큰 비로 인해 다시 피해를 입어 9월 22일에 이르러 겨우 응급수리를 끝내고 열차가 개통되었다.

이렇게 해서 이 복구 개량은 다음해인 1907년까지 시공되었다.

1925년 수해 : 7월 중순부터 계속 내린 호우에 의해 각 하천의 유량이 급격히 증가하고, 전선 각 곳에서 커다란 피해가 발생했다. 그 중 한강유역은 60년 이래의 대홍수로 참화는 말로 다 표현할 수 없었다. 7월 20일 수량이 감소되기를 기다려 응급공사에 착수하고 용산~노량진 간을 도보로 연락하고, 이어서 28일 상행 본선의 한강 임시제방이 준공되어 경부~경인선 모두 개통하였다. 근본적인 수복계획으로 기존에 제방이었던 부분을 전부 피일교로 하고, 또 트러스를 90㎝ 증가시키고 이에 따라서 전후의 기면을 상승하게 되었다.[11] 또 노량진역사를 이전 개축하고, 용산 철도관사의 일부(약 800호 중 572호는 수복하고 그 나머지)는 용산 금정의 구릉지로 이전 개축하게 되었다. 이 계획은 재해비의 추가예산을 제출해 원년도부터 3개년에 걸친 계속공사로 실시되었다.

1936년 수해 : 6월 하순부터 9월 하순에 걸쳐 불순한 날씨가 계속되었으며, 그 중 8월 27일과 28일 양일간에 남선을 횡단한 태풍의 영향으로 낙동강과 한강의 범람을 초래해 경부선의 각 곳에 침수가 있어 제방 및 도상의 유실, 궤도의 이동 또는 전도 등의 피해를 입었다. 또 경의선과 경전남부선, 송려선, 경원선도 마찬가지로 피해를 입었다.

이 복구 개량공사는 1937년의 재해비 예산으로 시행되었다.

1938년의 수해 : 8월 중순 북선 방면 일대를 습격한 호우는 미증유의 피해를 초래해 함경선과 회령탄광선, 혜산선, 백무선의 각 선에 걸쳐서 제방과 궤도, 교량·구교 등이 유실되는 피해를 입었으며, 응급공사를 위해 불철주야 노력을 계속하였지만 북선선은 약 1개월, 혜산선은 11월 1일까지 부득이하게 운전을 중지하게 되었다.

이 응급복구 개량공사에 필요한 7,149천 엔에 대해서 1938년에는 응급공사만 실시하기로 하여 제2예비금으로 1,682천여 엔을 지출하고, 그 밖에 경상비 절감액의 부활액 651천 엔을 충당하였다. 또 복구 개량공사는 1939년과 1940년에 걸친 계속공사로 하고, 1939년 3,801천여 엔과 1940년 1,015천 엔의 재해비 예산이~부록표 1~12 참조).

---

11) 기면(Formation Level, 施工基面)은 선로 또는 도로에 있어서 노반의 높이를 보여주는 기준면. 각종 구조물은 이것을 기준으로 하여 만들어진다.

〈표 10-13〉 부록표 1. 계속비 예산표(건설 및 개량비)(1906년부터 1924년까지)

승인 \ 연도	통감부·철도원시대					총독부	
	1906년 제23의회	1907년 제24의회	1908년 제25의회	1909년 제26의회	합계	1910년 제27의회	1911년 제28의회
	엔	엔	엔	엔	엔	엔	엔
건설 및 개량비	21,873,144	2,586,040	1,114,635	36,823,524	62,397,343	1,298,715	1,907,334
건설비	21,347,914	2,586,040	1,114,635	36,823,524	61,872,113	902,415	1,306,414
봉급 및 제급여							
사무비							
특별급여금							
함경선							
평원선							
차량비	3,606,500			4,220,146	7,826,646		
총계비	523,571			1,229,140	1,752,711	△420,028	21,430
경부선	974,284				974,284	902,415	
경의선	15,886,284	700,000	1,114,635	5,048,181	22,749,100		
호남선				12,536,429	12,536,429	145,885	
경원선				13,789,628	13,789,628	274,143	
마산선	357,275				357,275		
평남선		1,886,040			1,886,040		
철도여관							1,284,984
평양탄광선							
진해선							
개량비	525,230				525,230	396,300	600,920
봉급 및 제급여							
사무비							
특별급여금							
공사비							
개량비	525,230				525,230	396,300	600,920
차량비							
총계비							

비고) 1. 제31의회 승인액 중 275,972엔은 1913년 실행상 이월된 것
2. 제37의회 승인액 중 1,140,000엔은 1914년 실행상 이월된 것, 920,000엔은 1915년 실행상 이월된 것
3. 제50의회 승인액 중 5,000,000엔은 1924년 실행상 이월된 것

제1차 직영시대				만철 위탁경영시대			
1913년	1915년	일단 이월 또는 불용액으로 예산 추가한 것	합계	1917년	1920년	1920년	1921년
제31의회	제37의회			제40의회	제43의회 (임)	제44의회	제45의회
엔	엔	엔	엔	엔	엔	엔	엔
29,132,826	2,060,000	△2,335,972	32,062,903	71,372,100	11,058,300	6,500,000	74,547,760
16,614,710	1,907,000	△2,182,972	18,547,567	60,255,600	9,933,600	3,500,578	57,280,462
1,897,846		△18,879	1,848,967	△130,625			
11,769,533			11,769,533	45,603,830	1,504,696	3,227,191	5,041,727
							46,521,754
4,094,200		△65,000	4,029,200	10,992,600	8,413,200		4,378,400
△403,414		△13,212	△815,224	534,667	15,704	64,230	970,681
△27,346			875,069				
△439,072			△439,072				
△203,391	1,104,900	△1,158,026	△110,632				
△96,252	572,100	△595,857	154,134				
△21,249			△21,249				
△23,936			△23,936				
67,791	230,000	△331,998	1,250,777				
				838,252		209,157	
				2416,876			367,900
12,518,116	153,000	△153,000	13,515,336	11,116,500	1,124,700	2,999,422	17,267,298
170,644			170,644	△39,916			
13,782,355	153,000	△153,000	13,782,355	11,026,531	1,110,747	2,944,387	16,950,467
△ 1,522,450			△525,230				
87,567			87,567	129,885	13,953	55,035	316,831

승인 \ 연도	만철 위탁경영시대				누계		
	1922년	1924년	일단 이월 또는 불용액으로 예산에 추가한 것	합계	예산계상액	일단 이월 또는 불용액으로 예산에 추가한 것	차인계
	제46의회	제50의회					
	엔	엔	엔	엔	엔	엔	엔
건설 및 개량비	42,000,000	5,000,000	△ 5,000,000	205,478,160	307,274,378	△7,335,972	299,938,406
건설비	34,711,770	3,525,500	△3,525,500	165,682,010	251,810,162	△5,708,472	246,101,690
봉급 및 제급여		2,056,114		1,925,489	3,823,335	△18,879	3,804,456
사무비		1,149,407		1,149,407	1,149,407		1,149,407
특별급여금		234,000		234,000	234,000		234,000
함경선	24,899,308	551,722	△1,744,100	79,084,374	92,598,007	△1,744,100	90,853,907
평원선		△500,378	△452,200	45,569,176	46,021,376	△452,200	45,569,176
차량비	7,725,000	808,400	△808,400	31,509,200	44,238,446	△873,400	43,365,046
총계비	495,170	△1,244,051	△23,400	813,001	1,787,100	△36,612	1,750,488
경부선					1,849,353		1,849,353
경의선					22,310,028		22,310,028
호남선					13,583,823	△1,158,026	12,425,797
경원선					14,539,619	△595,857	13,943,762
마산선					336,026		336,026
평남선					1,862,104		1,862,104
철도여관					1,582,775	△331,998	1,250,777
평양탄광선				1,047,409	1,047,409		1,047,409
진해선	1,592,292	470,286	△497,400	4,349,954	4,847,354	△497,400	4,349,954
개량비	7,288,230	1,474,500	△1,474,500	39,796,150	55,464,216	△1,627,500	53,836,716
봉급 및 제급여		642,142		602,226	772,870		772,870
사무비		316,599		316,599	316,599		316,599
특별급여금		81,000		81,000	81,000		81,000
공사비	7,154,501	720,435	△1,448,300	38,458,768	53,842,423	△1,601,300	52,241,123
개량비							0
차량비							
총계비	133,729	△285,676	△26,200	337,557	451,324	△26,200	425,124

〈표 10-14〉 부록표 2. 계속비 예산표(건설 및 개량비)(1926년부터 1943년까지)

연도 / 승인	1924년까지			총독부 제2차 직영시대		
	제23회부터 제50회까지			1926년	1930년	1931년
	예산액	일단 불용으로 추가한 것	차인	제52의회	제59의회	제62의회
	천 엔	천 엔	천 엔	천 엔	천 엔	천 엔
건설 및 개량비	307,274	△7,336	299,938	230,092	△9,984	2,955
건설비	251,810	△5,708	246,102	174,142	△7,932	2,955
봉급 및 제급여	3,824	△19	3,805	3,732	△48	
사무비	1,149		1,149	2,986	△180	56
조사시험비						
평원선	46,021	△452	45,569		2,271	
도문선				14,977	1,649	67
혜산선				17,206	△941	1,489
만포선				42,138	△3,127	1,043
동해선				55,473	△4,921	
경전선				24,730	△1,949	
중앙선						
대삼선						
청라선						
무산 · 백암선						
차량비	44,238	△874	43,364	12,900	△686	300
총계비	1,787	△36	1,751			
경부선	1,849		1,849			
경의선	22,310		22,310			
호남선	13,584	△1,158	12,426			
경원선	14,540	△596	13,944			
마산선	336		336			
평남선	1,862		1,862			
철도여관	1,583	△332	1,251			
평양탄광선	1,048		1,048			
진해선	4,847	△497	4,350			
함경선	92,598	△1,744	90,854			
특별급여금	234		234			

승인 \ 연도	1924년까지			총독부 제2차 직영시대		
	제23회부터 제50회까지			1926년	1930년	1931년
	예산액	일단 불용으로 추가한 것	차인	제52의회	제59의회	제62의회
	천 엔	천 엔	천 엔	천 엔	천 엔	천 엔
개량비	55,464	△1,628	53,836	55,950	△2,052	
봉급 및 제급여	773		773	831	14	
사무비	317		317	665	△33	
조사시험비						
공사비	53,842	△1,602	52,240	34,399	△622	
차량비				20,055	△1,411	
총계비	451	△26	425			
특별급여금	81		81			
선로개량						
교량구교개량						
정거장설비개량						
신호소 신설						

승인 \ 연도	총독부 제2차 직영시대					
	1932년	1933년	1934년		1935년	1936년
	제63의회	제64의회	제65의회	제67의회	제69의회	제70의회
	천 엔	천 엔	천 엔	천 엔	천 엔	천 엔
건설 및 개량비	1,000	△3,595	1,400	9,550	84,079	133,646
건설비	1,000	△4,497		950	72,000	4,048
봉급 및 제급여		△276		456	1,623	39
사무비		△145		331	1,298	23
조사시험비						
평원선		△40		△735		1,180
도문선		△72				
혜산선		△1,506				520
만포선		△1,087		898		
동해선	800	△851				2,286
경전선	200	△220				
중앙선					65,135	

승인 \ 연도	총독부 제2차 직영시대					
	1932년	1933년	1934년		1935년	1936년
	第63의회	第64의회	第65의회	第67의회	第69의회	第70의회
	천 엔	천 엔	천 엔	천 엔	천 엔	천 엔
대삼선						
청라선						
무산 · 백암선						
차량비		△300			3,944	
총계비						
경부선						
경의선						
호남선						
경원선						
마산선						
평남선						
철도여관						
평양탄광선						
진해선						
함경선						
특별급여금						
개량비		902	1,400	8,600	12,079	129,598
봉급 및 제급여		△26	182	500	267	2,351
사무비		△1	145	375	222	1,880
조사시험비						
공사비		929	1,342	7,725	11,590	△25,875
차량비			△296			58,133
총계비						
특별급여금						
선로개량						16,630
교량구교개량						15,091
정거장설비개량						17,712
신호소 신설						3,355

연도 / 승인	총독부 제2차 직영시대							
	1937년	1938년	1939년	1940년	1941년	1942년	1943년	
	제73의회	제74의회	제75의회	제76의회	제79의회	제81의회	제84의회	제84의회
	천 엔	천 엔	천 엔	천 엔	천 엔	천 엔	천 엔	천 엔
건설 및 개량비	40,029	187,601	226,164	282,144	123,509	268,967	6,500	398,158
건설비		8,932	15,769	24,316	66,779	117,142		△727,416
봉급 및 제급여				250	1,205	1,629		△12,434
사무비				306	877	1,187		△7,888
조사시험비						328		△328
평원선		1,267	3,761		92	221		△54,038
도문선								△16,621
혜산선								△16,768
만포선		573	328	150	266	89		△41,271
동해선		1,763	4,017	1,477		△28		△60,016
경전선			1,343	56		△15		△24,145
중앙선		5,329	6,320	6,670	1,446	2,329		△87,229
대삼선				11,859		94,796		△106,655
청라선					46,198	△80		△46,118
무산 · 백암선					11,981	4,999		△16,980
차량비				3,548	4,714	11,689		△80,347
총계비								△1,787
경부선								△1,849
경의선								△22,310
호남선								△13,584
경원선								△14,540
마산선								△336
평남선								△1,862
철도여관								△1,583
평양탄광선								△1,048
진해선								△4,847
함경선								△92,598
특별급여금								△234
개량비	40,029	178,669	210,395	257,828	56,730	151,825	6,500	△1,163,916
봉급 및 제급여	770	1,695	3,332	1,836	1,096	1,990		△15,611
사무비	912	1,397	2,783	1,773	720	1,419		△12,572

조사시험비						631	8	△639
공사비								△83,331
차량비		135,586	5,865	197,638				△415,597
총계비								△451
특별급여금								△81
선로개량	90	8,712	4,321	5,874		18,375		△53,993
교량홈다리개량		1,973	3,927			201		△21,192
정거장설비개량		978	16,057	14,661		11,704	1,400	△62,512
신호소 신설		498	3,642	642		1,640	600	△10,377

연도 / 승인	총독부 제2차 직영시대			누계		
	합계			제23의회부터 제84의회		
	예산액	일단 불용으로 추가한 것	차인	예산액	일단 불용으로 추가한 것	차인
	천 엔	천 엔	천 엔	천 엔	천 엔	천 엔
건설 및 개량비	1,982,216	△46,211	1,936,005	2,289,490	△53,547	2,235,943
건설비	△251,810	5,708	△246,102	0	0	0
봉급 및 제급여	△3,824	19	△3,805	0	0	0
사무비	△1,149		△1,149	0		0
조사시험비	0		0	0		0
평원선	△46,021	452	△45,569	0	0	0
도문선	0		0	0		0
혜산선	0		0	0		0
만포선	0		0	0		0
동해선	0		0	0		0
경전선	0		0	0		0
중앙선	0		0	0		0
대삼선	0		0	0		0
청라선	0		0	0		0
무산 · 백암선	0		0	0		0
차량비	△44,238	874	△43,364	0	0	0
총계비	△1,787	36	△1,751	0	0	0
경부선	△1,849		△1,849	0		0
경의선	△22,310		△22,310	0		0
호남선	△13,584	1,158	△12,426	0	0	0

경원선	△14,540	596	△13,944	0	0	0
마산선	△336		△336	0		0
평남선	△1,862		△1,862	0		0
철도여관	△1,583	332	△1,251	0	0	0
평양탄광선	△1,048		△1,048	0		0
진해선	△4,847	497	△4,350	0	0	0
함경선	△92,598	1,744	△90,854	0	0	0
특별급여금	△234		△234	0		0
개량비	△55,464	1,628	△53,836	0	0	0
봉급 및 제급여	△773		△773	0		0
사무비	△317		△317	0		0
조사시험비	0		0	0		0
공사비	△53,842	1,602	△52,240	0	0	0
차량비	0		0	0		0
총계비	△451	26	△425	0	0	0
특별급여금	△81		△81	0		0
선로개량	0		0	0		0
교량홈다리개량	0		0	0		0
정거장설비개량	0		0	0		0
신호소 신설	0		0	0		0

연도 / 승인	1924년까지			총독부 제2차 직영시대			
	제23의회부터 제50의회			1926년	1930년	1931년	1932년
	예산액	일단 불용으로 추가한 것	차인	제52의회	제59의회	제62의회	제63의회
	천 엔	천 엔	천 엔	천 엔	천 엔		천 엔
남경성~경성 간 선로개량							
평양~진남포 간 개량							
조차장 신설							
기계설비비							
전철화설비비							
통신설비개량							
전기신호보안설비							

방공설비비							
부산진~삼랑진 간 복선공사							
대전~영등포 간 복선공사							
경성~평양 간 복선공사							
수성~고무산 간 복선공사							
용산동~경성 간 복선공사							
삼랑진~대전 간 복선공사							
평양~신의주 간 복선공사							
용산~상삼봉 간 일부복선 기타공사							
매수선개량							
공장설비							
봉급							
상여							
제급여							
사무비							
건설공사비							
개량공사비							
차량비							

비고) 1. 제59의회 승인액 중 15,500천 엔은 1929년 실행상 이월액 3,000천 엔, 1930년 실행상 이월 12,500천 엔
제70의회 승인액 중 4,048천 엔은 1936년 실행상 이월액
제73의회 승인액 중 143천 엔은 1937년 실행상 이월액
제74의회 승인액 중 6,331천 엔은 1938년 실행상 이월액
제76의회 승인액 중 19,939천 엔은 1940년 실행상 이월액
에 상당하며, 일단 이를 불용액으로 추가하였으므로 총비용액에는 동 금액이 중복되므로 이를 공제해 순비용액으로 나타내었다.

2. 북선개척사업비는 제79의회에서 건설비의 일부로 정리해 각 건설비의 봉급 및 제급여와 사무비, 무산·백암선으로 계상되었다.
제69의회 승인액 중 250천 엔은 1936년에서 결산상 불용으로 한 금액에 상당하며, 총비용액에서 중복되므로 이를 공제하고 순비용액으로 나타내었다.
3. 건설비 중 대삼선 제76의회에서 승인한 11,859천 엔은 진삼선으로, 개량비 중 평양~신의주 간 복선공사 제75의회에서 승인한 41,703천 엔은 평양~남시 간 복선공사로 승인받은 것이다.
4. 제84의회에서 승인을 얻고, 1944년 이후에는 과목을 정리, 통합해 1항 7목으로 하였다.
5. 천 엔 미만은 사사오입하여 계상하였으므로, 천 엔 단위는 집계와 부합하지 않는 경우가 있다.

승인 \ 연도	총독부 제2차 직영시대						
	1933년	1934년		1935년	1936년	1937년	1938년
	제64의회	제65의회	제67의회	제69의회	제70의회	제73의회	제74의회
	천 엔	천 엔	천 엔	천 엔	천 엔	천 엔	천 엔
남경성~경성 간 선로 개량							
평양진~남포 간 개량							
조차장 신설					6,368		1,297
기계설비비							
전철화설비비							
통신설비개량					2,010	790	318
전기신호보안설비							
방공설비비							
부산진~삼랑진 간 복선 공사					5,055		962
대전~영등포 간 복선공사					13,766		2,341
경성~평양 간 복선공사						37,467	3,877
수성~고무산 간 복선공사							5,900
용산~동경성 간 복선공사							3,001
삼랑진~대전 간 복선공사							
평양~신의주 간 복선공사							
용산~상삼봉 간 일부 복선 기타공사							
매수선개량					4,233		92
공장설비					8,889		10,042
봉급							
상여							
제급여							
사무비							
건설공사비							
개량공사비							
차량비							

총독부 제2차 직영시대					
1939년	1940년	1941년	1942년	1943년	
제75의회	제76의회	제79의회	제81의회	제84의회	제84의회
천 엔	천 엔	천 엔	천 엔	천 엔	천 엔
12,058	487		△13		△12,532
	12,547		△18		△12,529
35,854			3,535		△47,054
			772		△772
3,478		235	2,898		△6,611
4,241	696		2,265		△10,320
6,816			1,395		△8,211
435	484	1,701	1,958		△4,578
294	33	25	14		△6,383
2,175	229	148	124		△18,783
3,793	1,030		△10		△46,157
	365	213	159		△6,637
	187	174	71		△3,433
57,256			4,141		△61,397
41,703			15,940		△57,643
		52,418	82,670		△135,088
				4,492	△8,817
2,374	19,346		△36		△40,615
					35,998
					6,480
					51,048
					15,691
					635,033
					1,049,296
					495,944

승인 \ 연도	총독부 제2차 직영시대			누계		
	합계			제23의회부터 제84의회까지		
	예산액	일단 불용으로 추가한 것	차인	예산액	일단 불용으로 추가한 것	차인
	천 엔	천 엔	천 엔	천 엔	천 엔	천 엔
남경성~경성 간 선로개량	0		0	0		0
평양~진남포 간 개량	0		0	0		0
조차장 신설	0		0	0		0
기계설비비	0		0	0		0
전철화설비비	0		0	0		0
통신설비개량	0		0	0		0
전기신호보안설비	0		0	0		0
방공설비비	0		0	0		0
부산진~삼랑진 간 복선공사	0		0	0		0
대전~남경성 간 복선공사	0		0	0		0
경성~평양 간 복선공사	0		0	0		0
수성~고무산 간 복선공사	0		0	0		0
용산~동경성 간 복선공사	0		0	0		0
삼랑진~대전 간 복선공사	0		0	0		0
평양~신의주 간 복선공사	0		0	0		0
용산~상삼봉 간 일부복선 기타공사	0		0	0		0
매수선개량	0		0	0		0
공장설비	0		0	0		0
봉급	35,998	△233	35,765	35,998	△233	35,765
상여	6,480	△42	6,438	6,480	△42	6,438
제급여	51,048	△138	50,910	51,048	△138	50,910
사무비	15,691	△41	15,650	15,691	△41	15,650
건설공사비	635,033	△23,903	611,130	635,033	△23,903	611,130
개량공사비	1,049,296	△29,190	1,020,106	1,049,296	△29,190	1,020,106
차량비	495,944		495,944	495,944		495,944

〈표 10-15〉 부록표 3. 계속비 예산표(북선개척사업비)

과목 \ 승인의회 \ 연도	1931년 제62의회	1936년 제70의회	1939년 제75의회	1940년 제76의회	합계	일단 불용으로 추가한 것	차인
	엔	엔	엔	엔	엔	엔	엔
북선개척사업비	6,270,000	3,380,000	4,488,656	1,075,014	15,213,670	△250,000	14,963,670
척식철도부설비	6,270,000	3,380,000	4,488,656	1,075,014	15,213,670	△250,000	14,963,670
주임봉급	32,665	11,760	11,760		56,185		56,185
판임봉급	89,044	55,948	37,824	1,182	183,998		183,998
사무비	94,340	57,743	45,652	3,852	201,587		201,587
무산·백암선	5,019,951	3,084,549	2,806,220	1,069,980	11,980,700	△250,000	11,730,700
차량비	1,034,000	170,000	1,587,200		2,791,200		2,791,200

비고) 1. 제69의회에서 추가액 중 250천 엔은 1936년 결산상 불용으로 추가한 것임.
2. 본 비용은 제79의회에서 건설비의 일부로 정리하였다.

〈표 10-16〉 부록표 4. 제31의회에서 승인된 철도건설 및 개량비 연할표

과목	총비용	1913년까지 지출액	1914년 이후 지출액	연할액				
				1914년	1915년	1916년	1917년	1918년
	엔	엔	엔	엔	엔	엔	엔	엔
철도건설 및 개량비	94,736,218	52,236,218	42,500,000	8,500,000	8,500,000	8,500,000	8,500,000	8,500,000
건설비	80,695,652	50,713,768	29,981,884	7,300,000	6,000,000	5,700,000	5,700,000	5,281,884
봉급 및 제급여	1,897,846	1,216,306	681,540	147,176	136,557	136,557	130,625	130,625
사무비	950,699	702,949	247,750	49,550	49,550	49,550	49,550	49,550
호남선	12,478,923	6,355,766	6,123,157	2,968,618	2,433,976	720,563	0	0
경원선	13,967,519	9,508,993	4,458,526	3,090,309	864,549	503,668	0	0
함경선	11,769,533	0	11,769,533	297,685	1,353,867	2,481,093	3,914,179	3,722,709
차량비	11,920,846	5,937,800	5,983,046	494,504	918,260	1,585,636	1,605,646	1,379,000
철도여관	1,352,775	634,443	718,332	252,158	243,241	222,933	0	0
경의선	22,310,028	22,310,028	0	0	0	0	0	0
경부선	1,849,353	1,849,353	0	0	0	0	0	0
마산선	336,026	336,026	0	0	0	0	0	0
평남선	1,862,104	1,862,104	0	0	0	0	0	0
개량비	14,040,566	1,522,450	12,518,116	1,200,000	2,500,000	2,800,000	2,800,000	3,218,116
봉급 및 제급여	170,644	1,996	168,648	22,526	33,145	33,146	39,915	39,916
사무비	87,567	0	87,567	17,513	17,514	17,513	17,514	17,513
공사비	13,782,355	1,520,454	12,261,901	1,159,961	2,449,341	2,749,341	2,742,571	3,160,687

〈표 10-17〉 부록표 5. 제52의회에서 승인된 철도

과목	총비용	1926년 까지 지출액	1927년 이후 지출액	연			
				1927년	1928년	1929년	1930년
	엔	엔	엔	엔	엔	엔	엔
철도건설 및 개량비	537,366,218	217,366,218	320,000,000	19,000,000	19,000,000	20,000,000	25,000,000
건설비	425,952,496	174,381,230	251,571,266	15,600,000	15,300,000	15,700,000	19,900,000
봉급 및 제급여	7,555,796	2,346,407	5,209,389	343,703	345,303	350,422	394,204
사무비	4,135,377	343,407	3,791,970	218,122	219,974	227,245	271,485
특별급여금	234,000	104,000	130,000	26,000	26,000	26,000	26,000
함경선	92,598,007	74,580,777	18,017,230	9,919,000	8,098,230		
평원선	46,021,376	1,684,702	44,336,674	1,039,407	1,960,177	6,840,282	17,140,282
도문선	14,977,177		14,977,177	1,053,199	1,053,199	2,697,815	5,281,114
혜산선	17,206,199		17,206,199	191,376	191,376	185,398	623,369
만포선	42,137,322		42,137,322	46,900	46,900	321,080	721,020
동해선	55,473,291		55,473,291	718,391	718,391	1,224,549	1,324,549
경전선	24,729,914		24,729,914	143,902	240,450	1,427,209	1,717,977
차량비	57,138,446	31,576,346	25,562,100	1,900,000	2,400,000	2,400,000	2,400,000
총계비	1,787,100	1,787,100					
경부선	1,849,353	1,846,353					
경의선	22,310,028	22,310,028					
호남선	13,583,823	13,583,823					
경원선	14,539,619	14,539,619					
마산선	336,026	336,026					
평남선	1,862,104	1,862,104					
철도여관	1,582,775	1,582,775					
평양탄광선	1,047,409	1,047,409					
진해선	4,847,354	4,847,354					
개량비	111,413,722	42,984,988	68,428,734	3,400,000	3,700,000	4,300,000	5,100,000
봉급 및 제급여	1,603,761	310,595	1,293,166	107,191	107,191	113,495	132,652
사무비	981,311	81,599	899,712	60,371	60,371	65,926	80,741
특별급여금	81,000	36,000	45,000	9,000	9,000	9,000	9,000
공사비	88,241,326	42,105,470	46,135,856	2,723,438	3,023,438	3,411,579	4,177,607
차량비	20,055,000		20,055,000	500,000	500,000	700,000	700,000
총계비	451,324	451,324					

건설 및 개량비 연할표

할액							
1931년	1932년	1933년	1934년	1935년	1936년	1937년	1938년
엔	엔	엔	엔	엔	엔	엔	엔
27,000,000	30,000,000	30,000,000	30,000,000	30,000,000	30,000,000	30,000,000	30,000,000
20,800,000	23,120,772	24,000,000	24,000,000	24,000,000	23,000,000	23,000,000	23,150,494
419,811	454,392	484,828	495,435	498,290	480,336	479,131	463,534
283,222	307,667	362,369	375,936	384,576	384,354	383,283	373,737
26,000							
7,147,082	5,375,180	5,223,372	5,227,194	4,383,698			
4,891,850							
892,762	1,341,184	1,329,600	2,722,473	2,643,955	3,553,808	3,530,898	
886,341	1,817,374	1,817,374	1,809,055	6,225,740	8,145,906	8,148,293	12,151,339
2,143,722	3,449,935	4,407,417	7,428,821	7,461,641	8,835,596	8,858,395	8,901,884
1,709,210	7,975,040	7,975,040	3,541,086				
2,400,000	2,400,000	2,400,000	2,400,000	2,402,100	1,600,000	1,600,000	1,260,000
6,200,000	6,879,228	6,000,000	6,000,000	6,000,000	7,000,000	7,000,000	6,849,506
143,993	136,588	98,495	98,495	98,495	98,457	92,657	65,457
91,852	90,556	75,211	75,211	75,211	75,194	75,194	73,874
9,000							
4,755,155	4,652,084	3,326,294	3,326,294	3,326,294	4,326,349	4,332,149	4,755,175
1,200,000	2,000,000	2,500,000	2,500,000	2,500,000	2,500,000	2,500,000	1,955,000

〈표 10-18〉 부록표 6. 제62의회에서 승인된 철도

과목	총비용	1931년까지 지출액	1932년 이후 지출액	연	
				1932년	1933년
	엔	엔	엔	엔	엔
철도건설 및 개량비	531,337,665	313,866,218	217,471,447	18,955,153	15,000,000
건설비	421,975,792	250,881,230	171,094,562	14,455,153	11,000,000
봉급 및 제급여	7,508,072	4,116,017	3,392,055	335,978	335,978
사무비	4,010,854	1,486,720	2,524,134	262,360	206,487
특별급여금	234,000	234,000			
평원선	48,292,600	20,464,850	27,827,750	1,500,000	1,500,000
도문선	16,693,614	12,096,862	4,596,752	3,296,752	1,300,000
혜산선	17,754,209	1,211,519	16,542,690	1,788,986	1,000,000
만포선	40,053,562	1,435,900	38,617,662	1,971,077	1,357,535
동해선	51,351,938	5,985,880	45,366,058	2,600,000	2,200,000
경전선	22,981,109	5,629,538	17,351,571	1,400,000	2,000,000
차량비	56,752,236	41,876,346	14,875,890	1,300,000	1,100,000
총계비	1,787,100	1,787,100			
경부선	1,849,353	1,849,353			
경의선	22,310,028	22,310,028			
호남선	13,583,823	13,583,823			
경원선	14,539,619	14,539,619			
마산선	336,026	336,026			
평남선	1,862,104	1,862,104			
철도여관	1,582,775	1,582,775			
평양탄광선	1,047,409	1,047,409			
진해선	4,847,354	4,847,354			
함경선	92,598,007	92,598,007			
개량비	109,361,873	62,984,988	46,376,885	4,500,000	4,000,000
봉급 및 제급여	1,618,118	879,819	738,299	108,695	94,839
사무비	948,227	409,201	539,026	60,193	72,128
특별급여금	81,000	81,000			
공사비	87,619,375	58,163,644	29,455,731	3,331,112	2,583,033
차량비	18,643,829	3,000,000	15,643,829	1,000,000	1,250,000
총계비	451,324	451,324			

건설 및 개량비 연할표

할액						
1934년	1935년	1936년	1937년	1938년	1939년	1940년
엔	엔	엔	엔	엔	엔	엔
15,000,000	27,000,000	27,000,000	27,000,000	30,000,000	30,000,000	27,516,294
11,000,000	21,000,000	21,000,000	21,000,000	24,000,000	24,000,000	23,639,409
350,422	393,035	393,035	393,035	396,857	396,857	396,858
264,776	296,974	296,974	296,974	299,863	299,863	299,863
1,500,000	4,000,000	4,000,000	4,000,000	5,700,000	5,627,750	
1,000,000	2,500,000	3,000,000	2,600,000	4,653,704		
1,584,802	3,609,991	3,909,991	2,358,420	5,649,576	8,375,530	9,800,740
2,200,000	5,000,000	5,000,000	5,000,000	5,600,000	7,000,000	10,766,058
3,000,000	3,000,000	3,000,000	4,951,571			
1,100,000	2,200,000	1,400,000	1,400,000	1,700,000	2,300,000	2,375,890
4,000,000	6,000,000	6,000,000	6,000,000	6,000,000	6,000,000	3,876,885
94,839	77,083	77,083	72,239	72,239	72,239	69,043
72,128	58,624	58,624	54,940	54,940	54,940	52,509
2,583,033	3,614,293	3,614,293	3,622,821	3,922,821	3,972,821	2,211,504
1,250,000	2,250,000	2,250,000	2,250,000	1,950,000	1,900,000	1,543,829

〈표 10-19〉 부록표 7. 제62의회에서 승인된 북선개척사업비 연할표

과목	총비용	연할액					
		1932년	1933년	1934년	1935년	1936년	1937년
	엔	엔	엔	엔	엔	엔	엔
북선개척사업비	6,270,000	500,000	800,000	1,000,000	1,000,000	1,500,000	1,470,000
척식철도부설비	6,270,000	500,000	800,000	1,000,000	1,000,000	1,500,000	1,470,000
주임봉급	32,665	6,149	7,378	7,378	3,920	3,920	3,920
판임봉급	89,044	19,700	17,336	15,760	14,184	12,608	9,456
사무비	94,340	32,029	20,510	16,839	10,098	9,098	5,766
무산 · 백암선	5,019,951	442,122	654,776	760,023	771,798	1,274,374	1,116,858
차량비	1,034,000	0	100,000	200,000	200,000	200,000	334,000

부록표 8. 제84의회에서 승인된 철도건설 및 개량비 예산 연할표

과목	총비용	1943년 까지 지출액	1944년 이후 지출액	연할액			
				1944년	1945년	1946년	1947년
교통 및 통신시설비	엔	엔	엔	엔	엔	엔	엔
철도건설 및 개량비	2,289,490,006	1,353,007,884	936,482,122	265,550,000	294,437,262	296,728,137	79,766,723
봉급	35,997,790	22,387,186	13,610,604	3,185,818	4,375,128	4,861,484	1,188,174
상여	6,479,602	4,029,694	2,449,908	573,448	787,523	875,066	213,871
제급여	51,048,311	26,232,170	24,816,414	7,665,492	7,264,636	7,992,279	1,893,734
사무비	15,691,428	7,813,516	7,877,912	2,446,405	2,299,594	2,537,294	594,619
건설공사비	635,032,639	473,424,854	161,607,785	52,941,928	59,968,029	29,697,828	19,000,000
개량공사비	1,049,296,392	467,383,149	581,913,243	143,075,929	163,742,352	218,218,637	56,876,325
차량비	495,943,844	351,737,315	144,206,529	55,660,980	56,000,000	32,545,549	

〈표 10-20〉 부록표 9. 제86의회에서 승인된 철도건설 및 개량비 예산 연할표

과목	총비용	1944년 까지 지출액	1945년 이후 지출액	연할액		
				1945년	1946년	1947년
	엔	엔	엔	엔	엔	엔
일반비						
철도건설 및 개량비	2,172,361,480	1,618,557,884	553,803,596	188,797,680	294,267,767	70,738,149
봉급	34,748,708	25,573,004	9,175,704	3,126,046	4,861,484	1,188,174
상여	6,404,643	4,603,142	1,801,501	712,564	875,066	213,871
제급여	51,105,118	33,897,662	17,207,456	7,321,443	7,992,279	1,893,734
사무비	15,068,970	10,259,921	4,809,049	1,677,136	2,537,294	594,619
건설공사비	591,035,150	526,366,782	64,668,368	15,970,540	29,697,828	19,000,000
개량공사비	990,660,047	610,459,078	380,200,969	116,594,951	215,758,267	47,847,751
차량비	483,338,844	407,398,295	75,940,549	43,395,000	32,545,549	

(목)건설공사비, (목)개량공사비 각 절의 1945년 이후 연할액은 다음 표와 같다.

〈표 10-21〉 부록표 10. 건설공사 및 개량공사비 각 절의 연할액표(제86의회 승인)

과목	1945년 이후 지출액	연할액		
		1945년	1946년	1947년
	엔	엔	엔	엔
건설공사비	64,668,368	15,970,540	29,697,828	19,000,000
청라선	500,000	500,000		
대삼선	52,197,828	3,500,000	29,697,828	19,000,000
북청철산선	8,150,000	8,150,000		
백두산삼림철도	3,820,540	3,820,540		
개량공사비	380,200,969	116,594,951	215,758,267	47,847,751
선로 개량	28,905,384	5,625,000	16,216,844	7,063,540
부산~신의주 간 개량	5,803,774	432,000	5,371,774	
대전~목포, 이리~여수 간 개량	3,000,000		1,000,000	2,000,000
용산~삼상봉 간 개량	3,270,000	1,470,000	500,000	1,300,000

과목	1945년 이후 지출액	연할액		
		1945년	1946년	1947년
	엔	엔	엔	엔
부산진~영천 간 개량	7,393,527	2,750,000	4,643,527	
삼랑진~진주 간 개량	2,397,000	97,000	500,000	1,800,000
서포~만포 간 개량	4,460,925		2,497,385	1,963,540
순천~고원 간 개량	2,580,158	876,000	1,704,158	
역 설비 개량	137,557,496	38,595,242	89,052,344	9,909,910
부산~신의주 간 개량	41,227,758	11,438,450	27,182,308	2,607,000
부산 및 부산진역 개량	55,770,581	11,541,688	43,228,893	1,000,000
대전~목포 · 이리~여수 간 개량	4,951,920	4,441,504	410,416	100,000
용산~상삼봉 간 개량	7,499,719	5,719,800	1,429,919	350,000
부산진~영천 간 개량	257,400	257,400		
삼량진~진주 간 개량	1,090,700	790,700	150,000	150,000
서포~만포 간 개량	9,844,502	1,644,600	2,546,992	5,652,910
길주~백암 간 개량	210,000	110,000	50,000	50,000
순천~고원 간 개량	15,279,400	2,051,100	13,228,300	
기계설비비	1,425,516	600,000	825,516	
조차장 신설	52,357,625	17,907,250	31,458,315	2,992,060
부산조차장	11,874,375	6,079,500	4,802,815	992,060
대구조차장	837,300	837,300		
수색조차장	5,657,300	3,657,300	1,000,000	1,000,000
평양조차장	6,591,850	3,396,950	2,194,900	1,000,000
대전조차장	13,495,019	3,686,200	9,808,819	
본궁조차장	13,901,781	250,000	13,651,781	
부산~경성 간 복선	9,812,811	9,812,811		
남경성~경성 간 선로 증설	5,766,110	5,766,110		
삼랑진~대전 간 복선	4,046,701	4,046,701		
경성~신의주 간 복선	18,188,545	11,022,019	6,462,900	703,626
경성~평양 간 복선	2,712,800	770,200	1,942,600	
평양~신의주 간 복선	15,475,745	10,251,819	4,520,300	703,626
용산~상삼봉 간 복선	57,087,392	14,017,671	16,532,842	26,536,879
수성~고무산 간 복선	380,000	380,000		

과목	1945년 이후 지출액	연할액		
		1945년	1946년	1947년
	엔	엔	엔	엔
동경성~삼상봉 간 복선	56,707,392	13,637,671	16,532,842	26,536,879
매수선 개량	28,745,981	2,216,900	26,529,081	
개천선 개량	11,295,422	620,000	10,675,422	
황해선 개량	17,450,559	1,596,900	15,853,659	
통신설비개량	5,197,138	1,411,139	3,144,263	641,736
전화중계선 증비	2,090,281	579,574	1,137,700	373,007
무선통신시설 증비	35,792		35,792	
배차사령전화 신비	794,855	103,951	493,565	197,339
운전사령전화 신비	127,313	127,313		
전신선 증설	141,842		70,452	71,390
전화교환설비 개량	977,925	386,832	591,093	
통신선로 개량	1,029,130	213,469	815,661	
전기신호보안설비	7,404,942	2,924,828	4,480,114	
부산~대전 간 자동신호				
방공설비	1,886,732	1,886,732		
공장설비	33,056,923	11,175,359	21,881,564	
부산공장	2,366,042	1,398,850	967,192	
경성공장	767,600	767,600		
평양공장	6,303,960	2,757,300	3,546,660	
원산공장	3,728,533	1,757,400	1,971,133	
청진공장	4,434,261	431,070	4,003,191	
대전공장	4,683,954	800,000	3,883,954	
능곡공장	3,884,734	800,000	3,084,734	
기관구	5,362,897	1,404,774	3,958,123	
검차구	1,524,942	1,058,365	466,577	

〈표 10-22〉 부록표 11. 1906년부터 1924년까지 건설 · 개량비 및 재해비 예산결산 대조표

과목	예산액			결산액	차인잔액	
	총비용	일단 불용액으로 추가예산으로 한 금액	차인 순총비용		불용액	익년도 이월액
	엔	엔	엔		엔	엔
건설 및 개량비	191,187,037	△2,335,972	188,851,065	188,840,996	9,951	118
건설비	151,729,530	△2,182,972	149,546,558	149,546,508		50
봉급 및 제급여	1,791,430	△18,879	1,772,551	1,458,805		313,746
총계비	1,763,700	△13,212	1,750,488	2,462,832		△712,344
경부선	2,679,547		2,679,547	2,657,809		21,738
경의선	22,310,028		22,310,028	22,802,009		△491,981
마산선	336,026		336,026	645,841		△309,815
평남선	1,862,104		1,862,104	1,382,627		479,477
호남선	13,583,823	△1,158,026	12,425,797	13,175,154		△749,357
경원선	14,539,619	△595,857	13,943,762	12,778,520		1,165,242
함경선	57,703,177		57,703,177	59,527,544		△1,824,367
진해선	3,544,376		3,544,376	2,356,829		1,187,547
평원선	548,173		548,173	44,084		504,089
평양탄광선	1,047,409		1,047,409	873,644		173,765
차량비	28,437,343	△65,000	28,372,343	28,166,571		205,772
철도여관	1,582,775	△331,998	1,250,777	1,214,239		36,538
개량비	36,910,488	△153,000	36,757,488	36,757,276	144	68
봉급 및 제급여	130,728		130,728	92,015		38,713
총계비	425,124		425,124	600,901		△175,777
공사비	36,354,636	△153,000	36,201,636	36,064,360	144	137,132
차량비						
수해복구비	2,547,019		2,547,019	2,537,212	9,807	
재해비	3,603,278		3,603,278	3,582,287	20,991	
합계	194,790,315	△2,335,972	192,454,343	192,423,283	30,942	118

비고) 1. 본 표의 총비용액은 계속비 예산 외에 1906년 예산 외 지출에 관한 경부선 건설비 1,274천 엔(봉급 및 제급여 24천여 엔, 공사비 830천여 엔, 차량비 419천여 엔)을 포함한다.
2. △표는 예산란에서는 감액을 나타내며, 계산한 잔액란에서는 초과액을 나타낸다.

〈표 10-23〉 부록표 12. 1906년부터 1943년까지 건설 · 개량비 및 재해비 예산결산 대조표

과목	예산액			결산액	차인잔액	
	총비용	일단 불용액으로 추가예산으로 한 금액	차인 순총비용		불용액	익년도 이월액
	엔	엔	엔	엔	엔	엔
건설 및 개량비	1,345,466,815	△53,296,641	1,292,170,174	1,287,123,241	938,247	4,108,686
건설비	553,685,348	△23,833,832	529,851,516	526,788,261	459,452	2,603,803
봉급 및 제급여	9,880,905	△101,984	9,778,921	8,230,834	189,140	1,358,947
사무비	6,123,853	△78,790	6,045,063	5,522,871	44,278	477,914
조사시험비	51,217		51,217	79,537		△28,320
특별급여금	234,000		234,000	245,669		△11,669
경부선	2,679,547		2,679,547	2,657,809		21,738
경의선	22,310,028		22,310,028	22,802,009		△491,981
마산선	336,026		336,026	645,841		△309,815
평남선	1,862,104		1,862,104	1,382,627		479,477
호남선	13,583,823	△1,158,026	12,425,797	13,175,154		△749,357
경원선	14,539,619	△595,857	13,943,762	12,823,718		1,120,044
함경선	92,598,007	△1,744,100	90,853,907	91,417,766		△563,859
진해선	4,847,354	△497,400	4,349,954	3,735,998		613,956
평원선	54,038,148	△7,386,571	46,651,577	37,610,866	115,500	8,925,211
평양탄광선	1,047,409		1,047,409	873,644		173,765
도문선	16,621,670	△2,605,890	14,015,780	16,234,976	45,000	△2,264,196
혜산선	16,768,595	△1,229,931	15,538,664	17,010,020		△1,471,356
만포선	41,270,712	△1,012,497	40,258,215	41,727,578	5,000	△1,474,363
동해선	48,486,236	△4,285,495	44,200,741	48,247,807	16,000	△4,063,066
경전선	19,621,206	△295,281	19,325,925	18,000,834	44,534	1,280,557
중앙선	87,229,077	△400,000	86,829,077	84,444,877		2,384,200
차량비	61,971,552	△2,073,400	59,898,152	58,965,598		932,554
철도여관	1,582,775	△331,998	1,250,777	1,214,239		36,538
대삼선	6,955,519		6,955,519	10,052,725		△3,097,206
청라선	20,719,128		20,719,128	21,083,252		△364,124
무산 · 백암선	6,540,464		6,540,464	6,086,672		453,792
총계비	1,787,100	△36,612	1,750,488	2,462,831		△712,343

과목	예산액			결산액	차인잔액	
	총비용	일단 불용액으로 추가예산으로 한 금액	차인 순총비용		불용액	익년도 이월액
	엔	엔	엔	엔	엔	엔
임시가족수당	△726		△726	24,124		△24,850
전시근면수당				28,385		△28,385
개량비	789,234,448	△29,462,809	759,771,639	757,797,768	468,988	1,504,883
봉급 및 제급여	11,424,652	△130,505	11,294,147	9,692,499	301,091	1,300,557
사무비	9,616,231	△142,203	9,474,028	11,723,785	93,091	△2,342,848
조사시험비	175,544		175,544	80,666		94,878
특별급여금	81,000		81,000	85,195		△4,195
선로 개량	35,850,505	△1782,903	34,067,602	42,769,311		△8,701,709
교량홈다리 개량	21,191,695	△508,754	20,682,941	23,912,133		△3,229,192
정거장설비 개량	36,418,312	△25,371	36,392,941	27,272,433		9,120,508
신호소 기타 신설	8,264,839	△69,258	8,195,581	4,682,825		3,512,756
남경성~경성 간 선로 증설	6,866,242		6,866,242	6,558,179		308,063
평양~진남포 간 개량	6047,108		6,047,108	3,222,348		2,824,760
조차장 신설	28,666,106	△400,000	28,266,106	47,521,615		△19,255,509
기계설비비	495,089		495,089	942		494,147
전철화설비비	6,611,179		6,611,179	6,557,846		53,333
통신설비 개량	9,277,449		9,277,449	6,908,056		2,369,393
전기신호보안설비	6,272,407		6,272,407	8,006,990		△1,734,583
방공설비비	4,577,820		4,577,820	4,650,250		△72,430
부산진~삼랑진 간 복선공사	6,382,717	△373,993	6,008,724	7,010,918		△1,002,194
대전~영등포 간 복선공사	18,783,035	△251,979	18,531,056	19,579,422		△1,048,366
경성~평양 간 복선공사	41,328,590	△1,400,000	39,928,590	45,938,119		△6,009,529
수성~고무산 간 복선공사	6,636,717		6,636,717	7,033,681		△396,964
용산~동경성 간 복선공사	3,432,587		3,432,587	4,379,443		△946,856
삼랑진~대전 간 복선공사	37,482,655		37,482,655	58,500,283		△21,017,628

과목	예산액			결산액	차인잔액	
	총비용	일단 불용액으로 추가예산으로 한 금액	차인 순총비용		불용액	익년도 이월액
	엔	엔	엔	엔	엔	엔
평양~신의주 간 복선공사	30,552,721		30,552,721	38,691,852		△8,139,131
용산~상삼봉 간 일부 복선 기타 공사	43,381,805		43,381,805	28,050,167		15,331,638
매수선 개량	8,816,254	△91,597	8,724,657	15,264,549		△6,539,892
공장설비	29,015,682	△448,078	28,567,604	38,604,237		△10,036,633
공사비	83,330,904	△4,684,740	78,646,164	79,216,056	74,806	△644,698
차량비	287,803,279	△19,127,228	268,676,051	211,168,996		57,507,055
총계비	451,324	△26,200	425,124	600,900		△175,776
임시가족수당				48,526		△48,526
전시근면수당				65,546		△65,546
수해복구비	2,547,019		2,547,019	2,537,212	9,807	
재해비	19,560,149		19,560,149	19,503,162	56,987	
북선개척사업비	11,361,888	△250,000	11,111,888	11,102,529	9,359	
척식철도부설비	11,361,888	△250,000	11,111,888	11,102,529	9,359	
주임봉급	33,182		33,182	33,042	104	
판임봉급	151,171		151,171	144,129	7,042	
사무비	105,685		105,685	103,508	2,177	
무산 · 백암선	8,689,243	△250,000	8,439,243	8,439,243		
차량비	2,381,881		2,381,881	2,381,881		
임시가족수당	726		726	726		
합계	1,376,388,852	△53,546,641	1,322,842,211	1,317,728,932	1,004,593	4,108,686

비고) 1. 본 표의 총비용액은 계속비 예산 외에 1906년 예산 외 지출에 관한 경부선 건설비 1,274천 엔(봉급 및 제급여 24천여 엔, 공사비 830천여 엔, 차량비 419천여 엔)을 포함한다.

2. △표는 예산란에서는 감액을 나타내며, 잔액란에서는 초과액을 나타낸다.

제4절 철도투자액과 수지 차익

철도투자액 제정 이유

조선에서 국유철도는 창업 직후의 통감부시대(약 3년 5개월)를 제외하고 독립회계를 채택하지 않았다. 즉, 철도원시대와 총독부 직영시대, 만철 위탁 경영시대 모두 일부 국으로 각각의 회계제도에 의해 처리되었으며, 조선철도에 적응한 독자적인 회계제도를 정하지 못했다.

철도의 회계는 사업회계이므로 경영 지표가 되는 '자본'은 당연히 제정되어야 하지만, 관청을 주체로 규정한 조선총독부 특별회계에서는 이것이 정해지지 않았다. 이에 대응해 '자본'에 상당하는 것으로 통계상 정리하도록 한 것이 '철도투자액'이다.

철도투자액으로 처리되는 지출

각종 지출 중 자본적 지출이 되는 것은 모두 투자액에 계상된다. 즉, 철도건설 및 개량비, 이와 동일한 성질을 가진 지출과 사철철도 매수비, 재해비 및 이와 동일한 성질의 지출, 용품자금 및 보충, 경비로 지불하고 있는 보충비 등으로 이들 합계액에서 건설 개량비 소속 물건의 매각수입이 공제된다.

철도건설 및 개량비는 신선 건설비와 기설선 개량공사비이며, 이와 동일한 성질의 지출로는 북선개척사업비와 토목비, 전신전화시설비, 임시방공 및 경비비, 경의·마산 양 선의 임시군사비 지불액이다.

재해비는 수해에 의해 소실된 시설의 증강복구에서 경상비로 지출되는 수해복구(보존비 및 보충비로 지출)의 범위를 초과한 거액으로, 이와 동일한 성질의 지출로서는 수해복구비, 국경지방 피해 선후비를 들 수 있다.

사설철도 매수비는 사설철도가 고정자산으로 투자한 건설 및 개량비가 기초가 되는데 여기에 건설 후 매수기의 물가 앙등과 사업의 장래성 등 영업권을 고려해 결정되며, 일반적으로 매수가격에 상당하는 액면의 공채(교부공채라 한다)를 교부하여 지불된다. 또 매수액 지불은 예산에 계상되지 않고 매수법에 근거해 지출된다.

부담자에 따른 철도투자액 구분 : 철도투자액은 그 부담자에 따라서 다음과 같은 세 종류로 구분된다.

1. 일본 정부(일반회계 및 임시군사비특별회계)가 부담한 것
2. 조선총독부의 부담에 속하는 공채 및 차입금
3. 경비로 지출한 보충비

일본 정부가 부담한 것은 조선총독부가 설치될 때까지의 창업시대의 자본적 지출로 이를 대별하면, 경의·마산 양 선의 건설비 31,383천 엔의 임시군사비 특별회계의 부담인 것과 경부철도매수비와 1910년까지의 자본적 지출 64,460천 엔의 일반회계부담인 것이 있다.

다음에 조선총독부 부담인 것은 1911년 이후의 철도투자액에서 이 기간 중의 보충비를 공제한 것으로 '총독부지출액'이라 하여 수익률을 살펴보는 데 하나의 지표가 된다.

(주)만철에 위탁경영했을 때 만철이 총독부에 납입하는 납부금은 총독부 지출액의 6%로 협정되었는데, 이 경우의 총독부 지출액은 1911년 이후의 철도투자액(단, 1911년 건설 개량비 등의 결산액에서 공제된 207천 엔을 가산한 금액)이다.

제3의 보충비는 영업비로 지출되는 것으로, 그 재원은 당연히 철도 수입이다. 보수에 관련해 필요한 개량공사와 사소한 증강공사로 고정자산이 증가되는 자본적 지출이다.

창시·창업시대의 투자액 : 1906년 3월 법률 제18호로 경부철도매수법이 공포되고 같은 해 7월 1일 경부·경인 양 선의 매수를 완료하였는데, 매수가격은 20,124천 엔이었다. 이 밖에 1903년 12월 28일 일본 정부 재정상의 필요 처분으로 발포(發布)된 긴급칙령 제291호에 의해 지불 보증한 인계 사채액 10,000천 엔, 속성공사비 보조 2,200천 엔, 1904년 8월 13일 공사비 부

족 보전의 의미로 회사에 무이자로 대부한 1,580천 엔, 1899년 1월 28일 경인선 매수를 위한 장부대부금 1,800천 엔 중 상환잔액 1,530천 엔의 환산현가 1,097천 엔으로 총 14,877천 엔을 매수비에 추가해 합계 35,001천 엔이 경부철도 매수에 의한 투자액이 되었다.

이는 (주)경인선 정부 대부금 상환 잔액 1,540천 엔을 일시에 상환하는 경우를 상정한 계산으로, 이자상당액 433천 엔을 공제한 것이 환산현가이다.

이어서 경의·마산의 양 선은 1906년 9월 임시군용철도감부로부터 계승하였는데, 그때까지의 임시군사비 지불액,

경의선 속성공사비	21,886천 엔	마산선 속성공사비	1,354천 엔
개량비	7,235천 엔	개량비	908천 엔
합계	29,121천 엔	합계	2,262천 엔

이 투자액에 계상되었다.

통감부·철도원시대는 자본적 수지를 정리하기 위해 자본계정이 제정되었으므로, 이 기간의 투자액은 경부선과 평남선, 호남선, 경원선 건설비 및 경의선 개량비와 수해복구비에 충당하기 위해 일반회계에서 이월된 자본계정의 수입액 28,486천 엔, 용품자금회계의 거치운전자금으로 일반회계에서 이월된 700천 엔, 수익계정의 지출 중 자본적 지출에 속하는 보충비 273천 엔으로 총 29,459천 엔이 투자액으로 계상되었다.

이 사이의 자본계정 수입에는 위의 일반회계에서 이월된 것 외에 철도 매수에 의해 발생하는 회사로부터의 인계현금 및 물품대 약 1,580천 엔이 계상되고, 이것이 건설 및 개량비에 충당되었기 때문에 투자액에 계상된 건설 및 개량비와 자본계정의 건설 및 개량비 지출액과는 부합되지 않는다.

(주)매수에 의해 발생한 위의 자금은 매수가격 중에 포함해 이미 투자액으로 계상되었다.

또 1910년 10월 조선총독부 직영이 될 때 자본계정의 소유현금 207천 엔은 조선총독부 특별회계의 임시부 세입으로 이월되었는데, 투자액으로는 1911년의 건설 및 개량비 지출액에서 이 금액을 공제한 것이 계상되었다.

총독부 제1차 직영시대 : 조선총독부 직영이 되면서 총독부 특별회계의 일부인 자본계정제도가 폐지되었다. 따라서 투자액에는 동 회계 임시부에 속하는 철도건설·개량비 및 재해비 지출액과 경상부 철도작업비 중 보충비 지출액이 계상된다.

이 기간에는 1910년에 경원·호남 양 선의 건설에 착수하고, 이어서 1914년에 함경선을 착공하였으며 전기부터 계속 중인 경부선 잔여 공사, 경의·평남선 공사가 시공되었다. 또 이들에 대응하여 차량이 새로 제조되고 기설선의 개량공사도 매년 증가하였다. 투자액의 종별금액은 다음과 같다.

철도건설 및 개량비	약 48,030천 엔
재해비	약 1,696천 엔
보충비	1,157천 엔
합계	약 50,883천 엔

만철 위탁경영시대 : 1917년 8월 1일부터 만철에 운영이 위탁되었는데, 건설 및 개량비 등의 비용은 조선총독부가 부담하고 영업경비 중 보충비는 1917년 이외의 연도는 만철이 부담하였다. 보충비의 부담이 연도에 따라 다른 것은 만철과 총독부 간에 납부금을 결정하는 과정에서 발생한 것으로, 모두 영업비가 부담하는 투자이다. 이 기간 중 투자액의 종별금액은 다음과 같다.

철도건설 및 개량비	110,746천 엔
재해비	1,886천 엔

용품자금보충	약 22천 엔
토목비	약 409천 엔
보충비	약 5,921천 엔
건설개량비 소속 물건매각대금	△1,054천 엔
합계	약 117,930천 엔

총독부 제2차 직영시대 : 1927년 제52의회의 승인을 거친 소위 12년계획에 의해 기정계획에 속하는 평원·함경 양 선의 건설 외에 신규계획으로 도문 외 4선을 건설함으로써 제2차 건설시대로 들어갔는데, 동시에 사철매수선 개량 등이 지속되어 개량비 또한 증가하였다. 만주사변 이후 1932년부터 북선지방의 건설이 촉진되고, 또 북선지방 개척을 위해 백암~무산 간의 척식철도 부설이 의회의 승인을 얻었다. 이어서 중일전쟁 이후에는 수송력 증강이 가장 중요시되어 선로 증설, 차량 증설 기타 수송력 증강관계의 공사를 서둘러 개주건종형(改主建從型) 예산이 되었다. 또 물가와 노임 상승도 현저해 건설 및 개량비는 매해 경이적으로 증가하였다. 1925년부터 1943년까지의 투자액의 종목별 금액은 다음과 같다.

철도건설 및 개량비	1,098,284천 엔
북선개척사업비	11,102천 엔
사설철도매수비	51,328천 엔
재해비	15,570천 엔
전신전화시설비	700천 엔
임시방공 및 경비비	888천 엔
국경지방피해 선후비	57천 엔
용품자금보충	6,278천 엔
보충비	32,548천 엔

건설개량비소속 물건매각대금 △1,341천 엔

합계 1,215,445천 엔

이 결과 1943년 말 투자액의 총액은 14억 8,010만 엔에 이르렀다.

注) 사철 매수는 1927년 전북선, 1928년은 조선철도 전남·경동선, 1929년 도문선, 1931년 경남선, 1933년 개천선, 1935년 남조선선, 1929년 조선철도 경북선, 1943년에는 다사도철도 남시~신의주 간이다.

철도투자의 재원 : 철도투자 재원 중 1910년 조선총독부 직영 이전분은 일반회계에서 이월된 자금을 충당하였으나, 총독부 설치 시에 이를 일본 정부가 부담하게 되었다. 1910년 이후의 투자액 중 건설 및 개량비의 대부분 및 사설철도매수비 등은 공채에 의하였다. 이 공채는 조선사업공채법에 근거해 조선총독부 특별회계에 속하는 것을 일괄해서 기채(起債)되었으나, 그 중 조선철도 관계분은 1943년 말 현재 약 12억 5,903만 엔으로 추계된다.

이로써 1943년 말 현재의 총독부 지출액(공채 지불 대상액)은 13억 4,461만 엔이므로, 차인액인 8,558만 엔은 조선철도의 수지 차익금 등이 충당되었다고 생각된다.

영업거리 1km당 투자액 : 총독부 제2차 직영시대는 신설 건설시대였지만, 경부·경의 양 간선은 이미 개통되었으며, 공사 중인 호남·경원 양 선도 순차적으로 부분 개업되었으므로 영업거리 1km당 투자액은 거의 변함없이 85천 엔 전후였다.

만철 위탁경영시대에는 1919년경부터 물가와 노임 상승이 계속되어 공사비가 증가하였기 때문에 영업거리 1km당 투자액은 매년 증가해 1917년에 87천 엔이었던 것이 1923년과 1924년에는 130천 엔 전후가 되었다.

총독부 제2차 직영시대에는 1927년부터 12년계획이 실시되어 제2차 건설시대에 들어갔는데, 건설선은 순차적으로 부분 개통하였으며 계속된 재계의 불황에 의해 물가와 인건비가 안정되어 영업거리 1km당 투자액은 130천 엔대를 유지하였다. 이 상태는 1935년 무렵까지 계속되었다. 1937년 중일전쟁이 발발한 이후 수송력 증강이 강력하게 요청되고 선로 복선화와 기설선 중궤조화, 조차장 신설, 신호보안설비 개량 등의 개량공사와 이에 대응하는 차량 증설이 중점적으로 시행되어 개주종건시대가 되었다. 1941년 이후 태평양전쟁이 발발하면서 이 시책은 더욱 강화되는 한편, 전쟁의 장기화에 따른 물자 부족에 의한 물가앙등과 이에 관련된 노임 상승으로 인해 앞의 공사비도 현저하게 증가하였다. 그 결과 영업거리 1km당 투자액은 매년 증가를 계속해 1943년에는 324천여 엔이 되었다.(〈표 10-24〉 참조)

투자액과 수익관계

앞의 투자액에 대한 영업수지 차익 상황을 보면 당초 조선의 철도는 국방 및 산업개발의 2대 목적으로 건설되었기 때문에 채산상 유리하지 않았으며, 그 수익률도 매우 낮았던 시대도 있었다. 하지만 철도망의 발달에 따라 점차로 개척철도 본래의 임무를 발휘하였으며, 민도 향상, 산업 진흥 및 자원 개발과 병행해 수익률도 점차로 개선되었다.

통감부 · 철도원시대에는 1908년까지 큰 금액은 아니지만 적자가 지속되었으나, 1909년부터는 수지 차익을 나타내었다. 최종 연도인 1910년의 성적은 기초투자액에 대해 겨우 0.38%에 지나지 않았다.

총독부 제1차 직영시대에는 1914년의 경제계 불황으로 인한 수익 감소가 예외로 매년 성적이 향상되어 투자액에 대한 비율이 1911년에는 0.66%였으나, 1916년에는 1.9%가 되었다.

만철 위탁경영시대에는, 1918년과 1919년, 1920년의 3년간은 물가와 인건비 상승에 의한 영업성적 부진으로 약간 저조하였지만, 1917년의 3.95%를 최고로 대체적으로 3% 이상의 성적을 올렸다.

총독부 제2차 직영시대에는, 2, 3년간 예외도 있었지만 1925년의 3.08%부터 점진적으로 증가하여 1933년에는 3.86%에 이르고, 1934년은 4.91%로 급등하였다. 이런 추세는, 이후에도 지속되어 1935년은 대망의 5%를 초과하는 5.23%를 달성하고, 1938년(6.87%) 이후에는 1939년의 7.41%를 최고점으로 7% 전후의 높은 수익률을 유지했다.(〈표 10-24〉 참조)

제5절 철도재산

정리제도의 변천

통감부에 의해 철도가 통일되는 한편, 한국철도특별회계에는 제국철도회계법 및 동 회계 규칙이 준용되고 재산정리는 앞의 법규에 의해 처리되었다.

그 후 철도원의 관리 하에 들어간 후 조선의 특수사정을 고려해 실지조사

〈표 10-24〉 철도 투자액과 총독부 지출액표

기별	연도	투자액	총독부 지출액	영업거리 1km당 투자액		기초투자액에 대한 수지 차익비율	
				투자액	총독부 지출액	투자액	총독부 지출액
		천 엔	천 엔	엔	엔	%	%
통감부·철도원시대	1906년	68,556					
	1907년	78,851				△0.11	
	1908년	86,559				△0.23	
	1909년	89,588				0.05	
	1910년	95,843				0.38	
총독부 제1차 직영시대	1911년	105,077	9,014	85,062	7,291	0.66	
	1912년	114,720	18,394	85,167	13,656	0.81	9.46
	1913년	123,382	26,864	79,020	17,205	1.37	8.53
	1914년	131,016	34,412	81,900	21,511	1.00	4.59
	1915년	139,021	42,291	85,826	26,109	1.36	5.17
	1916년	146,726	49,725	85,519	28,983	1.90	6.23

기별	연도	투자액	총독부 지출액	영업거리 1km당 투자액		기초투자액에 대한 수지 차익비율	
				투자액	총독부 지출액	투자액	총독부 지출액
		천 엔	천 엔	엔	엔	%	%
만철 위탁경영시대	1917년	152,878	55,724	86,991	31,708	3.95	11.65
	1918년	163,972	65,469	92,446	36,911	2.43	6.68
	1919년	179,721	80,534	96,838	43,394	1.98	4.95
	1920년	196,051	96,393	105,251	51,749	2.14	4.77
	1921년	214,906	114,655	114,623	61,153	3.31	6.72
	1922년	237,873	136,528	125,514	72,039	3.17	5.95
	1923년	254,349	151,808	132,923	79,335	3.19	5.56
	1924년	264,655	161,713	127,472	77,278	2.64	4.43
총독부 제2차 직영시대	1925년	276,673	173,364	131,324	82,288	3.08	5.05
	1926년	294,410	190,002	136,358	88,000	3.64	5.81
	1927년	319,700	214,075	136,391	91,329	3.76	5.82
	1928년	348,388	241,938	136,521	94,807	3.80	5.68
	1929년	371,767	264,868	135,114	96,263	4.04	5.82
	1930년	384,246	277,048	137,599	99,211	2.68	3.76
	1931년	406,236	298,782	135,029	99,312	2.27	3.15
	1932년	426,048	318,153	135,563	101,232	3.07	4.17
	1933년	447,004	338,443	136,954	103,693	3.86	5.16
	1934년	467,702	358,032	137,311	105,121	4.91	6.49
	1935년	504,820	393,918	135,777	105,949	5.23	6.84
	1936년	543,142	430,682	139,110	110,307	5.52	7.07
	1937년	612,082	497,470	150,544	122,355	5.93	7.47
	1938년	711,098	594,747	170,958	142,935	6.87	8.45
	1939년	860,285	740,571	210,364	181,091	7.41	8.86
	1940년	1,012,055	888,975	235,729	207,061	6.73	7.82
	1941년	1,158,831	1,032,511	259,630	231,328	4.28	4.87
	1942년	1,301,704	1,171,008	286,921	258,113	7.21	8.09
	1943년	1,480,100	1,344,609	324,050	294,386	6.95	7.73
	1944년 예산					7.08	7.80

를 바탕으로 한 재산부를 작성하고, 1909년 3월 31일을 기준으로 등록 정리하도록 결의되어 재산정리의 기초를 이루게 되었다.

1910년 조선총독부 소관이 된 직후인 1911년 7월 칙령 제200호로 제정된 조선관유재산관리규칙에 의해 처리되도록 개정되고, 또한 이 취급에 대해서는 1914년 8월 훈령 제42호 조선총독부 및 소관관서회계사무장정 및 1915년 1월 훈령 제2호로 재산의 정리구분, 대장 기타 양식이 각각 규정되었다.

1917년 이후의 만철 위탁시대에도 관유재산 정리사무는 앞의 법규에 의해 만철이 대행하게 되었다.

1925년 총독부 직영으로 환원된 후에도 종전과 거의 동일하게 취급되고, 이후 1937년 조선에 '국유재산법'이 시행될 때까지 커다란 변화는 없었다.

이보다 앞서 일본에서는 1921년 4월 법률 제43호에 의해 국유재산법이 시행되고, 또 이에 따른 제법령이 규정되어 국유재산사무가 통일, 확립되었는데, 조선은 아직 외지의 특수사정도 있어 국유재산법의 특별법에 해당하는 조선관유재산관리규칙에 따랐다. 그러나 시대의 발전과 함께 내외지 모두 불편한 점이 많았기 때문에 조선에 국유재산법을 시행하자는 기운이 높아져 이윽고 1936년 8월 14일 칙령 제266호로, 위의 법률 및 그 부속법령의 거의 전부가 조선에 시행되게 되었다. 이는 조선에서 국유재산취급상에 새로운 신기원을 기록하는 중요한 발전적인 개정이었다.

그러나 새로운 취급규정에 의해 재산대장이 작성되게 되었지만, 철도에서 취급하는 보관재산은 토지와 건물, 공작물(선로, 교량 등의 건조물), 기구, 기계(차량) 등 광범위하며 분류도 매우 다양하고 수량도 막대하였기 때문이다. 이들을 새로운 대장 양식으로 변경하는 것은 수년을 요하는 힘든 작업이었다.

국유재산법 시행에 의해 바뀐 점

조선관유재산관리규칙에서 국유재산법 시행으로 개정되어 바뀐 점 중 중요한 것은 재산에 계상하는 범위와 재산관리의 두 가지이다.

먼저 재산에 계상하는 범위에 대해서 관리규칙에서는 부동산과 선박 및 그 부속물에 한정되었지만, 국유재산법에서는 동산 및 권리도 포함할 수 있으므로 기업회계에서 고정재산에 근접하였다.

다음에 재산관리에 대해서는 관유재산 정리구분의 통일과 불용재산 관리 개정이 중요하였다. 관유재산은 기존에는 관유재산관리규칙(1890년 칙령 제275호)에 의해 각 주관 대신이 관리하여 통일된 관리기관이 없었기 때문에 통괄에 어려움이 있었다.

먼저 국유재산의 정리구분을 정하고, 이에 따라 대장 및 도면을 구비하게 되었으므로 각 부서의 재산 통괄이 용이해졌다.

다음에 각 부서의 대신(조선의 경우 조선총독)은 이미 자기 부서의 사업 또는 행정의 목적에 제공하는 재산만 관리하고, 각 부서에서 사업 또는 행정상 필요가 없어진 재산은 각 부서 대신의 관리를 벗어나 '잡종 재산'으로 대장대신 하에 속하므로 각 부서의 대신은 재산을 처분할 수 없었다. 이것이 조선에서 국유재산법 시행이 지연된 최대의 원인이기도 하였다.

국유재산과 고정재산 : 국유재산법에 의한 재산액과 기업회계의 고정재산 가액은 적산에서 다음과 같은 차이가 있다.

1. 기간정리에 의한 차이

장기간에 걸쳐서 보면 차이가 없지만 연도로 구분한 경우에 발생하는 차액으로, 본년도 지출이 끝난 건설·개량비 등의 자본적 지출 중 미준공된 비용은 국유재산에 계상되지 않는다.

2. 고정재산에는 계상되지만 국유재산에는 계상되지 않는다.

건설·개량 또는 보충공사비 중 간접비로 국유재산에 계상하지 않는 것은 봉급과 제급여, 사무비, 특별급여금, 제경비, 운송비, 건축용 기차비, 건축용구비, 건설공사용 제건물 및 그 수선비, 용품 할부금처럼 각 재산구분과 관계가 있으며, 당해 재산의 직접비라고 생각할 수 없는 비용과 공사에 따른 구 재산 철거, 이전 등의 비용도 동일하다.

3. 재산가액 평가의 차이

사설철도를 매수하는 경우에 고정재산에는 매수가액이 계상되고, 매수가액은 사철이 투하한 건설개량비액 외에 그 후의 물가와 노임 상승 등을 가미하여 결정되는데, 국유재산에는 사철 건설과 개량비 실비가 계상된다.

재산관리

조선관유재산관리규칙에서는 조선총독이 통괄관리를 하고, 관하 각 청의 장은 각각 사용 중인 재산보관을 담당하게 된다. 단, 철도와 체신, 전매 업무에 관련된 것에 대해서는 각 장이 처분사무도 할 수 있도록 되어 있다. 이 규정에 의해 철도국장은 소관재산의 보관 외에 대부와 양도, 교환, 보관환, 매각 등의 처분도 실시할 수 있도록 되어 있지만, 본부소속관서위임사항규정에 의해서도 어느 정도 제약이 설정되었다.

재산정리

철도국장이 정리하도록 되어 있는 관유(또는 국유)재산의 총대장 및 도면 정비에 관한 사무는 경리과장(주계계 재산)이 관장하고, 그 분장기관 및 동 기관에서 작성하는 조서는 다음과 같다.

1. 공사사무소(건설사무소, 개량사무소, 지방철도국장)에서는 하나의 공사마다 준공명세부를 비치하고, 공사 준공 시마다 공사 준공조서에 의해 준공 상황을 등기하고, 또 공사비 결산액을 순차적으로 등기해두고 이를 하나의 공사마다 재산의 정리구분(별표)에 따라서 '재산이동보고서'를 작성한다. 이 재산이동보고서에 의해 공사사무소 비치 재산부에 등기하는 동시에 이를 경리과에 송부한다.

2. 공무과에 재산부를 비치하고 기설선 용지매수, 매각 및 기타 처분 내용에 대해 이동시마다 이동보고서를 경리과에 송부한다.
3. 차량 및 공장에 배치되는 기계류는 기계과(공작과)에 차량대장 및 기계대장을 비치하고, 이들 이동을 정리하고, 연도 말에 차량 또는 기계이동보고서를 이용해 연도중의 총증감액을 경리과에 통지한다.
4. 경리과는 송부받은 앞의 재산이동보고서를 바탕으로 총대장에 등기한다.
5. 재산정리부를 재산대장의 보조장부로 작성하고, 재산이 되는 총결산액과 이동보고서에 의한 금액을 대조해 대장금액이 정당한지 여부를 확인한다.
6. 연도 최종의 이동보고서에 첨부해 제출되는 '재산가격증감표'에 의해 이동보고서와 총결산액을 대조하는 한편, 이를 근거로 경리과에서 총괄 재산표를 작성한다.
7. 이상의 제장부 및 제표에 의해 재산의 증감액이 확정되었을 때에는 재산의 증감계산서를 2부 작성해 1부는 의회에 제출하고, 나머지 1부는 회계검사원에 대한 계산증명자료로 이용하였다.

〈표 10-25〉 별표. 관유재산의 정리구분

명칭	수량의 단위	명칭	수량의 단위
용지	평	잡건물	건평
토공		여관	〃
흙막이벽 및 울타리	입평, 면평, 간	울타리	간
교량	척	경계말뚝 및 제표	개
구교	〃	방파제 및 제방	개소
잡교량	〃	수도 및 부속건물	건평
터널	〃	수도관	척
도관매설 및 하수	〃	통신선로	마일, km
본선궤도	마일	전력선로	〃
본선 외 궤도	〃	전기기계	조
정거장	건평	공장기계	〃
청사	〃	선박	척
관사 및 숙박소	〃	차량	량
공장	〃		

재산가액의 증가상황

관유(국유) 재산가액을 국유철도로서 창업 시(1906년)와 총독부 제2차 직영의 초년도(1925년), 국유재산법 시행 초년도(1937년)를 비교해 보면 다음과 같이 경이적인 증가를 나타내 국유철도의 비약적인 발전의 일단을 엿볼 수 있다.

〈1906년 창업 당시의 재산〉

토지	16,791,473평	597,854엔
영조물		34,425,374엔
가옥	16,248건	898,705엔
합계		35,921,933엔

〈1925년 직영 환원 당시의 재산〉

토지	28,527,737평	7,682,452엔
건물	183,713면평	23,833,334엔
공작물		140,869,851엔
기구기계	3,559건	32,730,507엔
선박	10건	57,932엔
합계		205,174,076엔

〈1937년 말 현재의 재산〉

토지	43,251,544평	15,528,379엔
입목죽	2,231석	2,346엔

건물	332,300면평	37,190,870엔
공작물		308,385,181엔
기구기계	6,264건	66,270,351엔
합계		427,377,127엔

제2장
자재

제1절 창시시대부터 만철 위탁경영시대

자재 조직

철도사업에서 사용하는 자재는 종류와 수량이 매우 많으며, 이들 자재의 준비와 조달, 배급을 담당하는 부문은 조선철도 창시 이후 1941년에 수품과가 탄생할 때까지 주로 총무 또는 경리부문에 속하였다. 명칭은 시대에 따라서 다르지만 창고과 또는 창고계라고 하였다. 후에 자재의 준비배급을 담당하는 창고부문과 조달을 전문으로 하는 구매부문으로 구분되었다.

자재부문의 현장기관으로는 조선 내의 주요 장소에 자재를 수용, 보관, 배급하는 지방창고가 있었다. 1910년경에는 용산과 초량, 원산, 목포의 4곳에 두었는데 그 후 조선철도의 발전과 함께 창고의 수도 증가하여 1924년에 만철 위탁경영이 해제될 무렵에는 초량과 인천, 용산, 평양, 신의주, 원산, 성진, 청진의 8곳에 설치되었으며 물품출납관리로 창고주임이 배치되었다.

이들 창고의 취급품목은 지역적인 관계에 따라서 달랐는데, 용산창고는 중간창고로서 석탄과 침목, 철강, 기타 제반 재료 및 각종 소모품 등을 취급하고 취급액도 가장 많았다.

경부철도주식회사 설립 시부터 만철 위탁경영 기간까지의 조직 변천은 다음과 같다.

1901년 6월 경부철도주식회사 창립 당시에는 본사 창고과에서 자재업무를 처리하였는데, 1901년 8월 경성에 지점, 초량에 출장소가 개설된 이후에는 각각에 창고주임이 배치되어 자재업무를 담당하였다. 1903년 12월 경부철도의 속성 실행기에는 기존의 창고사무를 분할해 구매장과 배급장을 두고 용품수급 관계의 원활·신속화를 도모하였다. 개통 후에는 다시 직제를 변경해 물품구매와 배급업무는 본사 총무부 회계과 및 초량영업부 서무과 창고계가 담당하였다.

또 1906년 7월 경부철도를 매수하면서 통감부 철도관리국이 발족하였는데, 동 관리국 총무부 창고과에서 다음과 같은 물품 사무를 관장하게 되었다.

① 물품구매, 매각 및 제작, 수리대금 계산에 관한 사항

② 구매, 제작, 수리물품의 검사에 관한 사항

③ 물품 보관 및 감독에 관한 사항

그 후 얼마 후에 임시군용철도감부가 통감부 철도관리국에 통합되어 임시철도건설부가 되고, 건설부의 자재사무는 모두 동부 계리과 창고계에서 담당하게 되었다. 그리고 겸이포와 벽란도, 신의주에 계리과 파출소가 설치되었다.

1907년 3월의 관제 개정으로 총무부 창고과는 총무부 경리과 창고계가 되었다.

1909년 6월 통감부 철도청 발족 후 본국의 부제가 폐지되고 과제가 설치되어 경리과 창고계가 되었으며, 한국철도관리국에서는 계리과 창고계라고 하였다. 이후 조선총독부 철도국과 만철 경성관리국으로 경영조직은 변경되었지만, 자재업무는 본국 경리과 창고계에서 취급하였다.

1923년 6월 만철 경성철도국 발족 후에는 기존의 창고계가 창고계와 구매계의 2계로 구분되었다. 자재 기구의 변천은 〈표 10-26〉과 같다.

〈표 10-26〉 자재 기구의 변천

연도	경영조직	자재기구
1901. 6.	경부철도주식회사	본사(도쿄) – 창고과
1901. 8.	〃	경성지점 – 창고주임, 초량출장소 – 창고주임
1903. 12.	〃	경성지점 – 구매장, 배급장
1904. 11.	〃	본사 총무부 회계과(물품 구매)
		경성지점 – 서무과 창고계
		초량영업부 – 서무과 창고계
1904. 6.	임시군용철도감부	재료과 – 재료반(인천, 진남포, 평양)
1906. 7.	통감부 철도관리국	총무부 – 창고과
1906. 9.	〃	임시철도건설부(인천) – 계리과 창고계
		계리과 파출소(겸이포, 벽란도, 신의주)
1907. 3.	〃	총무부 – 경리과(창고계)
1909. 6.	통감부 철도청	경리과 – 창고계
1909. 12.	철도원 한국철도관리국	계리과 – 창고계
1910. 10.	조선총독부 철도국	경리과 – 창고계
1917. 8.	만철 경성관리국	경리과 – 창고계
1923. 6.	만철 경성철도국	경리과 – 창고계, 구매계

자재제도, 법규

철도사업에서는 다수의 업무기관이 넓은 지역에 걸쳐 소재하고, 다품종, 다량의 자재를 사용한다. 물건에 따라서는 조달에 장기간을 요하는 것도 있으므로 원활한 공급을 위해 일정한 자금을 운용하고, 미리 필요로 하는 자재를 조달, 이를 저장해 두고, 필요에 따라서 반출하고, 결산 처리하는 방법이 필요하다. 이 때문에 철도사업에 있어서는 오래 전부터 철도용품자금특별회계제도가 도입되어 일정한 자금을 회전해 저장품 구입에 충당하고 있다.

당초에는 1906년 6월 칙령 제159호에 의해 제국철도용품자금회계법이 당시의 통감부 철도관리국에도 준용되고, 그 후 1911년에 이르러 조선철도용품자금특별회계가 설치되었다.

발족 당시의 운전자금은 70만 엔이었는데, 그 후 순차적으로 증액되어

1941년 당시에는 700만 엔에 도달하였다.

자재 관계의 제 법규도 이들 용품자금제도를 배경으로 제정되었다.

창시 이후의 주요 물품 관계 규정에는 다음과 같은 것이 있다.

1. 1904년 10월 시행 '물품구매규칙' 경부철도주식회사 당시 제정된 구매사무에 관한 규정이다.

1) 구매권한 : 1건 1,000엔 이하의 구매는 부장 권한, 그 밖에는 모두 총재 권한으로 한다.

2) 계약방식 : 경쟁 입찰, 수의계약의 두 방식으로 한다.

3) 기타 : 예정가격, 계약서 작성 등에 대해 규정되어 있다.

2. 1910년 6월 시행 '철도원창고사무규정'

철도원 소관이었던 한국철도 관리국에서 시행되었는데, 1910년 10월 발족한 조선총독부 철도국에서도 준용되었다. 그 내용으로는 제1장 총칙, 제2장 물품조달 및 출납보관 등 이하 제6장 잡칙까지 46조의 조문으로 이루어져 있는데, 물품의 구분, 출납명령, 청구 장소, 비품장부책임 등 물품사무의 기본을 규정한 것이다.

그 후 수차례의 개정을 거쳐서 1913년 3월 새로 '조선총독부창고사무취급세칙'이 제정되었다.

자재구입 및 사용실적

1. 구입 실적

1904년 당시 임시군용철도에 의한 경성~신의주 간 철도건설용 자재는 인천을 공급기지로 사용현장에 배송되었는데, 당시 인천항은 개항장으로 겨우 그 체면을 유지하는 데 그쳤다. 조수간만의 차도 심해 선로용품, 지금(地金 : 가공재료가 되는 금속), 기계류 등의 중량품을 육지로 끌어올리는 데 어려움을 겪었다. 평양지구에서 사용하는 자재는 인천에서 해로로 벽란도와 겸이포, 진남포로 이송되었다.

궤조는 대체적으로 미국 카네기사 제품을 구입하였는데, 교량 거더 등은 일본 철도의 철거품으로 충당하였기 때문에 형식은 가지각색이었다. 석탄은 만주탄과 일본탄을 중심으로 하며 일부 조선탄도 구입하였다. 가장 어려움이 컸던 것은 침목으로 일본에서 조달하는 것만으로는 공사의 진척에 지장을 초래할 우려가 있기 때문에 안동현 부근 압록강 연안에서 군이 획득한 원목을 조달해 겨우 소요량을 충족하였다.

1906년에 통감부 철도관리국이 설치되고 1910년 조선총독부 철도국이 탄생하였으나, 이 당시 조선에는 이렇다 할 만 한 산업이 없었기 때문에 철도용 자재 중 기관차는 미국에서, 석탄은 주로 만주에서 무순탄을 구입하였다. 그리고 침목과 시멘트, 지금, 차량부품 등의 주요 자재는 일본에서 구입하였으며 목재류, 잡품의 일부가 조선산으로 조달되는 데 지나지 않았다. 구입액 중에 차지하는 조선 생산품의 비율은 1917년경까지는 겨우 5% 전후였다.

1921년경부터는 조선총독부의 조선 산업진흥을 위한 조선 생산품 사용 장려 방침에 따라 가능한 한 조선 생산품을 구입하도록 노력했다.

석탄의 경우 조선산 유연탄은 갈탄으로 탄질이 불량하여 기관차용에는 적합하지 않았을 뿐만 아니라 사용하기도 불편하였다. 그러므로 부득이하게 홋카이도탄이나 규슈탄, 무순탄 등에 의존하였는데, 그 후 각종 조사연구 결과 조선탄도 사용이 가능하다는 것이 확인되어 안주탄과 봉산탄을 비롯해 회령, 함흥 부근에서 산출되는 갈탄을 혼탄으로 사용하게 되었다. 1924년에는 석탄 총 소요량의 3분의 1이 조선탄으로 교체되었다. 또 이 무렵부터 조선의 산업도 겨우 궤도에 오르기 시작하였으며 시멘트 공장도 진출하여 기존 일본에 의존하였던 시멘트도 대부분 조선산으로 조달할 수 있게 되었다. 1924년의 자재 구입 총액 650만 엔 중 35%는 조선산이다.

연도별 용품구입 실적의 추이는 〈표 10-27과 표 10-28〉과 같은데, 1910년의 조선총독부 철도국 개설 당시부터 구입액은 연도별로 약간의 차이가 있지만 500만 엔 전후이다. 1917년 및 1923년의 구입액이 1,000만 엔 이상으로 비정상적으로 돌출되어 있는데, 이는 기관차와 궤조, 교량 거더 등의 구입이 특히 많았기 때문이다.

철도에서 자재 구입계약방식에 대해서는 철도용 자재의 특수성을 고려해 일반경쟁계약방식 이외에 구입계약, 제작청부계약 등 수의계약방식이 인정되었다. 따라서 용품 계약은 대부분 수의계약방식에 의해 체결된다. 일반적으로 1건 1,000엔 이상은 대형계약으로 계약서를 작성하는 등 통상적인 절차에 의하고 있지만, 1건 1,000엔 미만의 것은 소형계약으로 주문서를 이용하는 등 간편 방식에 의한다. 수의계약방식에 의한다고는 하지만 실제 계약에서는 가능한 한 여러 납품업자에게 견적서를 받아 가격을 정밀 조사해 적정 가격으로 구입하도록 하였다.

계약 총금액에서 차지하는 소형계약의 비율은 연도에 따라서 다소의 차이는 있지만 약 7% 전후이다.

연도별, 품종별 용품구입 실적의 추세는 〈표 10-28〉과 같으며, 산지별 비율은 〈표 10-27〉과 같다.

〈표 10-27〉 연도별 용품구입 실적, 산지별 비율

연도	금액(엔)	증감비율	산지별 비율(%)				
			조선산	일본산	만주산	외국산	합계
1910년	4,251,311	100					
1911년	5,205,009	122					
1912년	4,462,731	105					
1913년	4,626,714	109					
1914년	4,663,838	110					
1915년	4,124,628	97	3.0	46.6	34.7	15.7	100.0
1916년	4,895,539	115	6.2	65.4	17.7	10.7	100.0
1917년	11,599,899	273	4.4	49.2	10.2	36.2	100.0
1923년	14,213,356	334					
1924년	6,497,397	153	34.7	31.3	23.7	10.3	100.0

비고) 저장품 구입액 외에 용품의 가공, 수리 등의 계약분을 포함

〈표 10-28〉 연도별, 품종별 용품구입 실적

(단위 : 엔)

종별＼연도		1911년	1913년	1914년	1915년	1916년	1917년	1923년	1924년
석탄	절입탄				798,527	853,919	1,947,830	2,982,380	2,569,937
	연탄				8,133	9,476	19,040	34,850	35,935
	코스크				15,093	21,120	75,000	66,832	32,036
	계	225,250	786,650	887,580	821,753	884,515	2,041,870	3,084,062	2,637,908
침목	보통침목				319,265	706,010	525,640	1,583,453	1,038,633
	교량침목				31,085	36,014	55,307	74,053	9,954
	포인트침목				28,529	33,015	95,007	93,201	9,053
	계	843,942	496,859	574,681	378,879	775,039	675,954	1,750,707	1,057,640
궤조 및 부속품		925,168	461,782	814,726	154,532	189,042	1,037,411	1,961,729	–
교량거더		699,378	460,223	128,085	417,354	345,286	6,247	1,018,365	–
차량(객·화차)		–	311,771	–	–	–	–	–	–
기관차		448,500	173,100	471,426	230,580	–	3,427,920	542,400	–
시멘트		247,349	132,070	474,547	367,740	492,904	661,920	578,050	162,194
지금류		103,947	149,535	148,394	197,215	388,156	796,999	568,444	268,475
목재류		176,002	200,649	108,194	137,697	230,802	237,914	531,488	157,371
차륜 및 차축류		147,236	99,885	39,197	322,357	101,871	225,424	346,442	190,359
유지류		59,176	98,187	56,219	67,571	129,318	169,063	152,513	128,342
전기용품		125,500	95,849	95,766	30,342	170,343	65,131	415,507	241,353

종별＼연도		1911년	1913년	1914년	1915년	1916년	1917년	1923년	1924년
여관용품		–	156,698	–	–	–	–	–	–
제복류		–	63,680	44,578	77,083	65,007	73,580	223,336	84,215
실종류		–	38,890	27,315	20,028	42,796	51,763	24,080	38,225
채료류		46,659	33,833	34,195	34,810	26,727	79,561	90,330	80,672
벽돌		305,388	–	117,060	–	–	–	–	–
기계		–	–	–	–	–	–	102,930	13,949
잡품기타		851,514	867,053	641,875	866,687	1,053,733	2049,352	2,822,973	1,436,694
합계		5,205,009	4,626,714	4,663,838	4,124,628	4,895,539	11,599,899	14,213,356	6,497,397
계약방식	경쟁계약	–	16,533	–	–	–	–	–	–
	대량 수의	4,893,000	4,262,725	4,374,031	3,815,483	4,533,839	11,128,509	–	5,887,987
	소량 수의	312,009	347,456	289,807	309,145	361,700	471,390	–	609,410

2. 사용실적

저장품의 각 경비에 결산된 금액 및 연도 말 잔액의 추이는 〈표 10-29〉와 같다.

〈표 10-29〉 저장품 결산액, 연도 말 잔액

연도	저장품 결산액	비율	연도 말 잔액	비율	보유월수
	엔		엔		월
1911년	3,893,358	100	613,851	100	1.9
1913년	4,219,585	108	850,889	138	2.4
1914년	4,416,897	113	907,706	148	2.5
1915년	3,834,180	98	1,070,804	174	3.3
1916년	4,628,585	119	1,401,148	228	3.6
1917년	6,334,922	163	4,192,798	683	7.9
1924년	8,686,247	223	6,024,792	981	8.3

비고) 1. 저장품 결산액은 사업비, 개량비 등 부 내의 각 경비에 지출된 금액의 합계임.
2. 1917~1924년은 만철 위탁경영 시에 용품 자금의 제약이 없었기 때문에 잔액도 증가하고 있다. 만철 경영 당시에는 연도 말에 500만 엔~600만 엔 정도의 저장품을 보유하였다.

제2절 제2차 직영시대

자재조직

1925년 4월 만철의 위탁경영이 해제되고 다시 조선총독부 철도국이 발족하였는데, 이 때부터 경리과에 검사계가 신설되고 자재업무는 창고와 구매, 검사의 3계에서 실시되었다. 1932년에 조도계(調度係)가 신설되었는데 1933년 5월의 직제 개정에서 검사계는 폐지되었다.

1939년에 들어와 중일전쟁의 영향으로 자재의 할당제도를 내용으로 하는 물자동원계획사무가 복잡해져 지금까지처럼 창고·구매의 양 계에서 담당하는 것은 완벽을 기하기 어려워졌기 때문에 기존의 창고계에 속한 물동 관계 업무는 물자조사계를 새로 설치해 처리하게 되었다. 또 업무량 증가에 대처하기 위해 구매계를 구매 제1계, 구매 제2계로 분할했다. 계별 분담은 다음과 같다.

구매 제1계 : 지금, 개못·나사류, 선로용품, 차량용품, 전기용품, 기계, 공구류 등의 구입 및 제작. 구매통계, 시장조사

구매 제2계 : 목재, 침목, 석탄, 유지, 시멘트, 도료, 약품, 건물수도용품, 비품기구, 피복직물, 용지장표, 잡품류의 구입 및 제작. 물품의 매각, 대차, 수리, 운반, 하역, 노무공급 등의 계약

1940년 12월 창고계를 용도계로, 물자조사계를 물자계로 변경했다.

이때 자재제도는 소위 횡할제도라고 하여 자재의 구입업무와 준비계획, 검수, 보관, 배급 등의 업무가 완전히 별도의 직제와 권한으로 실시되었다. 이 제도는 직무권한이 명확하며 상호견제가 이루어지는 등의 이점도 있다. 하지만 중일전쟁 이후 국내의 제반 정세가 점차로 준전시체제로 전환되고, 물동계획의 추진과 함께 국가에 의한 자재의 통제가 더욱 강화된 후, 자재조달은 기존과 같은 순연한 상거래 관념이나 방법으로는 어려워졌다. 중일전쟁 장기화와 함께 자재 부족은 더욱 현저해지는 반면, 군사상에서도 조선철도의 수송력 증강의 필요성이 높아지고 공무와 전기, 공작 등의 건설 개량공사용 자재, 차량제조 및 수선용 자재, 방대한 수송 요청에 대응하기 위한 운전용 연료 등의 수요가 급증하였기 때문에 이들 자재의 조달, 공급을 원활하게 수행하기 위해서는 근본적인 제도 개정이 필요해졌다. 그러므로 1941년 10월 자재부문은 경리과에서 분리 독립해 준비계획과 구입, 배급을 일원적이고 일관적으로 처리하게 되었다. 이 제도는 종할제도라고 하는데, 기존의 횡할제도는 각계의 사무가 직무권한을 달리하는 것과 달리 품목별로 준비계획에서 구입, 배급까지 동일계에서 일관적으로 처리되므로 전시에 대응한 체제라고 할 수 있다.

일본의 국유철도에서도 1941년 1월 경리과에서 자재부문이 분리되어 종할제의 수품과가 발족되었다.

수품과의 개별 편성은 다음과 같다.

서무계 : 과의 문서, 인사, 제도, 설비

물자계 : 물동계획에 관한 자재전반계획

수품 제1계 : 지금, 차량 및 차량부품 등의 공사재료

수품 제2계 : 레일 및 동 부속품, 침목, 교량 거더, 전기용품 등의 공사재료
수품 제3계 : 피복, 운수장표, 잡품 등의 운수용품
수품 제4계 : 석탄, 연탄, 유지류 등의 운전용품

그 후 1942년 11월 본국 기구의 간소화에 맞추어 계의 통폐합이 실시되고, 수품과는 물자와 공작용품, 공사용품, 운전용품의 4계가 되었다.

1943년에 들어와 전시상황은 더욱 치열해지고 일본 정부는 행정기구의 간소화와 강력화를 도모하였으며, 조선총독부도 이 시책에 따라 각 국의 기구를 개정하였다. 조선철도국도 1943년 12월 기존의 철도업무에 항공과 해사, 항만 등의 행정을 합쳐 교통국으로 개조되었다. 이때 철도 관계의 본국 각 과도 일부 통폐합되어 축소되었으나, 수품과는 자재과로 명칭은 변경되어도 그 중요성이 인정되어 계의 수도 증가하고 전기용품이 새로 설치되어 운전용품이 운전과 운수의 2계로 구분되어 6계가 되었다.

1945년 4월 운전용품이 제1운전용품과 제2운전용품으로 분리되었는데, 8월의 직제 개정으로 전기용품이 공사용품으로 통합되어 관리와 공작, 공사, 제1운전(석탄), 제2운전(연탄), 운수의 6계로 종전을 맞이하게 되었다.

자재부문의 지방조직으로는 1939년 12월 직제가 개정되어 기존의 지방창고 대신 용품고가 부산과 경성, 인천, 평양, 신의주, 원산, 청진에 설치되고 경성에 물품검사장이 설치되었다. 성진과 순천 창고에는 기존대로 창고주임을 두고 용품사무를 취급하도록 하였다. 그 후 신의주 용품고는 1942년 9월에 폐지되었다.

1940년 12월 경성과 부산, 함흥에 지방철도국(1943년 12월부터는 지방교통국)이 설치되고, 각 국에 경리부 용도과가 설치되어 물품사무를 취급하는 동시에 본국의 구매권한의 일부가 위양되었다. 그러나 1942년 11월에는 경리부가 폐지되고 용도과는 총무부에 속하게 되었다. 1945년 8월 1일 순천과 평양에 지방운수국이 설치되고, 지방교통국과 운수국에 경리부가 설치되고, 용도과는 경리부 소속이 되었다. 또 이때의 개정으로 기존에 수품과의 직속

이었던 용품고, 물품검사장(용품검사장으로 명칭 변경)은 지방교통국과 운수국의 현장기관이 되었다.

자재기구의 변천은 〈표 10-30〉과 같다.

〈표 10-30〉 자재기구의 변천

연도	경영조직	자재기구
1925. 4.	조선총독부 철도국	경리과(창고, 구매, 검사)
1932. 4.	〃	경리과(창고, 조도, 구매, 검사)
1933. 5.	〃	경리과 – 창고계, 조도계, 구매계
1939. 4.	〃	경리과 – 창고계, 조도계, 구매 제1계, 구매 제2계, 물자조사계
1940. 12.	〃	경리과 – 용도계, 조도계, 구매 제1계, 구매 제2계, 물자계
1941. 10.	〃	수품과 – 서무계, 물자계, 수품 제1계, 수품 제2계, 수품 제3계, 수품 제4계
1942. 11.		수품과 – 물자, 공작용품, 공사용품, 운전용품
1943. 12.	조선총독부 교통국	자재과 – 관리, 공작용품, 공사용품, 전기용품, 운전용품, 운수용품
1945. 4.	〃	자재과 – 관리, 공작용품, 공사용품, 전기용품, 제1운전용품, 제2운전용품, 운수용품
1945. 8.	〃	자재과 – 관리, 공작용품, 공사용품, 제1운전용품, 제2운전용품, 운수용품

자재제도, 법규

1925년 만철의 위탁경영이 해제되고 1925년 4월 조선총독부 철도국이 발족되는 동시에 기존의 창고사무규정 대신 새로 물품사무규정이 만들어지고, 1940년에는 물품준비규정이 제정되는 등 물품 관계의 규정류가 순차적으로 정비되었다.

1. 1925년 4월 시행, 1941년 10월 개정 '조선총독부철도국물품사무규정'

이는 물품의 출납보관 등에 대해 적정한 업무를 수행하기 위한 기준을 정한 것이다.

제1장 총칙 이하 6장으로 이루어져 있는데, 그 요지는 대략 다음과 같다.

제1장 총칙

1) 물품의 구분은 저장품, 결산품, 재용품, 불용품, 유가증권으로 한다.

2) 철도국 수품과장, 지방철도국 경리부장, 철도사무소장, 공장장 등을 출납명령관으로 한다.

3) 철도국 수품과, 용품고, 지방철도국 경리부, 각 사무소, 공장 등에 물품회계관리를 둔다.

제2장 물품 조달 및 출납

1) 소요 물품의 경우 철도국에서는 과·소장이 수품과장에게, 지방철도국에서는 부·소·장이 경리부장에게 청구한다.

2) 물품회계관리는 물품출납부, 보조부를 두고, 물품보관주임은 물품보관부, 물품수불부 및 보조부를 비치하여 출납을 정리한다.

3) 저장품 가격은 구입원가, 운임, 관세로 한다.

제3장 할부계산

용품자금특별회계에 속하는 제경비 및 저장품의 가격 저감액 등은 할부로 저장품에 부가한다.

제4장 불용품 처분

1) 불용품은 철도국 수품과 및 용품고 또는 지방철도국 경리부 물품회계관리에게 송부한다.

2) 불용품, 재활용품을 사용하는 경우에는 대가 없이 한다.

제5장 보관책임 및 검사감독

1) 물품 취급자, 전용자는 그 사용 또는 취급물품에 대해 보관책임을 진다. 물품보관주임은 전항의 경우를 제외한 것 외에 소관하는 물품에 대해 보관 책임을 진다.

2) 물품회계관리는 보관주임, 취급자, 전용자의 물품보관에 대해 감독 책임을 진다.

3) 물품회계관리는 매년 1회 소속보관주임의 물품을 검사할 것

4) 물품보관주임은 보관물품에 대해 매년 1회 현품과 장부를 조회한다.

5) 물품회계관리, 물품보관주임이 보관물품을 망실한 경우에 철도국장은 심사상 상당

가격을 변상할 것

2. 1925년 4월 시행, 1941년 10월 개정 '조선총독부철도국물품사무취급세칙'

전항의 물품사무 규정을 바탕으로 그 세칙을 정한 것이다.

저장품, 결산품 등에 편입하는 물품의 정의, 물품을 청구하는 경우의 청구자, 제출자, 제출시기를 정한다. 기타 물품의 보관 전환, 처분, 망실절차, 물품청구권, 저장품수불부, 수불일보, 월계표 등의 각종 양식이 규정되어 있다.

3. 1940년 12월 시행, 1941년 10월 개정 '조선총독부철도국물품준비규정'

물품의 능률적인 조달 및 배급을 위해 필요한 절차를 정한 것이다.

준비요구는 누가 책임을 지는지, 준비요구 기한은 언제까지인지, 요구가 있었던 경우 자재부문으로 어떤 것을 해야 하는지 등 자재부문과 사용부문과의 책임한계를 확실하게 나타내고 있다. 그 요지는 다음과 같다.

1) 특별히 정한 아래 물품은 수품과장이 준비계획을 하고, 기타 물품으로 철도국 소관물품은 철도국장, 각 사무소장 소관물품은 수품과장이 준비계획을 실시하도록 되어 있다.

① 지금류, ② 차량제조 및 수선용 목재, ③ 침목, ④ 시멘트, ⑤ 궤도용품 및 교량 거더류, ⑥ 보안 및 급수용품, ⑦ 차량 및 차량용품, ⑧ 개못·나사류, ⑨ 석탄류, ⑩ 유지도료류, ⑪ 전기용품, ⑫ 기계류, ⑬ 피복 및 직물류

2) 준비요구자는 본국 각 과장, 철도국장 등인데 용도에 따라서 지정된다.

3) 준비요구자는 소요 물품의 종류, 수량, 소요시기를 정밀조사하고 소정 양식에 의해 전년 11월 말까지 수품과장에게 요구할 것

4. 이상의 제 규정 이외의 자재 관계 주요 규정

1925년 4월 시행 구매물품 및 수불물품검사수속

1925년 4월 시행 철도국용석탄취급규정

1940년 11월 시행 종사원피복대용규정

1941년 10월 시행 석탄검사수속

자재구입 및 사용실적

1. 구입 실적

1920년대 중반부터 1920년대 후반에 들어서도 산업진흥을 위한 조선 생산품 사용장려방침에 따라 조선 생산품 구입을 위해 많은 노력을 기울였다. 이를 위해서는 사용규격 변경, 사용방법 연구, 거래업자 선정 등을 배려할 필요가 있었다. 주요 품목 구입총액 중에 차지하는 조선 생산품의 비율 추이는 〈표 10-31〉과 같다.

〈표 10-31〉 주요 구입품의 조선 생산품 비율(%)

종별＼연도	1925	1926	1927	1928	1929	1930	1931	1932	1933	1934	1935	1936
석탄	44	44	35	46	56	60	73	70	73	71	51	63
침목	46	42	65	87	100	100	100	100	100	100	100	88
시멘트	43	44	46	36	70	88	92	99	99	100	84	79
목재	28	45	38	16	64	89	77	76	54	45	33	29
차량	–	–	–	16	68	71	100	100	100	46	74	46
교량 거더	–	5	96	32	–	100	100	76	100	94	100	75
잡품	14	14	18	16	13	15	10	15	18	12	13	29
총액	27	25	25	28	46	42	52	43	51	42	37	40

석탄은 1931년경부터 조선산 무연탄을 주재료로 하는 연탄 사용량이 증가하였기 때문에 조선 생산품 비율이 상승하였다.

침목은 1929년 이후 100% 조선산을 구입하였는데, 1936년부터 수요가 급증하였기 때문에 부족분을 일본산으로 보충하게 되고 시멘트도 마찬가지이다. 차량과 교량 거더에 대해 쇼와 초기부터 조선에서의 구입 실적이 계상되어 있는 것은 용산공작(주)에서 제작이 개시되었기 때문이다.

그러나 이렇게 조선 생산품을 중시하는 구입방안도 1937년 7월 중일전쟁과 1941년 12월의 태평양전쟁 발발에 의해 전시태세에 들어가면서 통제경제가 강화되어 기존과 같은 자유거래는 어려워지고, 물자 부족에 대처하기 위한 물량 확보와 조기 입수에 중점을 둔 구매정책으로 전환되었다. 특히 전시 중에는 일본 제조회사에 발주하는 차량과 차량부품, 강재, 교량 거더, 전기용품 등의 수요가 급증해 기존의 산지별 비율의 균형은 무너지게 되었다.

연도별 용품구입 실적의 추이는 〈표 10-34〉와 같은데, 1925년 만철의 위탁경영 해제 후의 구입액이 특히 적은 것은 일반경제계 불황의 영향과 조선 전체를 덮친 대 수해에 의해 철저하게 경비 절감이 강요되어 물건비 예산도 절감되었기 때문이다.

그 후 만주사변 발생과 만주국 성립 등에 의해 일반경제계도 호황을 맞이해 만주와 일본 간의 여객·화물도 증가하고 조선철도는 대륙으로의 대동맥으로 각광을 받게 되고 수송량도 증가하였다. 또한 중일전쟁과 태평양전쟁 발발에 의해 조선철도의 강화가 급선무이며, 이로 인해 공사용 자재, 운전용 자재의 수요가 급증하였기 때문에 1938년 이후에는 구입액도 급격하게 증가하였다. 전시 중의 구매통계자료가 없으므로 확실한 숫자는 알 수 없지만 차량과 강재, 석탄 등 주요 자재의 구입량에서 추정해 전시 중의 연간 구입액은 1억 엔을 초과될 것으로 생각된다.

연도별, 품종별 용품 구입 실적의 추이는 〈표 10-32〉와 같으며, 산지별 비율은 〈표 10-34〉와 같다.

〈표 10-32〉 연도 · 품종별

(단위 : 엔)

종별 \ 연도		1925년	1926년	1927년	1928년	1929년
석탄	절입탄	2,335,353	2,811,868	3,023,835	3,200,929	3,322,722
	연탄	153,485	58,916	15,250	207,930	423,586
	코스크	51,637	13,293	51,919	88,738	45,738
	계	2,540,475	2,884,077	3,091,004	3,497,597	3,792,046
침목	보통침목	255,060	1,646,039	1,925,096	2,350,504	1,412,422
	포인트침목	7,265	97,530	144,197	75,495	67,622
	교량침목	1,309	37,087	92,103	49,232	53,410
	계	263,634	1,780,656	2,159,396	2,475,231	1,533,454
시멘트		157,960	1,947,323	1,501,470	1,104,620	701,890
지금		381,946	741,573	905,367	1,144,753	680,390
기관차		–	637,200	1,292,120	1,086,400	18,300
차량(객 · 화차)		–	–	–	378,330	717,273
교량 거더		39,077	1,126,434	203,497	330,919	3,980
목재		190,381	318,924	439,664	992,361	123,751
차륜 및 차축		93,129	203,319	500,394	417,799	246,995
궤조 및 부속품			596,579	2,094,797	1,771,859	816,182
유지		141,664	112,300	112,028	270,377	92,373
전기용품		274,023	351,677	451,808	505,326	272,206
제복류		10,724	99,668	100,610	169,513	134,921
실종류		60,976	60,001	25,874	97,861	–
채료류		63,521	89,425	65,997	140,272	95,075
기계류		28,204	219,069	361,160	289,906	25,543
벽돌		1,958	6,060	2,780	–	–
장표		–	–	–	122,853	88,445
잡품		1,564,717	2,314,124	3,209,630	4,052,040	2,217,599
합계		5,812,389	13,488,409	16,517,596	18,848,017	11,560,423
계약방식	경쟁계약	5,000	16,575			
	대량 수의	4,961,540	12,491,744	15,559,985	17,540,112	10,609,673
	소량 수의	845,849	980,090	957,611	1,307,905	950,750

〈표 10-33〉 용품구입 실적

(단위 : 엔)

종별		1930년	1931년	1932년	1933년	1934년	1935년	1936년
석탄	절입탄	2,690,540	2,425,915	2,342,380	2,563,870	2,714,608	4,357,807	4,105,140
	연탄	494,770	1,019,990	430,550	761,740	851,740	965,723	1,223,822
	코스크	49,098	32,710	42,660	60,342	63,924	86,718	87,553
	계	3,234,408	3,478,615	2,815,590	3,385,952	3,630,272	5,410,248	5,416,515
침목	보통 침목	1,042,620	916,466	1,778,063	2,839,489	1,749,677	2,153,181	3,747,380
	포인트 침목	46,253	24,726	125,988	146,773	35,754	159,869	222,539
	교량 침목	31,009	19,683	69,914	77,886	9,926	104,401	170,022
	계	1,119,882	960,875	1,973,965	3,064,148	1,795,357	2,417,451	4,139,941
시멘트		967,880	1,611,205	1,454,725	574,713	1,333,200	1,647,609	1,493,781
지금		595,791	461,391	904,087	852,549	1,094,210	1,482,404	1,316,534
기관차		–	–	–	688,000	352,000	1,886,230	221,600
차량 (객·화차)		284,286	325,275	181,960	243,000	805,420	1,816,790	874,020
교량 거더		237,178	90,829	61,767	158,530	170,869	5,344	291,558
목재		106,154	102,668	271,096	389,715	892,174	498,611	765,566
차륜 및 차축		311,629	301,330	362,495	357,121	605,800	954,928	657,360
궤조 및 부속품		2,529,164	1,411,071	3,179,823	356,053	1,603,958	1,918,534	3,127,125
유지		165,195	231,781	303,642	272,102	334,301	399,407	578,700
전기용품		300,965	253,047	661,905	563,631	839,657	1,302,704	2,318,892
제복류		114,791	137,872	122,831	129,342	79,709	244,911	173,940
실종류		–	–	–	–	–	–	
채료류		63,604	42,927	187,430	86,411	130,319	164,215	240,598
기계류		19,875	52,004	176,556	168,680	274,454	148,291	830,044
벽돌		–	–	–	–	–	–	
장표		41,846	17,006	26,064	24,815	30,508	63,886	132,099
잡품		1,630,947	1,792,843	2,341,251	3,532,765	3,526,321	4,218,877	5,790,913
합계		11,723,595	11,270,739	15,025,187	14,847,527	17,498,529	24,580,440	28,369,186
계약 방식	경쟁 계약							
	대량 수의	10,959,690	10,446,905	14,042,712	13,500,354	16,288,294	23,177,026	25,696,553
	소량 수의	763,905	823,834	982,475	1,347,173	1,210,235	1,403,414	2,672,633

〈표 10-34〉 연도별 용품구입 실적, 산지별 비율

연도	구입금액	증감비율	산지별 비율(%)				
			조선산	일본산	만주산	외국산	계
	엔						
1925년	5,812,389	100	27.2	43.8	23.6	5.4	100.0
1926년	13,488,409	232	25.4	60.9	9.3	4.4	100.0
1927년	16,517,596	284	25.2	58.7	9.1	7.0	100.0
1928년	18,848,017	324	28.1	55.2	8.6	8.1	100.0
1929년	11,560,423	199	45.7	39.7	9.0	5.6	100.0
1930년	11,723,595	202	42.1	48.1	6.8	3.0	100.0
1931년	11,270,739	194	51.5	40.2	5.7	2.6	100.0
1932년	15,025,187	258	42.8	51.8	4.6	0.8	100.0
1933년	14,847,527	255	50.8	43.7	4.3	1.2	100.0
1934년	17,498,529	301	41.5	50.1	5.0	3.4	100.0
1935년	24,580,440	423	36.5	53.3	8.7	1.5	100.0
1936년	28,369,186	488	39.6	54.6	4.1	1.7	100.0
1938년	42,274,478	727					
1939년	76,178,887	1,310					
1940년	68,993,589	1,187					

2. 사용실적

저장품의 각 경비에 결산된 금액 및 연도 말 잔액의 추이는 〈표 10-35〉와 같다.

〈표 10-35〉 저장품 결산액, 연도 말 잔액

연도	저장품 결산액	비율	연도 말 잔액	비율	보유월수
	엔		엔		월
1925년	8,334,573	100	1,706,418	100	2.5
1926년	12,073,123	145	1,373,454	80	1.4
1927년	10,970,078	132	1,872,620	110	2.0
1928년	7,660,317	92	2,798,109	164	4.4
1929년	9,457,061	113	2,681,279	157	2.9
1930년	8,594,852	103	1,832,720	107	2.6
1931년	9,089,740	109	1,343,132	78	1.8

연도	저장품 결산액	비율	연도 말 잔액	비율	보유월수
	엔		엔		월
1932년	10,395,565	125	1,457,861	85	1.7
1933년	9,516,702	114	2,259,030	132	2.8
1934년	9,443,171	113	2,602,505	153	3.3
1935년	12,405,439	149	2,465,019	144	2.4
1936년	14,913,842	179	2,653,665	156	2.1
1938년	32,617,654	391	8,522,169	499	3.1
1939년	63,077,459	757	13,869,489	813	2.6
1940년	66,556,433	799	21,004,600	1231	3.8

비고) 1. 저장품 결산액은 사업비, 건설비, 개량비 등 부 내의 각 경비에 지출되는 금액의 합계임.
2. 연도 말 잔액에는 저장품의 선수금 등에 의한 수배분을 포함함.
3. 1939년, 1940년의 잔액이 급증하고 있는 것은 경영규모 확대와 차량의 대량 발주에 따른 지급재료 잔액의 증가에 의한 것이다.

전시 하의 자재업무

1. 물동계획

1937년 7월 중일전쟁 발발에 의해 일본은 준전시체제에 들어가 다량의 군수물자가 소모되어 일반민생용 물자가 궁핍해졌기 때문에 물자수급조정의 필요성이 요구되었다.

그러므로 일본 정부는 국가총동원계획을 실시하는 중추기관으로 1937년 10월 기획원을 설립해 물자동원계획 책정과 입안에 따라 1938년부터 물자동원계획(물동)이 실시되었다.

물동에 의한 통제 품목은 ① 철강, ② 비철금속, ③ 면화, 종이펄프, 섬유류, ④ 피혁, 고무, 목재, ⑤ 석탄, 석유, 이 밖에 화학비료, 의약품에서 식료, 사료에 이르기까지 450품목에 미쳤다. 물동은 물자수급 조정방안으로 적극적으로 국내 생산력 증강 및 수입 증가를 도모하고, 소극적으로는 소비를 제한 또는 금지하고자 하였다. 실제 사무는 물자의 주관관청인 상공성에 위임되었다. 또 이 무렵부터 상공성 지도 하에 업계별로 통제회, 협의회 등의 물자통제단체가 탄생하였으며, 업계 내의 생산조정, 배급조정, 수요정리, 자재 할당증명서 발행 등의 사무를 담당했다. 조선에서도 1942년 12월에는 차량통제회 조선지부가 설립되었다.

기획원은 국가의 중요시책을 반영하여 국내 생산에 수입예정액을 추가한 것을 공급력으로 물자별로 연간 배당 틀을 책정하고, 이것이 분기별로 구분해 자재가 할당되었다. 상공성을 비롯해 각 주관관청, 통제회 등은 이를 바탕으로 할당증명서를 발행, 자재 수요자에게 교부했다. 이를 입수함으로써 비로소 수요자는 자재 구입이 가능하였다.

배당순위를 정하는 배당 틀의 구분으로는 연도의 상황에 따라 변경되기는 하였지만 군수용을 최우선으로 하여 다음과 같이 구분되어 운용되었다.

A 육군, B 해군, C1A 육군충족군수, C1B 해군충족군수, C2 생산력 확충용 자재, C3 관청 수요, C4가 만주·중국수급용, C4나 수출 원재료, C5 일반 민생용 수급

1943년에 들어가 전시상황이 악화되면서 남방으로부터의 물자공급이 끊어져 부득이하게 철도수송으로 대륙의 물자를 일본에 공급하는 육로 수송이 물동계획의 중심이 되었으며, 일본의 국철을 비롯해 만철과 조선철도 등 대륙철도의 수송력 향상이 중요해졌다. 이를 위해 차량 신조수리, 시설 확충 및 보수용 철도재료는 기존의 배당 틀 C2, C3에서 분리해 새로 Cx틀을 설정하고 별도의 틀로 특별 배송되었다.

1939년 무렵까지의 물건의 이동은 전시경제통제의 모델로 각광을 받고 각 관청에서도 중시되었다.

1940년에 들어가면서 중일전쟁의 영향이 시작되어 수요에 대한 절감률도 군수 15%, 생산력 확충용 25%, 관수와 일반 민수 30%로 설정되었다. 차량의 신조계획도 목표의 70%로 사정되며, 철도사업에 대해서는 신선 건설은 일체 인정되지 않는 방침이 밝혀졌는데, 이의 예외사항으로 조선철도의 평원선과 중앙선 건설이 인정된 것은 주목할 만한 일이다.

1941년 12월 태평양전쟁에 돌입하면서 물동도 본격적인 전시물동으로 전환되었는데, 1942년경까지는 제해권을 장악하였기 때문에 남방에서 물자가 공급되어 물자수급면에서도 다수의 여유가 있었다. 그러나 1943년 이후에는 전시상황이 불리해지면서 남방으로부터의 물자공급이 끊어지고, 이로 인해 자재공급이 현저하게 부족해지고 물동의 배당 틀도 군수에 집중되었다. 이것이 민간 수급에 압박으로 작용해 기획원(1943년 11월 이후에는 군수성)에서는 배당 틀의 배분을 고려해 부득이하게 틀이 커졌으며, 이로 인해 할당과 현물이 유리되어 물동에 대한 신뢰성을 상실하는 결과가 되었다.

1939년 당시부터 시행된 각종 통제 규제에는 다음과 같은 것이 있다.

철강배급통제규칙, 고무배급통제규칙

동, 납, 주석 등 배급통제규칙

석탄, 석유 등 배급통제규칙

기타 섬유제품, 시멘트 등의 배급통제규칙

2. 물동계획과 자재구입

전시상황이 악화되면서 일본의 자원은 대륙 방면에 의존하게 되고, 다량의 물자가 대륙에서 조선을 경유해 일본에 송출되었다. 만주·화북의 대두, 곡류, 대두찌꺼기를 비롯해 석탄과 철강, 비철금속 등이 화북철도와 만철에서 조선으로 보내져 경의·경부선을 거쳐 남조선의 항구에 집적되어 시모노세키~부산항로로 일본에 송출되었다. 이로 인해 조선철도는 국책수행을 위한 중요사명을 띠게 되고 간선 수송력 증강을 위한 복선화공사와 차량 증비 등이 요구되고, 이에 필요한 자재도 방대해졌다. 또한 다량의 운전용 석탄의 물량 확보에도 문제가 있었다. 또 이들 물자는 모두 통제물자이며, 철강과 비철금속, 연료유지 등 대부분의 자재가 군수와 경합하며, 민간끼리의 경합도 심해져 상호 자기의 책임을 수행한다는 책임감에서 당시에 자재 획득경쟁은 말로 다 표현할 수 없었다.

자재 입수의 제1단계인 물자 틀 획득을 위해 물자별 연간요구수량을 정리, 총독부 기획부에 제출해 조선 물동의 틀에 넣고, 또 일본 전체의 물동 틀을 책정하는 기획원과의 절충이 필요하였다. 당시는 자재가 없으면 아무것도 할 수 없는 시대였기 때문에 물동 틀 획득을 위해 국장을 비롯해 본국의 각 과장, 간부도 상경해 국 전체가 물동 틀 획득을 위해 분주하였다.

할당이 정해지고 배급표를 입수하면 이를 판매통제회사에 제출해 계약 단계에 들어가는데, 원래 물동 틀 자체가 부풀려 책정되었기 때문에 실제로 현품을 입수할 때까지가 매우 어려웠으며, 자재 관계자는 조선 내는 물론 일본과 만주 등으로 물자를 좇아서 동분서주하는 힘든 나날이 계속되었다. 전시 중에는 도쿄와 오사카, 야하타, 겸이포, 신경 등에 주재원을 두고 자재 획득에 만전을 기하였다.

또 가능한 한 조선 내에서 자재를 자급하기 위해 일본 제조회사의 조선 진출을 종용해 스미토모금속(해주공장), 히타치제작소(인천공장), 미야치철공소(노량진공장) 등을 유치하였는데 이미 때가 늦어 도움이 되지 못했다.

전시 중 조선철도 자재에서 특필할 만한 것은 일본과 만주, 중국의 자재간담회이다. 전시상황에 의해 철도용 자재 입수는 곤란해져 지금처럼 철도성과 조선철도, 만철 등이 개별적으로 그것을 조달해서는 소기의 성과를 얻을 수 없는 정세가 되었다. 이를 위해 1942년 1월 철도성 내에 일본과 만주, 중국 자재간담회가 열렸으며 철도성을 중심으로 각 철도가 일환이 되어 철도용 자재 획득을 위해 노력하였다. 또 각 철도 간의 할당배분도 여기에서 협의되었다. 실제 운영은 간사회가 담당하고, 그 멤버는 각 철도의 자재담당책임자로 구성하였다. 또 각 철도에서는 자재담당자가 전문위원으로 파견되어 철도성 수품국(후에 자재국) 내에 설치된 사무국에 상주했다. 대신 관저에서 매년 총회가 개최되었으며, 각 철도의 수뇌부가 출석해 자재 할당과 배분 등의 문제에 대해 협의하였다. 철도용 자재의 배분 틀이 Cx로서 별도의 틀로

되어 있는 것도 이런 조직 덕분이다. 또 할당 획득, 배분 외에 야하타제철소에 대한 철도용 강재의 롤 푸시, 스미토모금속의 차량부품 배분 등의 업무도 실시되었다.

당시 일본의 국철은 제조회사에 대한 발언력이 강하였기 때문에, 대륙철도의 자재 획득을 위해 자신의 입장을 떠나서 적극적으로 협력의 손을 뻗친 것은 특기할 만하다.

1943년 6월에 대륙제철도의 수송계획을 책정하고 소요차량을 상호 융통해 운전용 석탄 등의 자재를 확보하기 위해 신경에 관동군을 중심으로 현지 군 관계자와 만철, 조선철도, 화북, 화중 각 철도 수뇌부를 구성원으로 하는 대륙철로수송협의회가 설치되었다.

대륙물자에 대한 의존도와 대륙철도에 의한 수송의 중요성이 가속화되면서 협의회의 활동은 더욱 활발해졌다.

1944년 6월의 협의회에서는 운전용 석탄 부족으로 어려움을 겪는 조선철도에 대해 조선철도의 요구대로 석탄 11만 톤의 추가 공급이 인정되었다.

3. 주요 자재의 개황

철강 : 전시 중 철강은 주요 간선의 복선화공사와 신제차량, 교량 거더의 지급재료로서 수요가 급증하고 철도용 자재 중에서 가장 중요한 기간자재였다.

레일은 일철 야하타제철소에서 인천과 부산에 보내지고 여기에서 사용현장에 배송되었다.

경의·경부 본선의 복선화공사에는 본선에 50kg 레일이 사용되고, 측선에는 37kg 레일이 사용되었다. 그 밖의 지선구 등에는 37kg, 30kg 레일이 사용되었다.

종전 전에는 레일 부족을 보충하기 위해 만철의 철거 레일을 구입했다.

차량과 교량 거더용 강판, 형강, 봉강 등은 대부분 야하타제철소에서 구입하였다. 이들은 군수와 경합해 그 획득이 쉽지 않았지만 다행히 제철소의 협력과 조선철도 야하타 주재원의 부단한 노력으로 입수할 수 있는 상황이 되었다. 당시 가장 곤란했던 것은 기관차용 보일러 플레이트였다.

1944년 무렵부터는 규격품은 거의 군수품으로 억제되어 부득이하게 단척물의 발생물을 거래하게 되어 이 때문에 사용부문에서 설계 변경 등으로 부담을 주게 되었다.

겸이포제철소에도 자재과 주재원을 두고 주문품을 입수하기 위해 노력했는데, 여기서는 생산설비 관계에서 봉강과 형강, 단척궤조, 후판의 일부 치수밖에 구입하지 못했다. 이 밖에 부석제철소에서도 봉강류가 납품되었다.

당시 철강류는 모두 철강판매회사에서 구입하였는데, 분기별로 품종·치수별 수요조서를 작성해 철강통제회에 제출하는 것은 매우 방대한 작업이었다.

전시 중의 조선철도 보통철강재 할당량은 다음과 같다.

1939년	149,436톤	100(%)
1940년	83,531	56
1941년	75,642	51
1942년	55,636	37
1943년	88,001	59
1944년	78,060	51

1943년 88,001톤 중에는 교량 거더용 강재 등의 특별 배급 9,296톤도 포함된다.

신제차량 : 기관차에 대해서는, 다이쇼 연간(1912~1926년)의 만철 위탁경영시대에는 만주 사하구 공장제품을 구입한 적도 있지만, 그 이외에는 미국에서 구입하였다. 그 후 국산 기관차를 사용하는 방침이 확립되어 1923년에 처음으로 기샤회사에서 파시이(1)형 기관차 6량, 가와사키차량에서 파시사(3)형 기관차 6량이 납품되었다. 이것이 조선철도 최초의 국산 기관차였다.

그 이후 기관차는 모두 일본의 차량제조회사에 발주되었다.

1940년과 1941년 이후에는 급증하는 수송량에 대응하기 위해 매년 조선철도를 비롯해 대량 발주가 이루어졌다. 연간 발주수량은 1940년의 128량을 피크로 계속해서 매년 100량 정도의 기관차를 닛샤(나고야), 기샤(오사카), 히타치(가사도), 가와사키(다카토리)의 각 차량회사에 발주하였다.

차량제작에는 강재와 차량부품 등 다량의 자재를 필요로 하였는데, 제조회사가 보유하고 있는 재료에 대해서는 차량회사의 자재 관계자도 상당히 어려움을 겪었다. 보일러 플레이트와 보일러 튜브, 주강대틀, 외륜 등의 주요 재료는 수배에 의한 지급재료였는데, 이는 모두 애로 재료로 공기에 맞추어 지급받기 위해서는 부단한 노력을 요했다. 또 당시에는 공장요원도 부족하고, 특히 공정도 지연되었기 때문에 납품독촉을 위해 자재과 주재원이 배치되었으며, 차량제작감독관도 공장에 붙어살았다.

그러나 이런 노력으로 겨우 완성한 차량도 가동되기까지는 예기치 않은 장해가 기다리고 있었다. 그것은 바로 차량의 수송문제이다. 제조회사에서 완성 후 수송을 위해 해체된 차량은 해로를 통해 부산에 운송되고 육지로 인양하여 조선철도 부산공장에서 조립되어 가동되었는데, 전시 중으로 선박 확보를 위해 매일 선박운영회를 들려야 했다. 또 부산까지 운반한 화물의 양륙(楊陸)도 매우 큰일이었다. 전시 중에는 육군의 아카쓰키 부대가 부산항을 장악하고 있어 계획대로 진행되지 않았으며, 작은 배가 부족하였기 때문에 본선의 체류시간이 길어져 거액의 체선료를 지불해야 했다. 이 때문에 수송을 하청받은 오사카 광양운수로 하여금 차량양륙 전용 기중기를 만들도록 하고 급거 부산에 회항시켜 겨우 문제를 해결하였다.

1943년 12월에는 경원선 전철화를 위해 동양에서 최초로 3,000V 데로이형 전기기관차가 도시바 후추공장에서 4량, 히타치 미토공장에서 2량이 납품되었다. 미쓰비시전기 미하라공장에도 발주하였는데 종전 시까지 납품되지 못했다.

객차는 조선의 용산공작과 기샤 인천공장, 일본의 차량제조업체인 닛샤(나고야, 와라비), 기샤(도쿄) 히타치(가사도), 가와사키(다카토리), 다나카(현재의 긴키차량, 오사카), 데이샤(오사카)의 각 사에 발주하였는데, 1943년 이후에는 화물이 우선시되었기 때문에 신규 발주는 중지되었다.

화차는 원래 직영공장에서 제작되었는데 1927~1928년경부터 용산공작에서 제작이 시작되고, 그 후 1937년 10월 월 생산능력 객차 5량, 화차 50량의 닛샤 인천공장이 완성되고 또한 홍중상공 부평공장이 조업을 시작하였기 때문에 화차는 모두 조선 내의 3사에 발주하게 되었다. 전시 중 화차는 아무리 만들어도 부족한 상황으로 각 공장도 생산능력을 풀로 가동해 증산을 위해 노력했다. 전성기의 발주수량은 연간 1,500량 전후였다.

전시 중에는 물자 부족에 의한 가격 상승을 억제하기 위해 모든 물자에 공정가격이 설정되어 가격통제가 이루어졌는데, 조선철도용 차량에도 다음과 같은 공정가격이 설정되었다.

〈1944년 4월 28일 운수통신성 고시 제191호〉

조선철도용	프레나형 기관차	1량	139,100엔
〃	미카사형 기관차	〃	232,600엔
〃	마테이형 기관차	1량	271,300엔
〃	마테니형 기관차	〃	250,200엔
	(제조회사의 공장도 가격으로 함)		

차량부품 : 기관차용 주강차대와 기관차용 강관, 외륜, 윤심, 단압차륜, 차축, 윤축, 연결기, 스프링류 등의 주요 차량부품은 일괄 구입해 차량제조회사에 지급하도록 하였는데, 그 수는 보수용과 함께 전시 중에는 막대한 수량이 되었다.

주요 부품의 구입처는 다음과 같다.

품종	발주처
기관차용 주강차대 기관차용 강관 외륜, 단압차륜 윤축, 드래프트 기어 차축 연결기, 주강윤심	스미토모금속 야하타제철 고베제철
공기 제동기	일본 공기제동기, 미쓰비시전기
스프링류	미쓰비시제강, 대동제강, 야마모토발조
급유기	오사카발동기
가단주철품	사쿠라이제강, 일본가단, 히타치제작소
속도계, 압력계	도쿄기기

앞의 부품 중 기관차용 주강차대와 윤축류는 스미토모금속의 독점품으로, 이들 부품의 입수 여부에 의해 차량의 제작공정이 좌우되므로 각 철도 간에 스미토모 제품을 확보하기 위한 경쟁이 치열했으며 그 입수를 위해 많은 노력을 기울여야 했다. 다행히 스미토모금속은 조선철도에는 협력적으로 급한 불은 끌 수 있게 되었다. 가장 어려웠던 점은 화차의 대량 발주에 의한 화차용 윤축의 부족으로, 조선 내의 각 공장에서는 화차의 본체에 바퀴가 따라가지 못하는 상황이었다. 종전 직전에는 스미토모 제품만으로는 도저히 조달하지 못해 부득이하게 아라야공업(오사카)에도 일부를 발주했다. 스미토모금속의 공장을 조선에 유치한 것도 이런 어려운 사정을 배경으로 한 것이다.

기계류 : 철도공장 확충에 따른 차륜선반 등의 공작기계, 기타 기중기류, 하역기계 등인데, 이들은 품질을 중시해 가라쓰철공, 오쿠마철공, 이케가이제작소, 도쿄가스전공업, 쇼운공작소 등 일본 일류 제조회사를 지정해 구입하였다.

교량 거더 : 주요 교량 거더에는 트러스 거더, 플레이트 거더, I형 거더, 工

형 거더 등이 있으며, 양적으로는 플레이트 거더가 많다.

제작공장으로는 조선철도의 경성공장에서 ㅗ형 거더 등 소형제작 및 수리를 직영으로 실시하였으나, 제조회사로는 용산공작이 조선 내 유일한 제조업체로 플레이트 거더, I형 거더, ㅗ형 거더 등을 제작하였다. 트러스 거더 등의 장대교량은 기샤회사와 일본교량, 요코가와교량, 이시카와시마조선 등 일본의 대형 교량제조회사에 발주하였다. 교량 계약은 모두 강재를 지급하고, 제품은 공장에서 인도되었다. 이를 위해 오사카상선과 운송 계약을 체결하고 주로 인천에서 양륙되었다.

종전 직전 후루바시 거더의 수리 및 개조 전문공장으로 미야지철공소를 노량진에 유치하였으나 성과를 올리지 못하고 종전을 맞이했다.

중일전쟁 이후에는 경의·경부선 복선화공사와 중앙선 건설공사 등에서 교량 거더의 수요량이 전성기를 맞이하였으며, 이는 용산공작 등에 발주했다. 경의·경부선 복선공사에 따른 압록강과 청천강, 대동강, 임진강, 한강, 낙동강 등의 장대교량은 앞의 기샤회사, 요코가와교량 등의 일본 교량제조회사에 다량으로 발주되었다.

이들 교량은 다량의 강재를 필요로 하였으며, 이를 확보하기 위해서는 군의 지원을 받아 특별히 배송하는 등 관계자의 많은 노력을 필요로 하였다.

침목 : 1928년경까지는 일본산과 조선산을 병용하였으나, 1929년부터는 조선산만을 구입하는 자급체제를 구축하였다. 그러나 1936년 이후부터 침목 수요가 급증했기 때문에 조선산만으로는 충분히 조달하지 못해 일본의 산요목재, 산인목재, 이와사키산업 등에서 구입했다. 이들은 부산과 인천에 양륙되어 부산과 인천 양 용품고에서 사용현장에 배송되었다.

침목에는 밤나무와 졸참나무 등의 견목 소재도 사용하였지만, 이는 극히 소량으로 대부분은 백두산록의 낙엽송을 이용하였다. 1939년에는 연선 삼림자원을 개발하기 위해 건설된 백무선 공사가 진척되는 한편, 침목 출하량도 증가해 전시 중에도 조선산만으로 자급자족할 수 있게 되었다. 그러나 종전 직전에는 침목 할당량을 확보해 얼마나 빨리 현품화할 수 있는지가 급선무로, 이를 위해 자재 담당자가 함흥과 청진 방면에 상주하면서 각 관서, 납품업자 등과 교섭하였다. 침목 납품업자는 모두 영세업자로 다수의 업자를 상대로 소요량을 조달하는 것은 매우 힘든 일이었다.

방부침목에 대해서는 일찍부터 연구가 이루어졌는데, 1926년에는 구무힌 주식회사가 성진에 침투식 소규모 공장을 건설하여 여기에서 주입침목을 구입했다. 1940년에는 미쓰이물산 등의 출자로 부산에 본격적인 방부공장이 건설되었기 때문에 이후 주입침목은 여기에서 구입하였다.

콘크리트침목에 대해서도 개발이 진행되었는데, 전시 중 안양에 민영공장이 건설되었다. 그 제품은 경부선 천안~성환 간에 부설되었지만 종전으로 종지부를 찍게 되었다.

석탄 : 전시 중 가장 조달이 어려웠던 자재 중 하나는 운전용 석탄이다. 조선에서는 양질의 무연탄은 풍부하게 산출되었지만, 유연탄은 회령 부근에서 산출되는 것과 평안남도의 안주탄, 황해도의 봉산탄 등으로 대체적으로 북선에 한정되었다. 이는 저칼로리 갈탄으로, 단독으로는 기관차용으로 사용할 수 없었지만 그 후 다양하게 연구가 진행되어 기관차의 화실도 이에 적합하도록 설계되고 일본과 만주의 역청탄 등을 혼합해 사용할 수 있게 되었다. 따라서 이들 석탄은 북선에서 남쪽의 부산, 목포까지 전선의 각 기관구에 배급되었다.

무연탄은 고칼로리였지만, 대부분 가루상태로 점결제인 피치로 굳혀서 연탄으로 사용했다. 피치는 제철용 코크스의 부산물로 야하타, 겸이포 등의 제철소에서 입수하였는데, 전쟁이 격화되면서 입하량이 급격하게 감소하였다. 그 결과 연탄 생산량도 저하되어 부득이하게 질의 저하를 각오하면서 혼입률을 내렸지만 격증하는 수요를 충당하지 못했다. 이 사이 각 방면에서 피치 대용품(당밀, 벤토나이트 등)에 대한 연구도 이루어졌지만 결국 성공하지 못했다. 궁여지책으로 한때 무연분탄을 물에 섞어서 그대로 사용하는 생분이 실시되었다. 당시 연탄은 평양의 해군연탄공장, 조선연탄, 경성연탄 등의 공장에서 구입하였다. 종전 전에는 영등포의 서전연탄도 조업을 시작하였다.

이런 사정으로 운전용으로 적절한 석탄이 부족한 조선철도로서는 외래의 양질탄을 획득하는 것이 절대적으로 필요하였다. 이에 종전에는 일본의 홋카이도탄과 규슈탄, 만주의 무순탄, 때로는 중국 북부탄을 구입하였다. 1940년 당시의 석탄사용량은 145만 톤 정도로, 산지별 비율은 연탄 22%, 조선탄 49%, 일본탄 18%, 만주 무순탄과 중국 북부탄 11%였다.

석탄의 수요량은 육로 수송에 의한 대륙물자 수송으로 인해 급증하여 전시 중의 수송 전성기에는 250만 톤을 초과하였다.

〈석탄 사용량 추이〉

1939년 1,003,714톤

1940년 1,448,636

1941년 1,617,066

1942년 2,025,007

1943년 2,617,363

당시 이 정도의 석탄을 매입하는 것은 쉽지 않았다. 홋카이도탄은 전시상황이 악화되면서 수송이 두절되어 공급이 끊어졌으며, 규슈탄도 일본 국내의 수요 증가로 인해 할당받지 못하고 겨우 기타규슈의 소탄갱의 석탄을 범선으로 반입하는 상황이었다. 이 때문에 전시 중에는 석탄 조달을 오직 대륙에만 의존하였다. 만주탄은 밀산탄 등 오지의 것이었고, 중국 북부탄은 개란탄과 대동탄 등 대부분 원거리수송밖에 할당받지 못했다. 그리고 이 수송을 확보하기 위해서는 많은 어려움이 따랐다. 또 이들 석탄 획득을 위해 관동군 사령부와 중국 북부군 사령부, 대륙철도 사령부, 만주국 정부, 일본의 흥아원 석탄판매회사 등 교섭처가 매우 많았으며, 자재과장을 비롯해 석탄관계자는 그 교섭을 위해 자리에 앉아있을 시간이 없었다.

피복, 장표, 잡품류 : 조선철도에서도 피복대여규정에 따라 현업직원에게 제복류를 대여하였는데, 전시 중에는 군복과도 경합해 원단의 할당 획득, 현물 입수를 위해 이중으로 고심하였다. 재단가공은 자금력에서 신용이 있는 미쓰코시, 조지야, 미나카이백화점에 발주하였는데 철도국 사업소에서도 일부 재단 가공하였다.

운수장표와 승차권 등은 직영 인쇄소에서 인쇄해 경성용품고에서 조선 각역에 배급하였다.

공구와 기구, 잡품류는 소량 주문이 많으며, 발주건수도 많았지만 오랫동안 거래해온 오다기리상점, 마코토상회, 가나에상회, 신쇼양행, 무라마츠상점 등에서 구입하였다.

제3장
용품자금특별회계

제1절 용품자금회계법

철도사업에서 사용하는 물품은 다종다양하며, 일반 시판품으로는 적시에 조달할 수 없는 특수한 물품도 많고 또 사용량도 방대하므로 저렴한 가격으로 원활하게 수급하기 위해서는 적당한 거치운전자금을 미리 준비해둘 필요가 있다. 그러나 특별히 자금을 보유하기 위해서는 회계법 제4조("각 관청에서는 법률 칙령에서 규정된 것을 제외하고 특별자금을 가질 수 없다.")에 의해 법률 또는 칙령에 의해 규정할 필요가 있어 용품자금회계법이 제정되고 용품자금특별회계가 설정되었다.

통감부 및 철도원시대 : 국유 통일 직후, 즉 1906년 4월 법률 제39호로 제국철도용품자금회계법이 준용되고, 그 수지계산에 대해서도 제국철도회계규칙 및 제국철도용품자금규칙이 준용된 것이 같은 해 6월 칙령 제159호로 정해졌다. 이렇게 해서 용품자금은 일반회계에서 이월되어 점차로 증액되어 100만 엔으로 하도록 정해졌는데, 실제로 이월된 것은 70만 엔에 그쳤다.

이어서 1908년 2월 법률 제6호로 본 회계에 방해하지 않는 한 사설철도의 수요에 따라서 기계, 기타 물건의 제작수리를 할 수 있도록 하여 민간공사의 공급 부족과 불편을 보충하는 데 도움이 되었다.

총독부 제1차 직영시대 : 1910년 조선총독부 설치와 함께 구 법규에 준거한 회계를 폐지하고 1911년 4월 1일 조선철도용품자금회계법이 시행되고 조선철도용품자금특별회계가 설치되었다.

이 법의 규정내용은 대체적으로 종전의 준용법규와 다름없었지만, 본 회계에 과잉금이 발생한 경우에는 조선총독부특별회계의 세입(철도수입)에 이월되도록 개정되었다.

만철 위탁경영시대 : 만철은 회사의 회계제도를 채택하였기 때문에 용품자금회계법은 적용되지 않고, 유동자산의 하나로 또 중간계정의 하나로 처리되었다.

총독부 제2차 직영시대 : 1925년 4월 다시 총독부 직영이 되면서 제1차 총독부 직영시대와 동일한 제도로 되돌아갔으므로, 1925년 3월 30일 법률 제18호로 조선철도용품자금회계법이 제정되었다. 이렇게 해서 동법 제2조에 의해 저장품 취급액의 비약적인 증가 상황에 대응해 "조선철도용품자금은 조선총독부특별회계에서 점차로 이월되어 300만 엔으로 한다."고 규정되었다.

이렇게 이 법률에 근거해 1925년 4월 1일 100만 엔이 총독부특별회계에서 이월된 결과 제1차 총독부 경영시대부터 만철에 계승되어 사용된 72만 엔에 추가되어 용품자금은 172만 엔이 되고, 향후 300만 엔까지는 예산 조치만으로 증액 가능하게 되었다.

1936년 3월 남조선철도 매수에 의해 이 회사가 부대사업으로 실시한 자동차운수사업여객선(229km) 및 화물선(71km)을 총독부 철도국 최초의 직영 자동차 영업선으로 운영하였는데, 이와 관련해 '자동차교통사업의 용품구입, 저장, 수리 및 제작 등'을 실시할 수 있도록 용품자금회계법의 제1조 및 제3조가 개정되고(1937년 3월 30일, 법률 제14호) 1937년부터 시행되었다.

용품자금의 보충으로는 1929년 30만 엔, 1937년 47만 8천여 엔, 1938년 50만 엔의 자금 이월을 받아 300만 엔이 되었다.

이상의 자금 보충에도 불구하고 자금 운용이 매년 어려워지고 있는 상황을 고려해 1941년 4월 1일 법률 제30호에 의해 용품자금회계법 제2조가 개정, "조선총독부특별회계에서 점차로 이월해 1,000만 엔으로 한다."고 하여 1941년부터 시행되었다.

그러나 이 법률 개정에 대해 실제로 자금이 이월된 것은 1941년 200만 엔, 1942년 200만 엔으로 총 400만 엔에 지나지 않으며, 결국 1942년 이후에는 700만 엔의 용품자금으로 어려운 운영이 계속되었다.

〈부록표 1925년 3월 30일, 법률 제18호 및 그 후의 개정〉

조선철도용품자금회계법(법률 제18호)

제1조 철도용품을 구입저장 및 제작수리하고, 조선철도의 운수영업 및 건설사업의 수요에 대응하기 위해 조선철도용품자금으로 특별회계를 설치한다.

제2조 조선철도용품자금은 1925년 4월 1일부로 조선총독부의 보관에 속한다. 전 조선철도용품자금액에 상당하는 철도용품의 저장재료로 이를 충당하며, 조선총독부 특별회계에서 점차로 이월해 3백만 엔으로 한다.

제3조 본 회계는 철도용품의 매각대금, 수리대금 및 부속 잡수입을 세입으로 하고, 철도용품의 구입대금, 제작비, 개수비, 수리비 및 부속 제비용을 세출로 한다.

제4조 본 회계의 결산상 발생하는 과잉금은 이를 같은 해도 조선총독부 특별회계의 세입으로 이월한다.

제5조 정부는 매년 본 회계의 세입세출예산을 조제해 세입세출의 총예산으로 하며, 이를 제국의회에 제출한다.

제6조 본 회계의 수입 지출에 관한 규정은 칙령으로 정한다.

제7조 본 회계의 경영에 방해가 되지 않는 한도에서 일반 수요에 대응해 기계 기타 물품의 제작수리를 할 수 있다.

앞 조항의 경우에는 본 회계에 속하는 용품으로 그 재료에 충당할 수 있다.

부칙

본 법은 1925년부터 이를 시행한다.

〈1937년, 법률 제14호에 의한 개정〉

제1조 '철도' 다음에 '및 자동차교통사업의'를, '건설사업' 다음에 '및 철도에 관련해 경영하는 자동차교통사업'을 삽입한다.

제3조 '본 회계는 철도' 다음에 '및 자동차교통사업의'를, '세입으로 하고 철도' 다음에 '및 자동차교통사업의'을 삽입한다.

〈1941년, 법률 제30호에 의한 개정〉

조선철도용품자금회계법 중 다음과 같이 개정한다.

제2조 조선철도용품자금은 천만 엔으로 하고, 점차로 조선총독부특별회계에서 이월한다.

부칙

본 법은 1941년부터 시행한다.

제2절 용품자금의 운용

통감부 및 철도원시대 : 본 회계운용 당초에는 경부철도회사 및 임시군용철도감부로부터의 인계 저장품이 과잉되어 연도 말 저장품의 잔액은 항상 용품자금액을 훨씬 초과하였다. 최고인 1908년 말에는 112만 엔에 이르며, 여기에 공장의 반제품을 추가하면 124만 엔이 되었는데, 재고품 정리를 위해 노력한 결과 1910년 말 저장품 잔액은 83만 엔이 되었다.

총독부 제1차 직영시대 : 계속되는 과잉품을 정리한 결과 1911년 말 저장품 잔액은 61만 엔, 여기에 공장 반제품 2만 엔을 추가해도 63만 엔으로 비로

소 용품자금 70만 엔을 밑도는 성적이 되었다. 그러나 이 잔액은 상당히 무리를 한 결과로, 일단 내려간 잔액도 매년 점차로 증가해 만철에 계승될 때에는 저장품 잔액 147만 엔, 공장 반제품 52만 엔으로 총 199만 엔에 이르렀다. 이는 개통 선로의 연장 및 공사량 증가에 의한 것도 한 원인이지만, 용품자금 70만 엔이 과소하다는 것이 최대 원인으로 주목되었다. 즉, 1911년 이후 1916년까지의 저장품 구입 실적과 용품자금의 관계를 보면 다음 표와 같다.

연도	용품자금 (A)	구입액 (B)	자금운전횟수 (B)÷(A)	용품자금에 의한 재고월수 (A)含÷(B)
	천 엔	천 엔		월
1911년	700	3,893	5.56	2.16
1913년	700	4,220	6.03	1.99
1914년	700	4,417	6.31	1.90
1915년	700	3,834	5.48	2.19
1916년	700	4,629	6.61	1.81

즉, 자금의 운전횟수는 연 5.5회 내지 6.6회라는 경이적인 수치를 나타내고 있다. 보는 방법을 바꾸어 70만 엔의 자금으로 몇 개월 사용분의 재고가 허용되는지 살펴보면 연도에 상관없이 2개월분 정도이며, 용품자금만 보면 저장품제도의 이점을 충분히 발휘하기 어려운 상황이었다.

이에 궁여지책으로 각 사용비목에서 본 회계에 개산(概算)하여 지불받아(선수금) 물품을 조달했을 때 정산하는 방법을 채택하였다. 그러나 자금회계의 명목에서 회계법상 의의는 있었지만, 다른 대안이 없었기 때문에 본 회계 개시 이후 계속되었다.

만철 위탁경영시대 : 만철은 회사의 회계제도를 채택하였기 때문에 저장품 관계에 대해서만 자금을 제약하는 것이 아니라 전반적인 자금운용 중에서

고려되었다. 이 기간의 실적을 살펴보면 연도 말 저장품 잔액은 연간 구입금액의 6개월분 내지 8개월분이었다.

총독부 제2차 직영시대 : 1925년 총독부 직영으로 환원될 때 용품자금은 100만 엔이 증액되어 172만 엔이 되었는데, 회계법에 정해진 300만 엔에 도달한 것은 1939년으로 그 사이의 용품자금과 저장품 구입액의 관계는 다음 표와 같다.

연도	용품자금 (A)	구입액 (B)	자금운전횟수 (B)÷(A)	용품자금에 의한 재고월수 (A)슴÷(B)
	천 엔	천 엔		월
1925년	1,720	8,335	4.85	2.34
1926년	1,720	12,073	7.02	1.71
1927년	1,720	10,970	6.38	1.88
1928년	1,720	7,660	4.45	2.69
1929년	2,020	9,457	4.68	2.56
1930년	2,020	8,595	4.25	2.82
1931년	2,020	9,089	4.50	2.67
1932년	2,020	10,395	5.15	2.33
1933년	2,020	9,517	4.71	2.55
1934년	2,020	9,443	4.67	2.57
1935년	2,020	12,405	6.14	1.95
1936년	2,020	14,914	7.38	1.63
1937년	2,500			
1938년	3,000	32,618	10.87	1.10

즉, 용품자금에 의한 허용재고월수는 재계 불황에 의해 긴축정책이 채택되고 또 물가도 안정된 수년 동안은 2.5개월분 전후의 상태가 계속되었는데, 중일전쟁에 의해 개량공사가 급격하게 증가해 자재 구입액이 배로 증가한 1938년에는 겨우 1.1개월의 결과가 되었다.

1941년, 1942년에 각각 200만 엔의 자금이 보충되었는데, 한편 자재 구입액도 1939년 6,308만 엔, 1940년 6,656만 엔으로 1938년의 2배에 미쳤기 때문에 자금 사정은 전혀 개선되지 않고, 자금 수당은 항상 뒷북을 쳤다. 이 때문에 어려운 자금 사정으로 인해 선수금이 계속 증액되었다.

제3절 용품자금회계경비의 회수

용품자금회계에서는 철도 및 자동차용품 구입, 저장과 제작, 수리의 두 사업을 영위하고, 각각에 필요한 비용을 의뢰처에서 회수해 수지 상쇄하는 제도로 되어 있다.

전자의 회수는 용품할부방식에 의해, 후자의 회수는 공작비율(승률이라고도 한다)에 의한 방식을 채택하였다.

용품할부에 의한 회수 : 회수 대상의 5요소의 1년간의 합계금액을 1년간에 매도한 물품의 원가에 공제한 비율을 용품 할부율이라고 하며, 이 할부율을 지불한 물품의 원가에 곱해서 회수한다.

회수 대상의 5요소는 다음과 같이,

1. 취급 제비용	A엔
2. 저장품의 손감액	B
3. 부생품 수용액	C
4. 잡수입	D
5. 공장계정차손익	E
6. 회수 대상액	A+B−C−D±E

취급 제비용은 물품구입과 저장에 종사한 직원에 관한 일체의 인건비와 물

건비, 보관, 인도에 필요한 제경비.

저장품의 손감액은 저장품이 노후 또는 불용화되었기 때문에 발생한 기왕의 손감액 및 망실, 훼손, 변질, 감량 등에 의한 결손액.

부생품 수용은 철도공장의 작업상 발생한 부산물 중 공장 내에서는 사용하지 않지만 철도 전체에서는 사용할 예정인 저장품을 견적가격으로 편입한 것.

주) 공장 내에서 사용할 예정인 것은 견적가격을 붙여 재료대금에 가산되며, 공장계정의 수입이 된다.

잡수입은 용품계정 소속물건의 매각수입과 부외에서 회수한 용품할부수입 등이다.

공장계정차손익은 철도공장에서 제작, 수리에 필요한 비용을 공장비율로 회수했을 때 발생한 차액으로, 차익의 경우에는 회수액 공제, 차손액은 회수액의 가산재료가 된다.

다음에 용품할부에 대해 본 용품자금회계규칙 제5조는 "저장품의 원가에 대해 취급제비용 및 손감보합을 분할하여 곱한 것으로 물품의 매도가로 한다."고 규정하고, 저장품을 지불할 때마다 할부금을 원가에 더하도록 되어 있는데, 회계 규칙 시행과 동시에 회계검사원의 양해를 얻어 연 1회 회수하는 방법을 채택하고 있다.

부외에 저장품(저장품을 사용해 제작, 수리한 경우도 포함)을 매각하는 경우에는 미리 정해진 용품의 할부율에 의해 매각 시 회수되었다.

공작비율에 의한 회수 : 공작비율은 각 공장의 각 직장(예를 들어 선반, 조립, 사상, 단야, 제관, 주물, 객화차, 도장, 전기 등)별로 정해지며, 계산상의 각 요소에 대해 1년간의 수치를 예정해 적산하는 예정원가계산방법이 채택되었다. 또 연도 도중 실적에 의해 시시각각 변경되어 오차가 조절되었다.

먼저 회수의 대상요소는 다음과 같다.

1. 공작용 재료비

부 내 공사의 경우에는 저장품의 원가에 의해 외부에서 위탁된 공사의 경우에는 저장품 원가에 부 외 매각의 용품을 분할해 가산한 것

2. 제조 및 보수에 직접 종사한 직공의 임금

각 직장의 직공 1인당 평균임금

3. 제조 및 보수에 직접 종사한 직공 임금 이외의 비용

그 업무를 위해 특별히 다른 곳으로 출장한 경우의 여비와 낙성 차량의 시운전 비용

4. 공장 간접비의 분할

후에 기술하는 공장 간접비의 실제노동 인부 1인당 비용

이상 4요소 중 회수액 계산에서는, 1과 3은 그 실액을 계상하고, 2와 4를 합계한 1인당 비용을 공작비율이라고 한다. 여기에 실제 노동인원수를 곱한 금액을 계상해 그 합계액을 회수액으로 한다.

앞에서 기술한 공장 간접비의 내용과 그 각 직장별 배분은 다음과 같다.

1. 배분에 의하지 않는 것(당해 직장의 비용)

① 직장비 : 직장에서 직접 제조 및 수리에 종사하지 않는 감독자 등의 인건비 및 물건비, 직장 내의 제경비

② 간접인부의 임금 : 직공의 작업준비와 휴식시간처럼 임금은 지불되지만 실제 노동시간에 들어가지 않는 것(각 직장에 걸친 비용)

2. 각 직장별로 배분을 필요로 하는 것

① 차량 입환비 : 입환 기관차의 운전비, 수선비 및 입환 작업종사자의 임금, 기타 제경비

② 동력비 : 전력비, 연료 및 동력실 관계의 임금, 기타 인건비 및 수선비, 기타 제경비

③ 공장비 : 공장장 이하 사무소 직원 일체의 인건비, 사무소 경비, 욕탕 등 복지관계의 경비, 용품 회계 소속 공작과원의 일체의 인건비 및 물건비

④ 잡수입 및 부생물 수입 : 간접비의 경감에 충당

3. 배분 방법

①과 ②의 직장 내 사용 비용에 대해서는 각 직장 및 사무소의 연간 사용예정액의 비율에 의해, ③과 ④는 각 직장별 총 인부수의 비율로 안분한다.

제4절 수입 및 지출상황

총독부 제2차 직영 하에 건설 개량비의 12년계획이 실시되기 직전인 1926년과 12년계획의 중간기인 1933년의 본 회계수입, 지출 실적 및 1945년의 수입과 지출예산에 의한 수입 지출의 증가상황을 살펴보면 〈표 10-36〉과 같다.

〈표 10-36〉 용품자금 세입, 세출결산 및 예산

과목	1926년 결산	1933년 결산	1945년 결산
	엔	엔	엔
세입			
조선철도용품수입	13,324,999	15,284,269	228,598,325
용품 및 공작수입	13,244,678	15,043,566	228,516,706
용품수입	10,811,442	10,307,453	167,465,538
공작수입	2,433,236	4,736,113	60,118,357
전기수입			932,811
잡수입	80,321	240,703	81,619
세출			
조선철도용품비	12,757,209	15,636,156	228,598,325
봉급 및 제급여	207,691	233,202	1,241,469
용품 및 공작비	12,549,518	15,402,954	227,356,856
용품비	10,913,576	13,395,767	210,832,413
공작비	1,627,001	1,980,456	15,579,936
전력비			932,811
제환급금	8,941	26,731	11,696

비고) 1. 1945년 예산과목의 구성은 종전과 다르므로 종전의 과목을 교체해 계상했다.
2. 결산에서 세입과 세출이 부합하지 않는 이유를 1926년의 예에서 나타내면 다음과 같다.

손실		이익	
종목	금액	종목	금액
	엔		엔
조선철도용품비	12,757,209,060	조선철도용품 수입	13,324,998,840
지출 미필액 익년도 이월액	642,690,750	수입 미필액 익년도 이월액	1,477,143,290
전년도 이월 수입 미필액	126,797,130	전년도 이월 지출 미필액	62,526,460
전년도 이월 물품가격	2,297,609,540	익년도 이월 물품가격	1,790,581,660
익년도 이월 선수금	1,653,824,820	전년도 이월 선수금	823,021,830
계	17,478,131,300	계	17,478,272,080
차인과잉금 (조선총독부 특별회계에 이월)	140,780		
합계	17,478,272,080	합계	17,478,272,080

〈한국 철도 연보〉

연 월 일	주요 사항
1877. 2.	파일 수신사 김기수 《일동기유(日東記游)》에서 일본 철도 시승기 소개
1889.	주미 대리공사 이하영이 귀국할 즈음 세밀한 철도모형을 갖고 와서 고종임금을 비롯한 대신들에게 관람시키고 철도의 필요성 역설
1894. 7.	의정부 공무아문(工務衙門)에 철도국을 둔 것이 우리나라 공식 철도업무 수행을 위한 최초의 기구
8. 1.	청일전쟁이 일어나자 일본은 서울~인천 간 군용철도를 부설하려고 철도기사 센고쿠 미츠구(仙石 貢) 등을 보내 경부·경인철도를 답사케 함.
8. 20.	일본에 의해 조일잠정합동조관(朝日暫定合同條款)이 강제 체결됨.
1896. 3. 29.	조선 정부, 경인철도 부설권을 미국인 제임스 R. 모스에게 특허
7. 3.	경의철도 부설권을 프랑스 피브릴르 회사 대표 그릴르에게 특허
7. 15.	국내 철도 규칙 7조를 제정 공포, 궤간을 영척 4척 8촌 5푼(1,435mm)의 표준궤간으로 결정(농상공부 관할)
1897. 1. 15.	궤간을 시베리아철도와 동일한 5척(1,524mm)으로 개정
3. 22.	모스가 인천 우각현(牛角峴, 소뿔고개)에서 경인철도 공사 착공 
5. 12.	모스가 5만 불의 교부금을 받고 경인철도를 자신이 건설하여 경인철도인수조합(일본 자본)에 양도키로 계약
8. 24.	조선 정부, 경부철도 부설권을 일본인 회사에 특허
1898. 5. 10.	모스, 경인철도를 경인철도인수조합에 양도(1,702,452원 75전)
6. 3.	박기종(朴淇綜)이 부산~낙동강 하단에 이르는 부하철도(釜下鐵道) 부설권을 취득

7. 6.	농상공부에 철도사(鐵道司) 설치 관제 공포. 얼마 후 철도국으로 개정
9. 8.	한국 정부는 경부철도주식회사 발기인 대표자와 경부철도합동조약을 체결하고 부설을 허가
9.	국내 철도규칙 중 궤간 5척을 다시 4척 8촌 5푼(1,435mm)으로 환원
1899. 4. 23.	경인철도인수조합, 인천에서 다시 기공식 거행
5. 17.	서대문~청량리 간 전차 개통
6. 18.	경인철도 기설구간에 '모가형 탱크(Mogul tank)' 기관차를 시운전
6. 30.	프랑스 피브릴르 회사의 경의철도 부설권 소멸
7. 8.	한국 정부, 경의철도 부설권을 박기종이 창립한 대한철도회사에 특허
9. 18.	노량진~인천 간 33.8㎞(21마일)의 경인철도가 최초로 개업(부분개통)되어 가 운수영업 개시. 인천역에서 개업예식 거행 (증기기관차 4대, 객차 6량, 화차 28량, 역수 7개, 직원 119명) 
1900. 4. 1.	궁내부에 철도원 설치(철도업무가 농상공부로부터 철도원에 이관)
7. 5.	한강교량 준공
7. 8.	경인철도 전선 개통. 경성~노량진 간 준공으로 경인 간 직통운전 개시
9. 13.	궁내부에 서북철도국을 설치하고 경의·경원철도 부설권을 관리케 함.
11. 12.	경인철도 전통식을 경성역(후에 서대문역으로 개칭)에서 거행. 11개 정거장(경성, 남대문, 용산, 노량진, 영등포, 오류동, 소사, 부평, 우각동, 축현, 인천) 영업
1902. 5. 8.	한국 정부의 서북철도국, 경의철도 기공식을 서울 서대문 밖에서 거행
6.	박기종, 마산~삼랑진 간 철도부설을 위한 '영남지선철도회사' 조직
11. 28.	박기종, 영남지선 부설권을 철도원으로부터 인허
12. 10.	경인·경부 양 철도 합병조약 체결
12. 18.	박기종, 마산선 부설권을 농상공부로부터 인허

1903. 2. 27.	일본 대본영의 내명으로 경의선 용산~개성 간을 사관(士官) 30여 명과 철도 기사 이시카와, 가토 등이 측량 실시
7. 30.	대한철도회사 박기종, 경의철도 서울~평양 간 부설권을 인허받음.
9. 8.	대한철도회사 부회장 박기종, 일본과 경의철도에 대한 출자계약 체결
11. 1.	경부철도회사에서 경인철도를 매수하여 합병
1904. 2. 21.	일제, 서울~의주 간 군용철도 부설을 위한 임시군용철도감부 편성
3. 12.	일제, 경의선 부설에 대한 출자계약 일방적 해약통지와 동시에 군용철도 삼랑진~마산 간 노반공사 및 용산~개성 간 노반공사 착공
8. 27.	일제, 경원선을 군용철도로 부설하기로 결정
9. 14.	마산선을 군용철도로 부설 착수함을 일본공사가 한국 정부에 통고
1905. 1. 1.	경부선 영등포~초량 간 전 구간(445.6㎞) 운수영업 개시
1. 26.	평양~신의주 간 궤조부설 준공
2. 5.	경의선 용산~개성 간 개업
3. 1.	임시군용철도감부에서 인천에 철도리원양성소 설치(국내 최초의 국립 철도 종사원 양성기관. 한·일인 40명 모집. 운수과, 기차과)
3. 10.	군용철도 경의선 용산~신의주 간에 1일 2왕복의 지정열차 운전 개시
3. 24.	경성역을 서대문역으로 개칭(남대문역은 그대로 사용)
5. 1.	서대문~초량 쌍방간 1일 1회의 직통 급행열차 운전 개시(14시간 소요)
5. 25.	경부철도 개통식을 남대문역 구내에서 거행
5. 26.	마산포~삼랑진 간 직통운전 개시
9. 11.	경부철도와 일본 철도의 연대운수 개시
11. 10.	경부철도와 군용철도인 경의선 용산~평양 간의 연락운수 개시
12. 22.	일제, 통감부를 설치하여 국내철도 통합운영 추진
1906. 2. 1.	통감부 개청
3. 11.	경부철도매수법 공포
4. 3.	경의선 용산~신의주 간 전선 개통. 직통운전 개시
4. 16.	서대문~초량 간 급행열차 운행(소요시간 11시간)

7. 1.	통감부 철도관리국 설치 •경부철도를 관영으로 하고 통감부 철도관리국에 인계 (총연장 1,020.6㎞, 매수가 20,123,800원)
1907. 4. 20.	남대문~부산 간 융희호(隆熙號) 운행
7. 1.	일본 각지의 각 역과 여객 수소화물 및 화물의 연대취급 개시
9. 20.	전선 각 역과 만주 안동역(현 단둥) 간에 여객 및 화물 연락 수송 개시
12. 1.	서울의 동인병원을 매수하여 철도국 서울진료소로 발족
1908. 4. 1.	열차 운전시각을 한국 표준시에 의하도록 결정(일본보다 약 30분 늦음) •부산역 영업 개시와 동시 부산~초량 간 개통 •부산~신의주 간 직통 급행열차 융희호 운행 개시
10. 2.	순종황제의 제례(융릉, 건릉) 참배와 권업모범장 순람을 위해 남대문~대황교 임시정거장(수원) 간 궁정열차 운전
1909. 3. 16.	통감부 철도관리국제를 폐지하고 통감부 철도청 설치
10. 21.	남만주철도 주요 역과 여객 수화물의 연락운수 개시
12. 16.	한국 철도를 일본 철도원의 소관으로 이관하고, 한국철도관리국이 설치되어 통감부 철도청 폐지
1910. 8. 29.	경술국치
10. 1.	조선총독부 철도국이 설치되어 철도원 한국철도관리국 폐지
10. 15.	용산~원산 간 경원선 철도기공식 거행
10. 16.	평남선(평양~진남포 간 55.3㎞) 영업 개시
11. 6.	평남선 진남포에서 전통식 거행
1911. 6. 1.	한강교량(A선) 준공
12. 1.	경부선 야간열차 융희호를 매일 운행으로 개정
1912. 1. 1.	열차 운전시각을 일본과 같이 중앙표준시간에 의하기로 결정
5. 1.	한·만 상호간에 급행열차 및 침대권의 직통취급 개시
6. 15.	부산~중국 신징(新京, 지금의 창춘) 간 직통 급행운전 개시
1913. 5. 1.	일본~만주 간 여객 연락운수 취급 개시
6. 10.	한국 철도와 시베리아 경유 유럽 주요 도시간 여객 및 수소화물 연락운수 개시
10. 1.	만철선 경유 한·중간 여객연락 운수취급 개시 •호남선 목포~송정리 간 개통
1914. 1. 1.	일본~만주 간 화물연락운수 취급 개시

1. 11.	정읍~송정리 간 준공으로 호남선 전통
1. 22.	호남선 전통식을 목포에서 거행
8. 16.	경원선 용산~원산 간 전선 개통
9. 16.	원산에서 전통식 거행
11. 1.	한국~만주~러시아 간 여객연락운수 취급 개시
1915. 10. 3.	'조선철도 1,000리(마일) 기념 축하회'거행(경복궁)
1917. 7. 31.	한국 철도 경영을 남만주철도주식회사에 위탁. 동일부로 철도국 관제를 폐지하고 만철은 서울에 경성관리국 설치
1918. 5. 12.	유럽 전란의 영향을 받아 한국 직통열차 취급 중지
1919. 3. 31.	서대문역 폐지
1921. 11. 1.	사설철도 충북선 조치원~청주 간 개통
1922. 7. 1.	남조선철도 광주선 송정리~광주 간 개통, 경전선 송정리~순천 간 134.6㎞ 개통
1923. 1. 1.	남대문역을 경성역으로 역명 변경
7. 1.	남조선철도주식회사 호남선 송정리~광주 간 14.9㎞ 개통
12. 1.	조선철도주식회사 경남선 마산~진주 간 70㎞ 개통
1924. 8. 1.	금강산전철선 철원~김화 간 28.6km 개통
1925. 4. 1.	남만주철도주식회사에 의한 위탁경영을 해제하고 조선총독부의 직접 경영으로 환원하여 철도국 설치 •직영 환원 시 철도 총연장 : 2,092㎞, 역 수 : 231개, 종사원 : 13,000명
9. 30.	경성역(현재의 서울역 구 역사) 신축 준공
10. 15.	경성역, 신 역사에서 영업 개시  1925. 10. 15. 당시의 구 서울역사

10. 25.	경성역 구내식당(서울역 그릴 전신) 개업
1926. 4. 1.	철도국 서울진료소를 경성철도병원으로 개칭, 직영으로 함.
4. 25.	축현역을 상인천역으로 역명 변경
1927. 7. 1.	한국 최초로 '터우 6'형 기관차를 경성공장에서 제조
8. 1.	시베리아 경유 아시아, 유럽 각국간과 여객 및 수소화물의 연락운수 개시
1928. 8. 30.	아시아·유럽 국제여객 및 수화물연락운수 취급범위를 프라하, 빈, 로마까지 연장
1929. 6. 15.	아시아·유럽 연락열차 부산~중국 신징(新京) 간에 한국 철도 1, 2등차를 직통운행
1930. 4. 1.	영업이정(마일법)을 키로정으로 개정(미터법 사용)
1931. 6. 15.	아시아·유럽 연락운수에 영국이 가입하여 런던행 여객 및 단체취급 개시
7. 1.	금강산전철선 금강구~내금강 간 개통되어 철원~내금강 간 116.6㎞ 개통
8. 1.	조선경남철도 충남선 남포~판교 간 개통되어 천안~장항 간 전통
1934. 11. 1.	부산~펑톈 간 직통열차 '히카리'를 신징까지 연장하고, 또 새로 부산~펑톈 간에 직통열차 '노조미' 설정
1935. 10. 1.	직영 환원 10주년 기념사업으로 철도박물관 설치(용산)
1936. 7. 1.	청량리~춘천 간 건설공사 착공
11. 3.	중앙선, 청량리 방면에서 건설공사 착수
1937. 1. 1.	소비에트연방 경유 부산, 서울, 평양과 에스토니아, 라트비아, 리투아니아, 독일, 폴란드 간에 화물연락운수 개시
8. 6.	조선경동철도(주)에서 수원~인천항 간 개통으로 인천항~여주 간 전통
9.18.	철도기념일 제정
1938. 5. 1.	영등포역을 남경성역으로, 청량리역을 동경성역으로 바꿈.
1939. 7.25.	경춘철도 성동~춘천 간 93.5㎞ 개통
11. 1.	부산~북경 간에 직통 급행여객열차 1왕복 '흥아호' 증설, 종래의 부산~북경 간 직통 급행여객열차 '대륙'이라 명명
1942. 4. 1.	중앙선(경경선) 전통으로 운수영업 개시

4. 30.	경성~평양 간 복선 개통
1943. 5. 15.	평양~신의주 간 복선 완성으로 경성~신의주 간 복선 전통
1945. 8. 16.	일본 집권층과 철도업무 접수를 위한 한국직원간 대책협의 (종사원 79,000명 중 일본인 23,000명)
9. 6.	미 육군 해밀턴 중령 군정청 교통국장에 취임(12월 1일까지 재임)
10. 27.	일본인 종사원 모두 사직시킴. **〈광복 당시 철도 현황〉** 영업거리 : 6,362㎞, 기관차 : 1,166대 객차 : 2,027량, 화차 : 15,352량 역 수 : 762개소, 종사원 : 100,527명 **〈남한 철도 현황〉** 연장거리 : 3,738㎞, 영업거리 : 2,642㎞ 기관차 : 488대, 객차 : 1,280량 화차 : 8,424량, 동차 : 29량 역 수 : 300개소, 종업원 : 55,960명
1946. 1. 1.	교통국을 운수국으로 개칭
4. 30.	**〈남한의 선로연장〉** 표준궤 : 정부 소유 2,074.0㎞, 민간 소유 416.5㎞, 계 2,490.5㎞ 협　궤 : 정부 소유 86.7㎞, 민간 소유 125.3㎞, 계 212.0㎞ 합계　2,702.5㎞ **〈차량보유 현황〉** 기관차 472대, 객차 1,060량, 화차 8,466량
5. 17.	사설철도 및 동 부대사업 일체를 국유철도에 합병함(군정령 제75호).
5. 20.	경성~부산 간에 특별급행 1, 2열차 '조선해방자호' 운행
9. 23.	적색계열에 의한 철도 총파업(10. 1. 해제)
1947. 3. 19.	미국제 기관차 30대 최초로 부산항에 도착
8. 9.	소련 열차에 객차 2량 연결, 경성~평양 간 2회 운행
11. 1.	경성역을 서울역으로 개칭
1948. 8. 15.	대한민국 정부수립으로 운수부를 교통부로 개편

9. 7.	과도정부 운수부 및 그 부속기관의 행정권 일체를 동일 오후 1시 30분을 기하여 대한민국 교통부장관이 인수
1950. 6. 25.	동란 발발로 전시 수송체제로 전환(수송본부 설치)하고 비상차량 동원
7. 19.	미 24사단장 윌리엄 F. 딘 장군 구출결사대 열차 대전~세천 간 운행 중 피습(김재현 기관사 등 승무원 3명 사상, 미군 27명 전사)
8. 3.	구미, 약목, 왜관역 철수와 동시에 왜관~약목 간 낙동강철교 폭파
10. 8.	개성 수복 • 부산~서울 간 철도 완전 개통으로 복귀, 첫 열차 운행(제112열차) • 서울, 용산지구 철도기관 완전 수복
1951. 1. 4.	서울지구, 중공군 개입으로 완전 철수 **〈6·25 전쟁 피해상황〉** 터널 : 4,935m(6%) 신호 및 보안장치 : 20% 전기 신호장비 : 56% 공장설비 : 27% 교량 : 9,351m(12%) 급수시설 : 26개소(25%) 전력설비 : 56% 자재 : 80% 화차 : 34% 궤도 : 329,480m(7.5%) 급탄설비 : 38개소(40%) 역건물 : 131,471㎡(41%) 기관차 : 51% 노반 : 100,000m(3%) 전신전화시설 : 50% 선로부대건물 : 39% 객차 : 50%
6. 12.	한강교량(A선) 복구공사 준공
1952. 6. 30.	한강교(B선) 복구
1953. 3. 16.	교통부 철도건설국 설치
5. 25.	사천선 개양~사천 간 10.5㎞ 개통
9. 18.	경의선 문산역, 경원선 신탄리역에 '철마는 달리고 싶다' 푯말 건식
1954. 4.	디젤기관차 UN군에서 4대 인수 (전란 중 UN군이 반입 사용하다가 ICA원조 계획에 의거 이양)

1955. 6. 1.	동란 이후 UN군에서 장악하고 있던 철도 운영권 인수
8. 15.	서울~부산 간 특급 통일호 운행(운행시간 9시간 30분)
9. 15.	문경선 점촌~가은 간 22.5km 개통
1956. 1. 16.	영암선 전통식을 동점역 구내, 영월선 개통식을 영월역 구내에서 거행 
6. 14.	충남선을 장항선으로, 경기선을 안성선으로, 경전남부선을 진주선으로, 경전서부선을 광주선으로 각 선 명칭 개정
1957. 3. 9.	함백선 영월~함백 간 22.6km 개통으로 60.7km 전통
7. 5.	한강교량(복선) C선 복구공사 완성으로 개통식 거행(동란 후 7년 만에 성사) • 한강교량 A, B선 노후로 1957. 7. 5.부터 C선만을 사용. 1969. 6. 28. A, B선 개량 완전 복구
8. 30.	부산~서울 간 특급 통일호, 종전 운행시간 9시간을 7시간으로 단축
11. 10.	직통열차 26개 열차에 좌석지정제 실시
1958. 2. 20.	대전 디젤전기기관차공장 개설
1959. 2. 27.	국산 신조객차 제작 개시
8. 20.	국산 신조객차(1, 2, 3호) 운행식
1960. 1. 26.	서울역서 승객 압사사고(22시 55분 서울발 목포행 여객열차 개표 시 3번 타는 곳 계단에서 인파에 떠밀려 압사 31명, 부상자 다수 발생)
2. 16.	경부선 특급 무궁화호 서울~대전 간 시운전
2. 21.	서울~부산 간 특급 무궁화호 6시간 30분에 운행 개시
7. 8.	경부선에 PC침목 부설 개시('58년 시험 제작)
1961. 6. 30.	능의선 능곡~가능 간 26.5km 개통(7월 5일 개통식 거행)
1962. 1. 1.	철도법 공포(전문 97조 2부칙)
5. 15.	서울~부산 간 특급 재건호 6시간 10분으로 운행 개시

12. 21.	중요 여객열차에 여자 안내원 승무 (재건호, 통일호, 31, 32, 9, 10열차의 2등차 및 침대차)
1963. 5. 17.	영암선, 철암선, 삼척선, 동해북부선을 통합하여 영동선으로 명명함.
5. 30.	황지 본선 통리~심포리 간 8.5㎞ 개통으로 인클라인의 필요성이 사라짐. 
8. 12.	서울~여수 간 직통 급행열차 '풍년호' 운행
8. 20.	능의선(서울교외선) 가능~의정부 간 5.4㎞ 개통으로 운수영업 개시
9. 1.	철도청 발족. 초대 철도청장에 박형훈, 철도청 차장 임승일 취임
12. 31.	철도청 휘장 새로 제정
1964. 1. 16.	재단법인 철도협력회 설립
5. 1.	월간 종합 교양지 〈한국철도〉 창간
11. 26.	'철도의 날' 제정(대통령령 제1992호)
1965. 1. 27.	철도간호학교 제1기 졸업식 거행
1966. 1. 19.	예미역 구내에서 정선선 개통식 거행(예미~증산~고한 간 30㎞)
1. 27.	경북선 점촌~예천 간 28.9㎞ 개통식
3. 21.	경부간 화물열차 수출호 첫 운행
4. 1.	중앙선에 건설호, 호남선에 증산호 특별 화물열차 운행
7. 21.	특급 맹호 서울~부산 간 첫 운행 • 주월 한국군 사령관 채명신 장군에게 '맹호'열차 명명판 증정
7. 27.	'철도의 노래' 제정(이은상 작사, 김동진 작곡)
7. 30.	철도여행 기념 스템프 제정
11. 1.	미국 존슨 대통령 특별열차 이용
11. 9.	경북선 예천~영주 간 29.7㎞ 개통식 영주에서 거행
1967. 1. 20.	태백선 증산~정선 간의 24㎞ 개통식 정선역에서 거행

3. 30.	철도고등학교 개교
8. 31.	서울역 타는 곳에서 증기기관차 종운식 거행 
9. 1.	특급 비둘기호 서울~부산진 간 첫 운행. 소화물 전용 급행열차 운행
1968. 2. 7.	경전선 개통식 거행. 진주~순천 간 80.5㎞ 진주선과 광주선 순천~송정리 간을 경전선에 통합
6. 1.	중앙선 C.T.C(열차 집중 제어장치) 시운전 실시(망우사령실)
10. 22.	중앙선 망우~봉양 간 C.T.C 및 경부선 영등포~대전 간 A.B.S장치 개통식
1969. 2. 10.	특급 관광호(특1등, 1등 8량, 식당차 1량, 발전차 1량, 도합 11량) 서울~부산 간 첫 운행. 경부, 호남, 전라선의 특급열차 3등 폐지
2. 21.	특급'청룡호'를 보통 급행으로 격하 운행(소요시간 6시간 50분)
4. 5.	열차자동정지장치(A.T.S) 경부 간 설치 완료(공비 2억 7,400만 원)
5. 15.	열차 무선전화 경부, 호남선에 개통(예산 1억 7,556만 원)
6. 20.	문경선 진남신호소~문경 간 10.6㎞ 개통, 여객열차 3왕복 신설 운행
6. 28.	서울~인천 간 복선 38.7㎞ 개통. 한강 A, B철교 복구공사 준공
1970. 12. 23.	철도청, 용산 청사에서 교통센터로 이전
1971. 4. 7.	수도권 전철화 착공(경인, 경수 간)
9. 15.	광복 이후 처음으로 570개 여객열차 다이아 전면 개정 • 철도청 컴퓨터 가동식 거행(유니백 9400)
1972. 2. 15.	서울시내 안내전화를 칙칙폭폭으로 설치(42-7788, 22-7788, 93-7788)
3. 17.	최초의 전기기관차 도입(66량) 

3. 31.	수려선(협궤선) 수원~여주 간 73.4㎞ 폐선
4. 29.	교통부, 교통센터로 이전
9. 18.	컨테이너 화물수송 개시 
1973. 2. 28.	정암터널 4,505m 순수 국내 기술진에 의거 관통
6. 20.	중앙선 전철 청량리~제천 간 155.2㎞ 개통
1974. 1. 23.	100만 킬로 무사고 첫 주파자(이동진 기관사) 탄생
7. 17.	수도권 전동차 경인선에서 시운전
8. 15.	수도권전철 86.7km 개통 (구로~인천 간 27.0㎞, 서울~수원 간 41.5㎞, 용산~성북 간 18.2㎞) 서울 지하철 1호선(종로선) 서울역앞~지하청량리 간 7.8km 개통 
8. 15.	특급열차 명칭 변경 경부선 : 관광호를 '새마을호'로, 특급열차인 상록·비둘기·통일·은하호를 '통일호'로 호남선 : 태극, 백마호를 '풍년호'로, 전라선 : 풍년호를 '증산호'로 중앙선 : 십자성호를 '약진호'로, 장항선 : '부흥호'로 개칭
1975. 1. 5.	철도청, 서울역 서부역 신 청사로 이전
4. 5.	철도승차권 전화예약제 실시
9. 18.	서부역 역사 준공식. 국산 컨테이너 열차 경부간 첫 운행
10. 1.	노량진 철도시발기념비 제막
10. 24.	수도권 C.T.C 사령실 신축 준공

12. 5.	북평역에서 산업선 전철 전통식(중앙, 태백, 영동선 총 320.8km) 태백선 고한~백산 및 영동선 철암~북평 간 85.5km 개통 
1977. 4. 6.	국내 최초로 국산전동차 1편성 제작 시승운행(대우중공업 제작)
11. 11.	이리역 구내에서 화약 적재열차 폭발로 호남, 전라선 불통 (사망 59명, 중경상 1,300여 명 발생. 철도인 16명 순직, 50여 명 중경상) 
12. 15.	마산시 도시계획 촉진책으로 구 마산, 마산, 북마산을 폐합하여 마산 3역 통합역사 준공 영업 개시
1978. 5. 5.	대통령의 뜻에 따라 제주도 및 흑산도에 증기기관차와 객차 영구전시
11. 10.	이리역 역사 신축 준공
1979. 9. 18.	국산 디젤기관차 첫 운행식(현대차량에서 미국 GM과 기술제휴로 제작)
1980. 4. 10.	국산 새마을호 신형동차 대우중공업에서 제작
8. 10.	김포선 폐선, 경춘선 성북~성동 구간 폐선
10.17.	충북복선 개통식
11. 1.	국산 우등 전기동차 운행식 (110㎞/h, 전기식 자동제어 3860HP, 55% 국산화, 대우중공업 제작)
1981. 1. 1.	부산시, 지하철건설본부 설치
9. 1.	서울특별시지하철공사 창립

10. 1.	새마을호 승차권 전산발매 실시. 부산~경주 간 증기관광열차 운행 
10. 15.	철도기념관 개관(철도창설 82주년 기념)
11. 18.	국립서울병원 신축 준공
1982. 9. 25.	서울~수원 간 최초의 직통 전동열차 운행
10. 22.	철도순직부원비 용산에서 충북 옥천군 이원면으로 이전
1983. 11. 28.	고 김재현 기관사 동작동 국립묘지에 안장
1984. 1. 1.	열차명 개칭 (새마을호→새마을호, 우등→무궁화호, 특급→통일호, 보통→비둘기호)
7. 1.	서울철도병원 민영화로 중앙대학교에 위탁경영
7. 20.	남부 화물기지 내 컨테이너기지 준공
11. 26.	경춘선(청량리~춘천)에 무궁화호 2왕복 신설 운행(1시간 39분대 운행)
1985. 6. 11.	새마을호 승차권 검표제 폐지
7. 19.	부산지하철 1호선 1단계구간 범내골~범어사 간 개통
11. 15.	호남선 이리~정주 간 43.9㎞ 개통식
1986. 2.	철도고등학교 폐교
7. 12.	최신 유선형 새마을호 서울~부산 간 2왕복 운행
9. 2.	경원선 복선전철 성북~의정부 간 13.1㎞ 개통
1987. 7. 6.	전후동력형(push-pull) 새마을호 경부선에 1왕복 운행

1988. 1. 26.	철도박물관 개관 (부지 6,173평, 본관 864평, 옥외차량전시장 586평, 전시품 3,569점, 투자비 2,541백만 원)
7. 1.	매표소 '표파는 곳'을 '표사는 곳'으로 표기
7. 1.	부산교통공단 창단(부산지하철 운영기관)
7. 12.	한일공동승차권 발매 개시
7. 26.	철도기관사 파업(7. 27. 정상운행)
1989. 3. 25.	서울역 민자역사 전면 개관
4. 29.	전후동력형 새마을호 증련 운행(16량 편성, 서울~부산 간 1왕복)
9. 18.	승차권 전화예약제 실시(철도회원카드 가입자 대상)
10. 1.	지하철-버스 환승승차권제 실시
10.16.	고속전철국제심포지엄 개최(22일까지. 스위스그랜드호텔)
1990. 7. 1.	여객열차 차실명 변경(특실→태극실, 보통실→일반실)
1991. 2. 1.	수도권 모든 전철역에 자동개집표기 설치가동
5. 4.	영등포 민자역사 완공 및 완전 개관
8. 1.	용산~성북 간 경원선 열차운행 개선(디젤동차에서 전동차로 대체운행)
11.23.	경인 복복선 기공식 및 영등포~구로 간 3복선 개통식 거행
1992. 3. 10.	한국고속철도건설공단 창립 현판식
6. 20.	경부고속철도 착공(1단계 천안~대전 간 57.8㎞ : 천안 장재리)
6. 30.	경부고속전철 기공식
7. 10.	경부선 CTC 전통(총 614억 원 투입)
12. 1.	수도권전철 여성전용차량 시범운용
1993. 1. 11.	철도청 교통방송실 설치 운영(교통정보 실시간 제공)
5. 20.	새마을호열차 개표·집표 생략(전국 15개 주요 역)
9. 1.	태극실→특실로 명칭 환원
10.28.	철도기술연구소 설립 현판식
11. 1.	고속철도 심포지엄 개최

12. 10.	개표·집표 업무생략 확대 실시(새마을호는 모든 역에서 개집표 생략. 무궁화호 및 통일호와 비둘기호는 집표만 생략)
12. 17.	서울역문화관 개관
1994. 3. 15.	서울도시철도공사 창립(서울지하철 5, 6, 7, 8호선 담당)
1994. 4. 1.	과천선 복선전철 전 구간 개통(금정~사당 간 15.7km)
8. 1.	새마을호 열차 내 검표제도 폐지 PC통신을 통한 철도정보안내서비스 개시
8. 3.	중국산 증기기관차(SY-11호 텐더형) 도입
8. 21.	증기기관차 주말관광열차로 운행 재개(무궁화호 객차 4량 편성) 교외선 서울~의정부 간 48.3km, 2000. 6. 31.까지 운행
12. 16.	경부고속철도 객차모형 전시(12. 16.~1995. 1. 14. 서울역 광장)
1995. 4. 28.	대구지하철 공사현장에서 가스폭발사고로 101명 사망, 145명 부상
5. 1.	열차승차권 신용판매 실시(14개 역 20개 창구)
11. 20.	대구광역시지하철공사 창립
12. 31.	마지막 협궤선, 수인선(水仁線) 열차 고별운행
1996. 1. 30.	일산선 복선전철 지축~대화 간 19.2km 개통
2. 1.	철도청 심벌마크 변경
2. 27.	정동진역 해돋이 관광열차 운행(TV드라마 '모래시계' 방영, 관광객 급증)
3. 4.	전철승차권을 대신할 RF카드 이용 자동운임시스템 운영계약 체결
1997. 3. 13.	탄력운임제 실시
3. 28.	영동선 영주~철암 간 87km 전철 개통
4. 1.	철도박물관 서울역관 개관
5. 26.	한중 공동승차권 발매협약 조인
6. 16.	경원·교외선 통근형 통일호열차 운행 개시
11. 26.	세계 최초 냉동·냉장컨테이너 열차 운행
11. 26.	대구지하철 1호선 1단계구간 진천~중앙로 간 10.3km 개통
1998. 4. 15.	인천지하철공사 창립

1998. 5. 1.	열차 운전실명제 시행(새마을호 우선 시행) 부산~후쿠오카 간 초고속여객선 '제비호' 취항
6. 22.	전철용 RF교통카드(또는 국민패스카드) 확대 시범운영
7. 31.	철도청 서울청사 퇴청식 거행
8. 8.	철도청 정부대전청사 개청식
9. 15.	한국고속철도건설공단 신청사 현판식
9. 25.	'깨우미(Train Call)서비스' 도입(새마을호 특실 이용자 대상)
12. 13.	환상선 눈꽃순환열차 첫 운행
12. 15.	새마을호 자유석제도 및 KORAILPASS(자유이용권)제도 시행
1999. 7. 20.	승용차와 승객을 함께 싣고가는 '복합수송열차(CarRail)' 성북~강릉 간 첫 운행
8. 1.	철도민영화추진팀 운영
9. 11.	한국 철도 100주년 기념승차권 발매 개시
9. 14.	사이버객차와 바둑객차 운행 개시
9. 16.	서울역사 야간 경관조명 점등식
9. 18.	'한국 철도 100주년 철도의 날' 기념식 거행 
10. 6.	인천지하철 1호선 박촌~동막 간 개통
12. 1.	일본식 철도용어를 쉬운 우리말로 개정 (예 : 대합실→맞이방, 개표→표확인, 홈→타는 곳 등)
2000. 1. 1.	철도청 대대적 조직 개편 • 5개 지방철도청을 폐지하고 17개 지역관리역 체제로 • 본청 4국 2본부 2담당관 1과 체제에서 11본부 3실 체제로 개편
1. 1.	기차표 발매 실명제 실시(매표담당자의 이름을 기차표에 인쇄 발매)
1. 20.	버스카드(RF교통선급카드)로 수도권전철(인천지하철 제외) 이용 개시
2. 1.	한중 공동승차권 발매(3월 1일 승차분부터)

2. 26.	한국 철도 캐릭터 '치포치포(CHIPOCHIPO)' 발표
4.	국내 최초 '한국 철도지도' 발간
5.	철도회원 전용 홈페이지(www.barota.com) 개설
7. 1.	교외선 관광열차용 증기기관차 운행 중지
7. 14.	'한국 철도 1백년' 기념 조형물 제막 • 새로운 세기의 철도 Ⅰ : 서울역 광장 설치, 매립형 • 새로운 세기의 철도 Ⅱ : 철도박물관 설치, 지구모형
9. 18.	경의선 철도·도로 연결 기공식 
11. 14.	비둘기호 열차 마지막 운행 (정선선 증산~구절리 간 운행되던 비둘기호 운행 중단)
2001. 2. 5.	철도고객센터 개관 • 철도안내전화, 철도회원예약전화를 각각 1544-7788과 1544-8545로 통합
3. 23.	승차권 인터넷결제 및 바로티켓팅 서비스 실시
9. 30.	경의선 철도 임진강역까지 연장 운행
2002. 2. 12.	망배 특별열차 운행 및 도라산역 현판식 거행 • 1952년 이후 임진강 철교를 넘은 최초의 여객열차
2. 20.	김대중 대통령 및 부시 미국 대통령 도라산역 방문 (대통령 전용열차 '경복호' 첫선) 

4. 11.	임진강~도라산역 개통 및 열차 운행
4. 12.	KTX 국산제작 1호차(KTX 13호) 출고 기념식 • 대당 가격은 약 4,000만 달러(약 520억 원)
5. 1.	철도청 어린이 홈페이지 키즈코레일(kids.korail.go.kr) 개설
5. 2.	중앙선 덕소~원주 간 복선전철 기공식
9. 18.	경의선 및 동해선 철도·도로 연결 착공식 • 총사업비 1,804억 원 투입, 군사분계선 DMZ 내 경의선 및 동해선 철도와 도로 북측과 연결
2002. 11.	광주광역시도시철도공사 창립
11. 30.	고양고속철도차량기지 준공
2003. 1. 24.	고속철도 CI 선포식 : 심벌을 코레일로 바꿈.
2. 18.	대구지하철 중앙로역 화재참사로 192명 사망, 148명 부상
4. 30.	경부선 수원~병점 간 복선전철 개통식
5. 13.	경부고속철도 개통 대비 영업선 1단계 시운전 개시
6. 14.	경의·동해선 남북철도 연결식(비무장지대 군사분계선 철도 연결지점)
6. 28.	전국철도노동조합 파업 돌입(6. 28.~7. 1.) • 요구사항 : 철도공사법 국회 통과 반대
7. 29.	철도산업발전기본법 제정
8. 13.~8. 14.	경부고속철도 첫 시운전 실시(고양기지 출발 대전역까지 운행)
9. 19.	살신성인 철도공무원 김행균 팀장 옥조근정훈장 수훈
10. 23.	KTX 차량 최초 인수(KTX 7호)
11. 16.	고속철도 열차이름을 KTX(Korea Train eXpress)로 최종 확정 발표
11. 17.	고속철도 경부선구간(서울~부산 전 구간) 시험운행 완료
11. 28.	KTX 국내 생산분(34편성) 제작 완료 출고식
12. 26.	8200대형 신형전기기관차 도입
12. 31.	한국철도공사법 제정(한국철도공사 설립과 사업범위 등에 관하여 규정)
2004. 1. 1.	고속철도 서울역(신 역사) 준공식
1. 1.	한국철도시설공단 설립.

1. 7.	한국철도시설공단 창립 기념식
3. 24.	호남선 복선전철 준공식 및 고속열차 개통식 목포역 광장에서 거행
3. 24.	고속철도(KTX) 승차권 첫 예매 실시
3. 26.	KTX차량 최종 인수(KTX 46호)
3. 30.	경부고속철도 1단계 개통식 서울역 광장에서 거행 
3. 31.	고속철도 개통을 앞두고 통일호열차 전면 운행 중단(마지막 운행)
4. 1.	경부고속철도 1단계 개통 • 1992년 착공 12년 만에 개통, 약 13조 원 투입
4. 14.	KTX 이용객 100만 명 돌파
4. 28.	광주지하철 1호선 1구간 녹동~상무 간 개통. 승강장에 스크린도어 적용
7. 1.	신교통카드시스템 도입 • 대중교통 환승할인 시행(전철/지하철+서울버스) • 운임체계 개편(구역제+이동구간제→거리비례제)
8. 20.	KTX 이용객 개통 142일 만에 1,000만 명 돌파
10. 27.	아름다운 철도원 김행균 씨, 적십자 박애장 금장 받음.
10. 30.	'한국 현대시 100년 기념' KTX 특별열차 운행
12. 1.	경춘선 신남역을 김유정역으로 바꿈. 사람이름을 딴 첫 번째 역
12. 16.	한국형 고속전철 시속 350km/h 시험운행 성공 • 구간 : 천안~신탄진 구간, 속도 : 352.4km/h 기록, 국산화율 87% 

2005. 1. 1.	한국철도공사 출범 • 철도산업발전기본법에 따라 발족, 정부가 100% 전액출자한 공기업
1. 5.	한국철도공사 창립 기념식 • 공사기 전달, 비전선포, CI상영, 현판식 등 공사 창립 선포
1. 20.	경부선 병점~천안 간 8개 역, 47.9km 연장개통
4. 1.	홈티켓서비스 시행(KTX열차 및 회원)
5. 1.	홈티켓서비스 전면 확대 시행(무궁화호, 새마을호)
7. 1.	정선선 아우라지~구절리 간 레일바이크 운영
8. 1.	KTX특송서비스 본격 시행
9. 8.	영동선 동해~강릉 간 45.1㎞ 전철화 개통
10. 7.	승차권 없이 KTX 타는 e-Ticket 서비스 개시
10. 27.	서울특별시지하철공사, 사명을 '서울메트로'로 개명
10. 27.~28.	제14차 시베리아횡단철도 국제운송협의회(CCTST) 서울총회 개최
12. 10.	KTX 개통 20개월 만에 이용고객 5,000만 명 돌파. 서울역에서 기념행사
12. 16.	중앙선 청량리~덕소 간 7개 역, 17.2km 개통
12. 27.	경부선 병점~천안 간 복선전철 개통
12. 28.	용산민자역사 완공
2006. 1. 1.	부산교통공사 창립(부산지하철 운영기관)
3. 1.	전국철도노동조합 파업(3. 1.~3. 4.) • 요구사항 : 해고자 복직, KTX승무원 정규직화, 구조조정 철회
3. 15.~3. 20.	남, 북, 러 철도운영자 회의 및 제1차 한·러 철도운영자회의
3. 16.	대전도시철도 1단계구간 판암~정부청사 간 12개 역 개통
3. 16.	경의선, 동해선 CIQ 준공
5. 1.	철도 소화물사업 전면 폐지

7. 1.	철도공사 조직개편 : 기능통합형 17개 지사체제, 3개 철도차량관리단
8. 23.	철도경영개선종합대책 수립 발표 • 2015년 흑자 전환 목표로 공사와 정부가 공동 노력
9. 1.	SMS티켓서비스 시행(KTX패밀리 회원 대상)
12. 8.	경부선(조치원~대구) 전 구간 전철화 개통식
12. 15.	경원선 의정부~소요산역 간 9개 역, 24.4km 연장개통
12. 15.	경부고속선 시흥~광명역 간 4.7km 개통, 용산~광명 간 셔틀열차 운행
12. 22.	철도교통관제센터 개통(5개 지역관제실을 관제센터로 통합)
2007. 1. 3.	SMS티켓서비스 확대(새마을호 이상, 일반고객)
3. 21.	이철 사장, UIC(국제철도연맹) 아시아지역총회 초대의장에 선출
3. 23.	공항철도 1단계구간 인천국제공항역~김포공항역 간 개통
4. 17.	대전도시철도 2단계구간 정부청사~반석 간 10개 역 개통
4. 19.	사내방송 'KORAIL TV' 개국
4. 21.	KTX 이용고객 1억 명 돌파(개통 1,116일 만에 달성)
5. 7.	한국철도공사의 커뮤니케이션 명칭을 코레일로 일원화
5. 17.	남북철도 연결구간 열차시험운행 • 경의선(문산⇔개성, 27.3km) : 문산역 구내에서 기념행사 후 개성역까지 왕복운행 • 동해선(제진⇔금강산, 25.5km) : 금강산역에서 기념행사 후 남측 제진역까지 왕복운행

6. 1.	경부선 기존 선 구간(김천, 구미 경유) KTX 운행 개시
7. 1.	구 서울역사 문화재청에 귀속됨.
7. 1.	대중교통 환승할인 확대 시행(전철/지하철 + 서울버스 + 경기버스)
7. 16.	바다열차 개조 완료 • 개조 수량 : 1편성(3량), 강릉~동해~삼척시에서 각각 3억 원씩 출연
8. 17.	용산역세권 개발 합의 기자회견
8. 23.	KTX시네마 개관식
10. 2.~10. 4.	이철 사장, 2007 남북정상회담 수행원으로 북한 방문
12.	KTX 캐릭터 'KTX-Mini' 탄생
12. 10.	남북출입사무소 도라산물류센터 준공
12. 11.	경의선 문산~봉동 간 화물열차 개통식 및 화물열차 운행 개시 
12. 13.	용산역세권국제업무지구 개발사업 협약체결식
12. 28.	장항~군산 간 철도 연결 개통식
2008. 1. 28.	UIC(국제철도연맹) 아시아사무국 서울사옥에 설치
2. 14.	WCRR 2008 성공 개최를 위한 전진대회 개최
3. 20.	포항~삼척 간(동해중부선) 철도건설사업 기공식 • 동남권~동해안권과의 연계로 환동해권 국가기간 철도망 구축
5. 18.	제8차 세계철도학술대회(WCRR 2008) 및 UIC 정례회의 참석자를 위한 환영 리셉션
5. 19.	제8차 세계철도학술대회(WCRR 2008) 및 UIC 정례회의 개막식 • 제2차 아시아경영위원회와 제3차 아시아총회 개최

5. 20.	제4차 UIC 집행이사회 개최 제72차 UIC 총회 개최 
5. 21.	국제철도연수센터(IRaTCA) 개소식
5. 21.	WCRR 2008 폐막식
9. 2.	수도권 통합요금제 확대 시행을 위한 공동협약 체결
9. 20.	대중교통 환승할인 확대 시행 • 전철/지하철 + 서울버스 + 경기버스 + 광역/좌석버스
10. 1.	대구광역시지하철공사, 사명을 대구도시철도공사로 변경
11. 6.	'철도 100년을 위한 100인 선언대회' 개최
11. 25.	신규고속차량 제1호 편성 낙성식 • 국산 상용고속차량 제1호 개발 완료
12. 1.	경의선 문산~판문(봉동) 간 화물열차 운행 중단
12. 15.	장항선 천안~신창 간 6개 역, 19.4km 개통식
2009. 1. 13.	모바일승차권 운영 개시 (휴대전화로 철도승차권 예매와 발권까지 원스톱으로 처리되는 서비스)
3. 26.	간선형 전기동차(EMU, 150km/h) 최초 도입
4. 1.	'KTX 개통 5주년' 기념 55,555번째 고객 선정 및 축하행사
5. 8.	사단법인 한국철도협회 창립총회
5. 15.	코레일 허준영 사장, UIC 아시아총회 의장에 당선
6. 1.	간선형 전기동차 '누리로' 서울~온양온천~신창구간 첫 영업운행
7. 23.	호남선 고속철도 착공식 거행
7. 24.	서울지하철 9호선 개통식(개화~신논현 간)

9. 12.	국내 최초 에코레일 자전거열차 첫 운행
9. 17.	공항철도㈜ 주식매매계약 체결식
11. 17. ~11. 20.	세계 고속철도 워크숍 및 UIC 아시아총회 개최 • 제6차 UIC 아시아경영위원회(7개국 대표 30여 명 참석) • 제8차 UIC 아시아총회(UIC 아시아회원 19개국 대표 60여 명 참석) • 제1회 UIC 세계 고속철도교류 워크숍 개최
11. 30.	공항철도㈜, 코레일공항철도㈜로 사명 변경
12. 19.	KTX 이용객 2억 명 돌파
2010. 2. 14.	설날 하루 KTX 영업수입 50억 원 돌파, 17만 7천명 이용
2. 16.	무궁화형 동차 NDC 운행 중지. 2. 17.부터 RDC로 대체 1985년 최초 도입 이래 1990년 도입분 내구연한 20년 도래로 퇴역 
3. 2.	한국형 고속전철 KTX-산천 상업운행 개시 첫 열차 : 용산~광주역 간 KTX 501열차, 용산역 06:40발 
3. 5.	청량리 민자역사 역무시설 사용 개시 지하 3층, 지상 6층. 19,163평방미터(5,797평) 

4. 1.	고객맞춤형 양회 블록트레인 운행 개시 도담역발 수도권행 4개, 대전권 1개 열차 매일 운행
4. 5.	세계 최초의 다지형 침목 개발 성공
4. 29.	코레일, 천안함 희생자 고 장철희 일병을 명예사원으로 임명
11. 1.	경부고속철도 2단계구간 개통 (동대구~신경주~부산 신선 건설 124.2km) 
11. 3.	최초의 택배 간선열차 운행 개시. 수도권~부산 간 화~토요일 매일 운행
12. 5.	허준영 사장, UIC(국제철도연맹) 아시아총회 의장에 재추대
12. 8.	승차권 예약, 결제, 발권이 가능한 스마트폰 어플'글로리 코레일' 공개
12. 13.	부산신항만선 개통
12. 15.	경전선 복선전철 개통 및 KTX 운행(삼랑진~마산 간)
12. 20.	경춘선 마지막 무궁화호열차 운행
12. 21.	경춘선 복선전철 개통(상봉~춘천 간 81.3km)
12. 29.	코레일공항철도 전 구간(서울~인천국제공항 간 61km) 개통
2011. 2. 1.	코레일 앙상블 창단 연주회. 24명의 직원으로 구성
2. 11.	광명역 KTX-산천 탈선사고 발생. 부산발 광명행 #224열차. 인명피해 없음.
4. 6.	경부선 서울~부산 간 일반열차 운행에도 ATP 적용 (Automatic Train Protection, 열차자동방호시스템)
9. 17.	김해경전철 사상~삼계·가야대 간 23.9km 영업 개시. 2량 1편성 부산-김해경전철운영㈜ 운영
10. 5.	전라선 용산~여수엑스포 간 KTX 운행 개시
10. 28.	신분당선 강남~정자 간 17.3km 개통 국내 최초 무인 중전철, 네오트랜스㈜ 운영

11. 1.	부산신항 배후철도 전철화 개통(삼랑진~부산신항 간 38.8km)
12. 9.	코레일공항철도 계양역 부근에서 작업자 6명 사상사고 발생
12. 28.	분당선 죽전~기흥 간 5.9km 전동열차 운행 개시 보정, 구성, 신갈, 기흥역 영업 개시
12. 29.	KTX 개통 후 7년 만에 1년 이용객 5천만 명 돌파
2012. 2. 9.	코레일 심포니 오케스트라 창단
2. 21.	KTX 이용객 3억 명 돌파
2. 28.	경춘선 준고속열차 ITX-청춘 운행 개시
5. 16.	차세대고속열차 HEMU-430X(해무) 출고 
6. 26.	고 김재현 기관사, 미 정부 '특별공로훈장' 추서 
6. 27.	영동선 솔안터널 개통(6. 26. 스위치백방식 열차 운행 중단)
6. 30.	수인선 오이도~송도 간 복선전철 13.1km 개통
7. 1.	의정부경전철 발곡~탑석 간 10.588km 개통. 2량 1편성, 고무차륜. AGT(무인자동운전)방식, 의정부경전철㈜ 운영
7. 3.	국립대전현충원에'호국철도전시장' 개장
7. 20.~22.	철도문화체험전 문화역서울284에서 개최
11. 12.	철도역사 최초의 여성 서울역장 탄생(김양숙 역장)

11. 17.	코레일축구단, 2012 내셔널리그 챔피언 등극
11. 20.	경원선 신탄리~철원 백마고지 간 5.6km 개통
12. 5.	경전선 마산~진주 간 복선전철 53.3km 개통
12. 5.	코레일사이클단 창단
2013. 2. 21.	신형 새마을호 명칭을 ITX-새마을로 확정 발표
2. 25.	경원선 성북역을 광운대역으로 역명 변경
2. 27.	철도안전체험센터 개관(경기도 의왕시 인재개발원 내)
4. 12.	중부내륙관광전용열차(O-train, V-train) 개통
4. 16.	박병덕 기장, 철도 역사상 최초로 무사고 3백만 km 달성
5. 13.	중소기업명품 '마루'(우수 중소기업제품 전시판매장) 1호점 서울역에 개장
5. 30.	국립대전현충원에 호국철도기념관 조성 개관
9. 10.	남도해양관광열차(S-train) 개통식(서울역)
9. 16.	중소기업명품 '마루' 2호점 대전역에 개장
9. 27.	남도해양관광열차(S-train) 개통(부산~여수엑스포, 광주~마산 간 운행)
11. 30.	분당선 망포~수원 간 6.1km 연결로 분당선 완전 개통
11. 30.	경춘선 천마산역 영업 개시
12. 9.	전국철도노조 파업 돌입(12. 29.까지 21일간)
2014. 1. 10.	수서고속철도주식회사 출범
1. 25.	신개념디젤기관차 25량, 2주 일정으로 시험운행 시작
2. 24.	ITX-청춘 개통 2년 만에 누적이용객 1천만 명 돌파
3. 1.	중앙선 전동열차 전부 8량으로 확대 운영
5. 4.	평화열차(DMZ-train) 개통
5. 12.	ITX-새마을 영업 개시

6. 30.	인천국제공항 KTX 직결운행
7. 22.	태백선 열차충돌사고 발생
8. 1.	평화열차(DMZ-train) 경원선 영업 개시
8. 15.	수도권전철 개통 40주년
10. 25.	전국호환교통카드 레일플러스 출시
12. 20.	국립서울현충원 내에 김재현 기관사 유물관 설치
12. 27.	경의선 용산~공덕 간 복선전철 개통으로 경의선과 중앙선 상호연결
2015. 1. 22.	정선아리랑 열차(A-train) 영업 개시
2. 5.	서해금빛열차(WEST GOLD-train) 영업 개시
3. 31.	포항 KTX(38.7km) 개통식 
4. 1.	호남고속철도(182.3km) 개통식 
4. 2.	호남고속철도 개통. 호남고속선 오송~광주송정 간 및 동해선(포항 직결선) 신경주~포항 간 개통
5. 22.	서해선 복선전철 기공식
6. 24.	수도권고속철도 율현터널 관통식
7. 31.	경부고속철도 2단계(대전~대구 도심구간) 개통식
8. 5.	경원선 남측구간(백마고지~군사분계선) 기공식

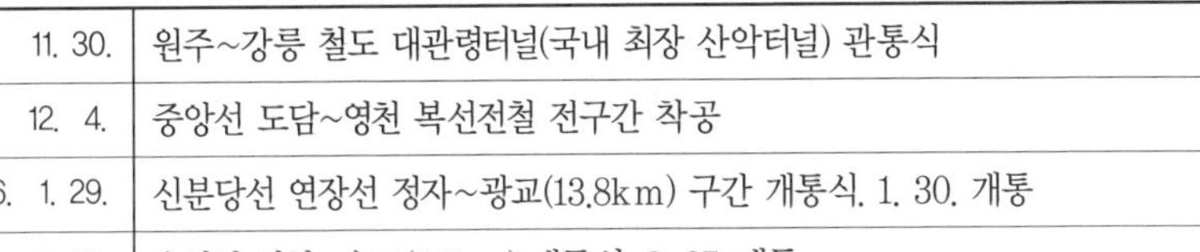

11. 30.	원주~강릉 철도 대관령터널(국내 최장 산악터널) 관통식
12. 4.	중앙선 도담~영천 복선전철 전구간 착공
2016. 1. 29.	신분당선 연장선 정자~광교(13.8km) 구간 개통식. 1. 30. 개통
2. 26.	수인선 인천~송도(7.5km) 개통식. 2. 27. 개통.

7. 14.	경전선 진주~광양 간 복선 51.5km 개통. 7. 15. 개통식 거행

8. 22.	수도권고속철도 300km/h 시험운행 성공
9. 24.	경강선 성남~여주 간 복선전철 57.0km 개통

10. 6.	원주~강릉 철도건설 마지막 터널(강릉터널) 관통식

12. 9.	수서고속철도(SRT) 개통(61.1km). 12. 8. 개통식 거행 
12. 30.	동해남부선 부전~일광 간 28.0km 광역전철 영업 개시. 12. 29. 개통식 거행 
2017. 5. 31.	서울교통공사 출범(1, 2기 서울 지하철 통합)
9. 2.	서울 최초 우이경전철 개통(우이역에서 신설동역 11.4km, 13개 정거장)
12. 22.	경강선 원주~강릉 간 120.7km 복선전철(KTX) 개통(서울~강릉 간 114분 소요) 
2018. 1. 26.	동해선 포항~영덕 간 44.1km 개통
4. 28.	신분당선 미금역 영업 개시

6. 15.	서해선 소사~원시 간 복선전철 개통
6. 26.	남북철도 협력분과 회담회 개최 1. 남과 북은 역사적인 판문점선언에 따라 진행하는 동해·경의선 철도협력 문제가 민족경제의 균형적인 발전과 공동번영을 이룩하는 데서 중요한 의의를 가진다는 입장을 확인하고 앞으로 이 사업을 동시에 추진해 나가기로 하였다. 2. 남과 북은 동해·경의선 철도 현대화를 위한 선행사업으로서 북측구간(금강산~두만강, 개성~신의주)에 대한 현지 공동조사를 빠른 시일 내에 진행하기로 하였다. ① 남북철도 연결 및 현대화를 위한 공동연구조사단을 먼저 구성하기로 하였다. ② 현지 공동조사를 7월 24일에 경의선부터 시작하고, 이어서 동해선에서 진행하기로 하였다. 3. 남과 북은 우선 7월 중순에 경의선 철도 연결구간(문산~개성), 이어서 동해선 철도 연결구간(제진~금강산)에 대한 공동점검을 진행하며, 그 결과를 토대로 역사 주변 공사와 신호·통신 개설 등 필요한 후속조치를 추진하기로 하였다. 4. 남과 북은 동해·경의선 철도 연결과 현대화를 높은 수준에서 진행하기로 하고, 이를 위해 철도 현대화를 위한 설계와 공사방법 등 실무적인 대책들을 구체적으로 세워 나가기로 하였다. 그리고 그 결과에 따라 착공식은 조속한 시일 내에 개최하기로 하였다. 5. 남과 북은 이번 회담에서 합의된 문제들을 추진하는 데서 제기되는 실무적인 문제들을 판문점 연락채널을 통하여 문서교환 방식으로 계속 협의, 해결해 나가기로 하였다.